HIPPOCRENE

English-Azerbaij

English-Azerbaijani/
Azerbaijani-English

Seville Mamedov

HIPPOCRENE BOOKS
New York

For information, address:
HIPPOCRENE BOOKS, INC.
171 Madison Avenue
New York, NY 10016

ISBN 0-7818-0244-X

Printed in the United States of America.

Contents

To Shiraz Mamedov, my wonderful husband.
S.M.

I wish to express my deepest thanks to the great people of UNOCAL for their help and support in composition of this dictionary.

ABREVIATIONS - QISALTMALAR

adj.	- adjective	- sifət
adv.	- adverb	- zərf
amer.	- Americanism	- amerikanizm
anat.	- anatomy	- anatomiya
arch.	- architecture	- me'marlıq
bot.	- botany	- botanika
chem.	- chemistry	- kimya
col.	- colloquial	- danışıq dilinə aid
conj.	- conjunction	- bağlama
dip.	- diplomacy	- diplomatiya
exp.	- expression	- ifadə
geog.	- geography	- coğrafiya
geol.	- geology	- geologiya
gram.	- grammar	- qrammatika
int.	- interjection	- nida
math.	- mathematics	- riyaziyyat
med.	- medicine	- təbabət
mus.	- music	- musiqi
num.	- numeral	- say
phys.	- physics	- fizika
pl.	- plural	- cəm
poet.	- poetic	- şairanə
p.p.	- past participle	- fe'li sifətin keçmiş zamanı
prep.	- preposition	- önlük
pron.	- pronoun	- əvəzlik
s.	- substantive	- isim
tech.	- technical	- texniki
theat.	- theatre	- teatr
v.	- verb	- fe'l

English-Azerbaijani

A

a [ey] *gram.* qeyri-müəyyən artikl
aback [ebək] adv. dala; geriyə; geri; daldan; arxadan; dal tərəfi; dalı-dalı
abandon [ebəndon] v. tərk etmək; atmaq; qoyub getmək; əlaqəni kəsmək
abandonment [ebəndonment] s. qoyulma; tərk etmə; tərk edilmə; buraxılma
abashed [ebəşt] adj. pərt edilmiş; utandırılmış; karıxdırılmış; pərt; tutulmuş
abate [ebeyt] v. kiçiltmək; azaltmaq; zəifləşmək; yumşaltmaq; yatmaq (külək yatıb)
abbey [əbi] s. abbatlıq
abbreviate [ebri:vyeyt] v. ixtisar etmək; azaltmaq; qısaltmaq
abbreviation [ebri:vyeyşn] s. ixtisar etmə; ixtisar; azaltma; qısaltma; kiçildilmə
ABC [eybi:si] əlifba
abdicate [əbdikeyt] v. dönmək; danmaq; inkar etmək; öhdəsindən götürmək; üzərindən atmaq; əl çəkmək (hüququndan, haqqından)
abdomen [əbdomen] s. qarın
abduct [əbdakt] v. oğurlamaq; qaçırtmaq
abhor [ebho:r] v. nifrət etmək; nifrət bəsləmək; zəhləsi getmək
abide,abode,abode [ebayd, eboud, eboud] v. (öz məsləkinə, öz dostuna) sadiq qalmaq; gözləmək; dözmək; davam gətirmək; tab etmək
ability [ebiliti] s. qabiliyyət; bacarıq
abject [əbcekt] adj. alçaq; rəzil; miskin
abjure [ebdzuer] v. dönmək; danmaq; inkar etmək
able [eybl] adj. qabiliyyətli; bacarıqlı
abnormal [əbno:rmel] adj. qeyri-normal
aboard [ebo:rd] adv. gəmiyə (təyyarəyə); gəmidə; gəminin (təyyarənin) içində

abode [eboud] v., to make one's ~ (harada isə) yaşamaq
abode [eboud] s. məskən; olduğu yer; v. abide fe'lin past və p.p. forması
abolish [eboliş] v. ləğv etmək; geri götürmək; aradan qaldırmaq; yox etmək
abolition [əbolişin] n. ləğv; ləğv etmə; aradan qaldırma; aradan qaldırılma
abominable [ebominebl] adj. iyrənc; mənfur; pis; murdar
abortion [ebo:rşin] s. abort; uşaq salma; uşaq saldırma
abound [ebaund] v. bol olmaq; çox olmaq
about [ebaut] adv. təqribən; yanında; yaxınlığında; ətrafında; dövrədə
about [ebaut] prep. haqqında; barəsində; xüsusunda; dair; təxminən; yaxın
above [ebav] adv. yuxarıda; üstdə; yuxarı; üstə; yuxarıya; yuxarıda
above [ebav] prep. üstündə; üzərində; üstündən; üzərindən
above [ebav] adj. yuxarıda göstərilən; yuxarıda deyilən
abrasive [ebreysiv] adj. soyan; qopardan; uçurdan; dağıdan; abraziv; cilalandıran; s. abraziv materiallar; sumbata
abreast [ebrest] adv. yan-yana; yanaşı; tələbə uyğun
abridge [ebric] v. ixtisar etmək; azaltmaq; məhdudlaşdırmaq; məhrum etmək; əlindən almaq
abroad [ebro:d] adv. xaricdə; xarici ölkələrə; hər yerdə; hər yanda
abrogate [əbrogeyt] v. ləğv etmək; geri götürmək
abrupt [ebrapt] adj. sıldırımlı; dik; gözlənilməyən; kəskin
abscess [əbses] s. abses; irinlik
absence [əbsens] s. yoxluq; olmama; getmə; azlıq; çatmama

1

absent [əbsent] adj. olmayan; gəlməyən; iştirak etməyən; qaib; diqqətsiz; dalğın; unutqan; huşsuz; fikri dağınıq;
v. getmək; yerində olmamaq; gəlməmək
absent-minded [əbsent mayndid] adj. diqqətsiz; dalğın; fikri dağınıq; huşsuz; unutqan
absolute [əbselu:t] adj. tam; şübhəsiz; qəti; qeyri-məhdud; danışıqsız; absolyut; müstəbid; təmiz (alkoqol)
absolutely [əbselu:tli] adv. büsbütün; qətiyyən; tamamilə; şərtsiz; hökmən; müstəqil; əlbəttə; şübhəsiz
absorb [əbso:b] v. sormaq; əmmək; hopmaq; canına çəkmək; udmaq; hopdurmaq; almaq; aparmaq (vaxt)
abstain [əbsteyn] v. özünü saxlamaq; çəkinmək; imtina etmək
abstract [aebstraekt] adj. abstrakt; mücərrəd; nəzəri; s. abstraksiya; mücərrəd fikir; konspekt; xülasə
absurd [əbse:d] adj. mə'nas ız; cəfəng; boş; sarsaq; məzəli
abundance [əbandens] s. bolluq; çoxluq; artıqlıq; var; külli miqdar
abuse [əbyu:s] s. təhqir; həqarət; söyüş; sui-istifadə; cinayət; xəyanət
academic [aekedemik] adj. akademik; sırf nəzəri; dərs; s. alim
academy [əkaedemi] s. akademiya; ali məktəb
accelerate [aekselereyt] v. sür'ətləndirmək; sür'əti artmaq; tezləşdirmək; tezləşmək
accent [aeksent] s. vurğu; tələffüz; aksent v. qeyd etmək; nəzərə çarpdırmaq; xüsusi qeyd etmək; vurğu ilə tələffüz etmək; tələffüz etmək
accept [əksept] v. raz ı olmaq; razılaşmaq; qəbul etmək
acceptable [əkseptebl] adj. qəbul oluna bilən; məqbul; qəbula keçən; münasib
access [aekses] s. yol; keçmə; daxil

olma; girmə; gəlmə; tutma(öskürək tutma)
accessory [aekseseri] adj. əlavə; üstəlik verilən; köməkçi; ikinci dərəcəli; s. iştirak edən; accessories ləvazimat
accident [aeksident] s. avariya; qəza; bədbəxt hadisə; təsadüf
accommodate [əkomedeyt] v. uyğunlaşdırmaq; düzəltmək; təchiz etmək; vermək; razılaşdırmaq
accommodation [əkomedeyşin] s. ev; yer; məskən; yurd; sığınacaq; uyğunlaşdırma; razılaşdırma
accompany [əkampeni] v. ötürmək; yola salmaq; birgə getmək; müşayiət etmək; olmaq; birlikdə çalmaq
accomplish [əkompliş] v. tamamlamaq; bitirmək; qurtarmaq; başa çatdırmaq; yerinə yetirmək; həyata keçirmək; nail olmaq; əldə etmək
accomplishment [əkomplişment] s. ifa; icra; yerinə yetirmə; həyata keçirmə; tamamlama; bitmə; nailiyyət; müvəffəqiyyət; pl. təhsillilik; tərbiyə
according [əko:rding] prep. müvafiq olaraq; uyğun olaraq; görə; əsasən
account [ekaunt] s. hesablama; sayma; haqq-hesab; yekun; hesabat; mə'lumat; fikir; rə'y; səbəb; xeyir; fayda; qənaət
accountant [ekauntent] s. buxalter
accumulate [əkyu:myuleyt] v. yığmaq; toplamaq; dala atmaq; tığlamaq; qoymaq; qalamaq; doluşmaq; yığışmaq; toplaşmaq; yığılmaq
accuracy [aekyuresi] s. dəqiqlik; düzgünlük; doğruluq; çalışqanlıq;
accuse [əkyu:z] v. taqs ırlandırmaq; müqəssir etmək; günahkar bilmək; ittiham etmək; müttəhim hesab etmək
accustom [əkastem] v. öyrəşmək; adət etmək; öyrətmək; alışdırmaq
accustomed [əkastemd] adj. adət olunmuş; adət edilmiş; öyrəşmiş; alışmış; öyrəncəli

ache [eyk] s. ağrı; v. ağrımaq;
incimək; çox arzu etmək; istəmək
achieve [əçi:v] v. nail olmaq;
müvəffəq olmaq; əldə etmək; çatmaq;
yetişmək (məqsədinə və s.); başa vurmaq;
başa çatdırmaq
achievement [əçi:vment] s. çatma;
yetişmə; nailiyyət; müvəffəqiyyət; ifa;
yerinə yetirmə; qəhrəmanlıq
acid [aesid] adj. turş; *chem.* turşu;
yeyici; aşındırıcı; acı; istehzalı
(təbəssüm); zəhərli; s. turşluq; *chem.*
turşu
acknowledge [əknolic] v. başa
düşmək; anlamaq; tanımaq; təsdiq etmək;
razı olmaq; ehtimal etmək; fərz etmək;
təşəkkür etmək
acquaintance [əkweyntens] s.
tanışlıq; bələdlik; tanışlar; tanış
acquire [əkwayer] v. əldə etmək; ələ
keçirmək; (biliklərə) yiyələnmək
acre [eyker] s. akr (İngiltərə və
Amerikada yer ölçüsü)
across [ekros] adv. eninə; köndələninə;
çarpaz; prep. ortasından; arasından;
üstündən; üzərindən
act [aekt] v. işləmək; hərəkət etmək;
fəaliyyət göstərmək; tə'sir etmək; (səhnədə)
oynamaq; s. is; hərəkət; hadisə; fərman;
qərar; hökm; bir hadisəni təsdiq edən
sənəd; teatr tamaşasının bir pərdəsi
action [aekşin] s. hərəkət; iş;
fəaliyyət; əməl; rəftar; tə'sir
active [aektiv] adj. fəal; çalışqan;
işlək; diri; coşqun; qızğın; ciddi;
işgüzar; fəaliyyətli; qüvvədə olan (qanun)
activity [aektiviti] s. fəaliyyət;
aktivlik; fəallıq; çalışqanlıq; qətiyyət
actor [aekter] s. aktyor; artist; xadim
actress [aektris] s. aktrisa
actual [aekçuel] adj. həqiqi; əsil;
orijinal; indiki; hazırkı; müasir
actually [aekçueli] adv. həqiqətən;

əslində; doğrudan da; indi; hazırda
ad [aed] s. (advertisement) e'lan; reklam;
bildiriş; anons; afişa
adapt [ədaept] v. uyğunlaşdırmaq;
düzəltmək; uyğunlaşmaq; öyrəşmək;
tətbiq edilmək; ixtisar etmək;
sadələşdirmək; asanlaşdırmaq
add [aed] v. artırmaq; əlavə etmək;
qoşmaq; üstünə gəlmək
addict [ədikt] v. cəzb olunmaq; məftun
edilmək; s. narkoman (drug addict)
addition [ədişin] s. artırma; əlavə
etmə; (in addition to=üstəlik, bundan
başqa); üstünə gəlmə
address [ədres] s. ünvan; müraciət;
bacarıq; v. göndərmək; yollamaq;
müraciət etmək; xitab etmək
adequate [aedikwit] adj. uyğun;
müvafiq; adekvat; kifayət qədər; bilikli
adhere [ədhier] v. yapışmaq; tərəfdar
olmaq; tə'qib etmək
adjacent [əceysent] adj. yanaşdıran;
qonşu; həmmərz
adjective [aeciktiv] s. sifət; adj. sifətə
aid olan; qeyri-müstəqil
adjust [əcast] v. nizama salmaq; həll
etmək; uyğunlaşdırmaq; düzəltmək;
quraşdırmaq; qaydaya salmaq
administration [ədministreyşin] s.
idarə etmə; rəhbərlik etmə; müdiriyyət;
idarə; nazirlik; hökumət
admirable [aedmirebl] adj. qəribə;
valehedici; çox gözəl; ə'la; çox qəşəng
admire [ədmayer] v. ləzzətlə baxmaq;
heyran olmaq; valeh olmaq; məftun olmaq
admission [ədmişin] s. yol; keçmə;
giriş haqqı; girmə; qəbul etmə; daxil
olma; fərz etmə; təsdiq etmə
admission ticket [ədmişin tiket]
giriş bileti
adolescence [aedeulesns] s.
yeniyetməlik dövrü; ilk gənclik dövrü
adopt [ədopt] v. evladlığa (oğulluğa,

qızlığa) götürmək; (qərara) almaq;
öyrənmək

adorable [ədo:rebl] adj. pərəstiş
edilən; məlahətli; cazibəli

adore [ədo:r] v. pərəstiş etmək;
həddindən artıq sevmək; sitayiş etmək;
təqdis etmək

adult [aedalt] n. böyük; yaşl ı; yekə;
böyümüş; yaşa dolmuş

adultery [ədalteri] s. ər və ya arvadın
sədaqətsizliyi; zina

advance [ədvaens] v. qabağa keçmək;
irəliləmək; hücum etmək; müvəffəqiyyət
qazanmaq; inkişaf etmək; s. qabağa
çəkmə; irəlilətmə; hücum; müvəffəqiyyət

advanced [ədvaenst] adj. irəli
çəkilmiş; qabaqda gedən; qabaqcıl

advantage [ədvaentic] s. üstünlük;
imtiyaz; fayda; xeyir; mənfəət

advertisement [ədvertayzment] s.
e'lan; bildiriş; reklam; anons; afişa

advice [ədvays] s. məsləhət; məşvərət

affair [əfeer] s. iş; məşğələ; hadis ə;
əhvalat; eşq münasibəti

affect [əfekt] v. tə'sir etmək;
həyəcanlandırmaq; riqqət oyatmaq;
toxunmaq

affirm [əfe:rm] v. təsdiq etmək

affirmation [aefi:rmeyşin] s. təsdiq
etmə (edilmə); təsdiq

affluent [aefluent] adj. bol; çox; ax ıb
gələn; s. qol (çayda)

afford [əfo:rd] v. imkan ı olmaq

affront [əfrant] v. təhqir etmək; ...
qorxmamaq; mərdcəsinə... qarşılamaq

afraid [efreyd] adj. qorxmuş;
qorxudulmuş; to be afraid of
qorxmaq

African [aefriken] adj. afrikal ı

after [a:fte:r] prep. dal ında; dalınca;
arxasında; sonra; keçəndən sonra

afternoon [a:ftenu:n] s. günorta

afterwards [a:ftewedz] adv. nəticədə;

axırda; sonra; ondan sonra; daha gec

again [egen] adv. yenə; təkrar; təzədən;
bir də; bir daha; yenidən; başdan

against [egenst] prep. qarş ı; əleyhinə;
ziddinə; yaxınlığında; üstünə

age [eyc] s. yaş; əsr; dövr; v. qocalmaq

agency [eycensi] s. agentlik; orqan
(idarə); vasitə; kömək; yardım; fəaliyyət

agenda [əcenda] s. gündəlik

agent [eycent] s. xadim; agent; vasitəçi;
araçı; nümayəndə; agentura; amil; səbəb

aggravate [aegreveyt] v.
ağırlaşdırmaq; artırmaq; pisləşdirmək;
gərginləşdirmək; hirsləndirmək

aggression [əgreşin] s. hücum;
həmlə; təcavüz; təcavüzkarlıq

aggressive [əgresiv] adj. hücum edən;
təcavüzkar; ciddi; inadlı; israrlı; səbatlı

agile [aecayl] adj. sür'ətli; zirək; tez;
iti; diri; coşqun; cıvrıq

agitate [aeciteyt] v. təşviqat aparmaq;
həyəcanlandırmaq; qızışdırmaq;
çalxalamaq; qarışdırmaq

agnostic [aegnostik] s. aqnostik; adj.
aqnostik

ago [egou] adv. bundan əvvəl (qabaq)

agony [aegeni] s. can çəkişmə; can
vermə; əzab; zülm; dərd; əziyyət; iztirab

agree [əgri:] v. razılaşmaq;
sözləşmək; uyğun olmaq

agreeable [əgriebl] adj. xoş;
məlahətli; qəşəng; münasib; mütabiq

agreement [əgri:ment] s. (qarş ılıqlı)
razılıq; razılaşma; saziş; müqavilə;
uzlaşdırılma

agriculture [aegrikalçer] s. kənd
təsərrüfatı; əkinçilik; aqronomiya

ahead [əhed] adv. irəli; irəlidə; qabaqda

aid [eyd] s. kömək; yardım; müdafiə
etmə; himayə etmə; köməkçi; v. kömək
etmək; imkan yaratmaq; səbəb olmaq

ailing [eyling] s. xəstəlik; naxoşluq;
azar; dərd

4

aim [eym] s. hədəf; nişan; məqsəd; niyyət; murad; nişanə alma; v. əlləşmək; can atmaq; cəhd etmək; nişan almaq

air [eer] s. hava; atmosfer; əsmə; zahir; üz; görünüş; görkəm; v. havasını dəyişmək; qurutmaq; havada saxlamaq

airline [eerlayn] s. təyyarə xətti; hava yolu

airmail [eermeyl] s. aviapoçta; təyyarə poçtu

airplane [eerpleyn] s. təyyarə

airport [eerpo:rt] s. aeroport

alarm [əla:rm] s. həyəcan; təşviş; qorxu; vəlvələ; təhlükə siqnalı; haray; v. təhlükə siqnalı vermək; haray salmaq; təşvişə salmaq; həyəcanlandırmaq

alarm clock [əla:rmklok] s. zəngli saat

alcohol [aelkohol] s. alkoqol; spirt; spirtli içkilər

alcoholic [aelkoholik] s. alkoqolik; içki düşkünü; əyyaş; alkoqollu; spirtli

alert [əle:t] s. təhlükə; təhlükə siqnalı; döyüş hazırlığı; adj. sayıq; ayıq; diri

alias [eyliaes] s. ayama; ləqəb; adv. başqa cür (adlanan)

alibi [aelibay] s. alibi; bəhanə; bəraət

alien [eylyen] s. əcnəbi; xarici; adj. xarici; xas olmayan; yad; özgə

alike [elayk] adj. bir cür; bir; oxşar; eyni cür; adv. eyni dərəcədə; bir bərabərdə

alive [elayv] adj. diri; sağ; zirək

all [o:l] adj. & pron. bütün; tamam; hər; hər cür; adv. tamamilə; bütünlüklə; s. hamı; bütün; in all cəmi; yekunu

alleviate [əli:vyeyt] v. yüngülləşdirmək

alley [aeli] s. xiyaban; alleya; döngə; dalan; kegelban

alliance [əlayens] s. ittifaq; birlik; alyans; birləşmə; ümumilik; federasiya

almond [a:mend] s. badam

almost [o:lmoust] adv. demək olar ki; azqala; təxminən; təqribən; ...yaxın;

...qədər; az qalmışdı; az qala

alone [eloun] adj. tək; təkcə; təkbaşına; özü; adv. ancaq

along [elo:ng] adv. irəli; prep. uzununa; boyunca; ilə

aloud [elaud] adv. ucadan; bərkdən

alphabet [aelfəbit] s. əlifba

already [o:lredi] adv. art ıq; daha

also [o:lsou] adv. habelə; həmçinin; eyni zamanda; dəxi; də; da

alter [o:lter] v. dəyişmək; dəyişilmək; dəyişdirmək; mübadilə etmək; düzəltmək; təzədən qayırmaq

alternate [o:lterneyt] v. bir-birini əvəz etmək; növbələnmək; əvəzlənmək

alternative [o:lte:netiv] s. alternativ; çarə; əlac; adj. bir-birini inkar edən; alternativ; bir-birini rədd edən; dəyişən

although [o:lžou] conj. hərçənd; da; də; baxmayaraq; əgərçi; lakin; amma; hətta; əgər

altogether [o:ltegeže:r] adv. tamamilə; tam; lap; çox; tam şəkildə; bütünlüklə; büsbütün; cəmi; yekunu

always [o:lweyz] adv. həmişə; daim; hər vaxt; hər zaman

amateur [aem əte:r] s. həvəskar; diletant

amaze [əmeyz] v. heyrətləndirmək; heyrətə salmaq; təəccübləndirmək; valeh etmək; heyran etmək; təəccübə salmaq

amazing [əmeyzing] adj. heyranedici; valehedici; fövqəl'adə; qəribə; son dərəcə gözəl

ambassador [aembaesede:r] s. s əfir; elçi; nümayəndə

ambiguous [aembigyues] adj. ikimə'nalı; iyhamlı; kinayəli; şübhəli; qeyri-müəyyən; aydın olmayan

ambitious [aembişes] adj. şöhrətpərəst; ehtirasla arzu edən; həsrət çəkən; həsrətində olan; iddialı

ambulance [aembyulens] s. tə'cili yardım

ambush [aembuʃ] s. pusqu; marıq; bərə
amend [əmend] v. yaxşılaşdırmaq;
təkmilləşdirmək; düzəltmək; təshih etmək;
islah etmək
amendment [əmendment] s. düzəltmə;
islah etmə; yaxşılaşma; təshih; düzəliş
American [əmeriken] s. amerikalı;
amerikan; adj. Amerika; amerikan
amiable [eymyebl] adj. dostcasına;
mehribancasına; iltifatlı; yumşaqürəkli
amid [əmid] prep. ortasında; arasında;
içərisində; ortada
ammunition [aemyuniʃin] s. döyüş
sursatı; mərmi; güllə; patron
among [emang] prep. ortasında;
arasında; içərisində; sırasında
amount [emaunt] v. bərabərləşmək;
ibarət olmaq; s. miqdar; kəmiyyət; say;
yekun; cəm; məbləğ; məcmu; çoxluq
ample [aempl] adj. bol; çox; dolu;
zəngin; kifayət qədər; geniş; böyük; gen;
gen-bol; ətraflı; uzun; müfəssəl
amplify [aemplifay] v. genəltmək;
enlətmək; genişləndirmək; artırmaq
amusement [əmyu:zment] s. əyləndirmə;
əyləncə; əylənmə; şənləndirmə; şənlik;
vaxt keçirmə; məşğuliyyət
amusing [əmyu:zing] adj. əyləncəli;
məzəli; gülməli; qəribə; maraqlı;
zarafatçı; hənəkçi; gülünc
an [aen; ən] gram. qeyri-müəyyən artikl
analyse [ənaelayz] v. təhlil etmək
analysis [ənaelisis] s. analiz; təhlil
anatomy [ənaetemi] s. anatomiya
ancestor [aensister] s. ulubaba; cədd
anchor [aenker] s. lövbər; lənkər
ancient [eynʃent] adj. qədim; çox
köhnə; çox qoca; çoxdankı; antik
and [aend] conj. və
anecdote [aenikdout] s. qısa hekayə;
epizod; anekdot; lətifə; gülməli hadisə;
məzhəkə; uydurma
anew [ənyu:] adv. yenidən; təzədən

angel [eyncel] s. mələk; *poet.* pəri
anger [aenger] s. qəzəb; qeyz; hirs; acıg
angle [aengl] s. bucaq; nöqteyi-nəzər;
vəziyyət; günyə; v. təhrif etmək;
mə'nasını dəyişdirmək
Anglo-Saxon [aenglou-saeksen] s.
anqlosaks
angry [aengri] adj. hirsli; acıqlı; qeyzli;
qəzəbli
animal [aeniml] s. heyvan; adj. heyvani
animated cartoon [aenimeytid
ka:rtu:n] multiplikasiya filmi
animosity [aenimositi] s.
düşmənçilik; ədavət; qərəz; kin; qəzəb
ankle [aenkl] s. topuq; topuq
çıxıntısı
anniversary [aenive:rseri] s. ild
nümü; illik; yubiley; adj. illik; birillik
announce [ənauns] v. e'lan etmək;
bildirmək; xəbər vermək; nəşr etmək
announcement [ənaunsment] s. e'lan;
bildiriş; bildirmə; xəbər vermə; mə'lumat
verilmə; xəbərdarlıq məktubu
annoy [ənoy] v. təngə gətirmək;
usandırmaq; bezar etmək; zəhlə tökmək;
bezikdirmək; hirsləndirmək; cana gətirmək;
acıqlandırmaq
annoyed [ənoyd] adj.
acıqlandırılmış; hirsləndirilmiş;
əsəbiləşdirilmiş; ovqatı təlx olmuş;
dilxor; pərt; mə'yus; acıqlı; hirsli
annual [aenyuel] adj. illik; birillik; hər
ilki; hər il olan; ildə bir dəfə olan
anonym [aenenim] s. anonim; təxəllüs
anonymous [ənonimes] adj. adsız;
imzasız; adı olmayan
another [enaʒer] pron. daha; da;
başqa; ayrı cür; yeni; təzə
answer [aenser] s. cavab; həll etmə;
e'tiraz
ant [aent] s. qarışqa
antagonist [aentaegenist] s. antaqonist;
rəqib; düşmən; əleyhdar

6

anti- [aenti] pref. anti- (mürəkkəb
sözlərin əvvəlində ''əleyhinə'', ''ziddinə''
və ya ''qarşı'' mə'naları verən
önşəkilçi).
anticipate [aentisipeyt] v. gözləmək;
qabaqcadan görmək; qabaqcadan hiss
etmək; qabaqcadan ləzzətini duymaq;
qarşısını almaq; qabaqlamaq
antique [aenti:k] adj. qədim; çox
köhnə; çox qoca; çoxdankı; antik
antiquity [aentikwiti] s. qədimlik;
köhnəlik; qədim zaman; qədimlər; uzaq
keçmiş; köhnə zamanlar; antiklik
anxiety [aenzayeti] s. həyəcan; iztirab;
təlaş; təşviş; əndişə; qorxu; qayğı
anxious [aenkşes] adj. qayğılı;
fikirli; iztirablı; əndişəli; təlaşlı;
təşvişli; həyəcanlı; qorxulu; səksəkəli
any [eni] pron. bir; birisi; bir qədər; bir
az; heç bir; hər hansı; hər birisi; hər biri;
hansı (kim) olursa olsun; hər kim; hər kəs;
hər; hər cür; adv. heç; bir az da
anybody [enibodi] pron. birisi; kim
olursa olsun; hər kəs olursa olsun; heç kəs;
hər hansı; hər birisi; hər kəs
anyhow [enihau] adv. hər halda; hər necə
olursa olsun; heç; heç cür; heç bir
yolla; bir təhər; bir cür; bir sayaq; güc
bəla ilə; necə gəldi; başdansovma
anyone [eniwan] pron. birisi; kim olursa
olsun; hər kəs olursa olsun; heç kəs; hər
kəs; hər hansı; hər biri; hər kim
anything [enişin] pron. bir şey; bir
zad; heç; heç bir şey; heç nə; hər şey;
nə olur olsun
anyway [eniwey] adv. = anyhow
anywhere [eniweer] adv. bir yerdə;
harada olsa; bir yana; bir tərəfə; bir yerə;
heç yerə; heç bir yerə; istədiyin(iz) yerdə;
hər yerdə; harada olur olsun; hara olursa
olsun; hər yerə; istədiyin(iz) yerə; hər
tərəfdə; hər yanda

apart [əpa:t] adv. ayrıca; təkcə; yalqız;
ayrı; tək; təkbaşına; ayrılıqda; ayrı-
ayrı; bir-birindən aralı (ayrı); bir-bir; tək-
tək; təklikdə
apartment [əpa:tment] s. mənzil
apartment building [əpa:tment
bildin] çoxmənzilli ev
apathetic [aepəšetik] adj. laqeyd;
e'tinasız; maraqsız; qeydsiz; süst; ruhsuz;
ölgün; ağır; key; hissiz
ape [eyp] s. (insanaoxşar) meymun; v.
meymunluq etmək; təqlid çıxartmaq;
yamsılamaq; bənzətmək; oxşatmaq;
yamsılayıb cinlətmək; ağzını əymək
apex [eypeks] s. kəllə; təpə; baş; uc
apologize [əpolocayz] v. üzr istəmək
apology [əpoloci] s. üzr; müdafiə;
bəraət; doğrultma
apostrophe [əpostrofi] s. müraciət;
apostrof
apparent [əpaerent] adj. görünən;
aydın; aşkar; zahiri; açıq; bəlli;
şübhəsiz; yəqin
appeal [əpi:l] v. apellyasiya vermək;
müraciət etmək; əl atmaq; yalvarmaq; cəlb
etmək; cəzb etmək
appear [əpier] v. görünmək;
görsənmək; göstərilmək; çıxmaq; aşkar
olmaq; zahirə çıxarılmaq; çıxış
etmək; ...gəlmək; ...kimi gəlmək
appearance [əpierens] s. gəlib çıxma;
görünmə; zahir olma; zahiri görünüş;
görkəm; çıxış
appetite [aepitayt] s. iştaha; arzu;
həvəs; meyl; təmayül
appetizing [aepitayzin] adj. iştahalı;
ləzzətli; dadlı; iştaha açan
applause [əplo:z] s. alqış; alqışlar;
əl çalma; alqışlama; bəyənmə
apple [aepl] s. alma; alma ağacı
appliance [əplayens] s. qurğu; alət;
cihaz; mexanizm; tətbiq etmə

application [aeplikeyşin] s. ərizə;
tətbiq edilmə; işlətmə; işlədilə bilmə; kara
gəlmə; iste'mal etmə; istifadə edilmə; sə'y;
cəhd; qeyrət; qoyma (məlhəm qoyma)
apply [əplay] v. müraciət etmək; tətbiq
etmək; işlətmək; sərf etmək; iste'mal
etmək; istifadə etmək; qoymaq; basmaq
appoint [əpoint] v. tə'yin etmək;
müəyyən etmək; qaydaya salmaq
appreciate [əpri:şieyt] v.
qiymətləndirmək; qədrini bilmək; anlamaq
apprehend [aeprihend] v. başa
düşmək; qanmaq; dərhal anlamaq;
qavramaq; qabaqcadan hiss etmək; duymaq;
sezmək; qorxmaq; tutmaq; dustaq etmək
approach [əprouç] v. yax ınlaşmaq;
yanına gəlmək; s. yaxınlaşma; yanaşma;
girəcək yol; yaxınlaşdırma
appropriate [əprouprieyt] adj.
yaraşan; uyğun gələn; münasib; müvafiq
olan; mütabiq; məxsus; xas; aid olan
approval [əpru:vel] s. bəyənilmə; təqdir
etmə; təsdiq; icazə; sanksiya
April [eypril] s. aprel
apt [aept] adj. yaraşan; uyğun gələn;
münasib; əlverişli; həvəsli; meylli; mail;
qabiliyyətli; iste'dadlı
arbitrary [a:bitrari] adj. s ərbəst;
ixtiyari; iradi; şıltaqçı; zalım; müstəbid
arbor [a:bo] s. ox; mehvər; *amer.* ağac
arcade [a:keyd] s. pasaj; *arch.* arkada
arch I [a:ç] s. tağ; alaqapı;
tağtavan; qübbə; qövs; əyilmə; göy
qurşağı; v. əymək; qatlamaq
arch II [a:ç] s. oynaq; şux; şən;
hiyləgər; kələkbaz; bic
archaeology [a:kioloci] s. arxeologiya
architect [a:kitekt] s. arxitektor;
me'mar; yaradan; yaradıcı
architecture [a:kitekçer] s.
arxitektura; me'marlıq
archives [a:kayvz] s. arxiv

ardent [a:dent] adj. tezq ızışan;
ehtiraslı; dəliqanlı; qızğın; coşğun;
qeyrətli; yanan; alışmış
arduous [a:dyues] adj. çətin; zor; dik;
sıldırım; çətinliklə gedilə bilən; fəal
are [a:] v. to be (indiki zaman, cəm hal)
area [e:ria] s. sahə; fəza; məkan; zona;
yer; rayon; *math.* səth
argue [a:gyu:] v. mübahisə etmək; bəhs
etmək; mübarizə etmək; dəlil gətirmək;
isbat etmək; müzakirə etmək; sübut etmək
argument [a:gyument] s. dəlil; sübut;
əsas; dəstavüz; əsaslandırma; dəlil
gətirmə; diskussiya; müzakirə; mübahisə
arise [erayz] v. baş vermək; əmələ
gəlmək; meydana çıxmaq; törəmək; irəli
gəlmək; *poet.* qalxmaq; durmaq
arm I [a:m] s. qol; qabaq ayaq
(heyvanlarda); *geog.* qol (çayda);
qoltuqluq; budaq; güc; hakimiyyət
arm II [a:m] s. silah; yaraq; v.
silahlanmaq; yaraqlanmaq; doldurmaq
(silahı); ayağa çəkmək (çaxmağı)
armchair [a:mçe:r] s. kreslo; qoltuqlu
kürsü
arms [a:mz] pl. müharibə; gerb
army [a:mi] s. ordu; qoşun
around [eraund] adv. hər yerdə; hər
yanda; hər tərəfdə; yaxınlıqda; prep.
ətrafında; arxasında; yanında; təxminən
arrange [əreync] v. nizama salmaq;
sahmanlamaq; düzəltmək; təşkil etmək;
sözləşmək; şərtləşmək; razılaşmaq
arrangement [əreyncment] s. nizama
salma; sahman; düzmə; qaydaya salınma;
düzəltmə; təşkil etmə; sözləşmə
arrest [ərest] s. tutma; həbs etmə;
dustaq etmə; ləngimə; saxlama; v. tutmaq;
həbs etmək; dustaq etmək; dayandırmaq;
saxlamaq; durdurmaq; ləngitmək
arrival [ərayvel] s. qəlmə; qəlib
çıxma; varid olma; çatma

arrive [ərayv] v. gəlmək; gəlib çıxmaq; varid olmaq; çatmaq; yetişmək; nail olmaq; müvəffəqiyyət əldə etmək

arrogant [aeregent] adj. lovğa; təşəxxüslü; təkəbbürlü; iddialı; dikbaş; kibrli; ötkəm; özünə güvənən; saymaz

arrow [aerou] s. ox; əqrəb

art [a:t] s. incəsənət; sənət; məharət; hünər; ustalıq; bacarıq

artichoke [a:tiçouk] s. bot. ənginar

article [a:tikl] s. məqalə; maddə; bənd; punkt; paraqraf; şey; əşya; cisim; mə'mulat; mal; məhsul; gram. artikl

artist [a:tist] s. sənətkar; rəssam; mahir usta; ustad; artist

as [aez; əz] pron., adv., conj. kimi; ki; üzrə; nə qədər... olsa da; hərçənd; sifətilə; halbuki; necə; çünki

ascend [əsend] v. qalxmaq; çıxmaq; doğmaq; yüksəlmək; aid olmaq

ash [aeş] s. kül; pl. cənazə; meyit

ashamed [əşeymd] adj. utandırılmış; qızardılmış; xəcalətli

ash-tray [aeştrey] s. külqabı

Asian [eyjen] s. asiyalı; asiyalı qadın; adj. Asiya

ask [ae:sk] v. soruşmaq; xəbər almaq; istəmək; cavab istəmək; xəbər tutmaq; mə'lumat almaq; tələb etmək; çağırmaq

ask for [ae:sk fo:r] istəmək; diləmək; xahiş etmək; rica etmək; yalvarmaq

aspect [aespekt] s. görünüş; sifət; üz; tərəf; səmt; nöqteyi-nəzər; baxış

aspire [əspayer] v. can atmaq; cəhd etmək; əlləşmək; çalışmaq; təngə gətirmək; kələk gəlmək

ass [aes] s. eşşək

assail [əseyl] v. hücum etmək; üstünə düşmək; basmaq; həmlə etmək; kəskin tənqid etmək

assassinate [əsaesineyt] v. öldürmək

assassination [əsaesineyşin] s.

(qəsdən) öldürmə; öldürülmə; qətl

assembly [əsembli] s. yığıncaq; iclas; məclis; qanunverici məclis; qanunverici orqan; montaj; quraşdırma

assert [əse:t] v. təsdiq etmək; isbat etmək; bəyanat vermək; müdafiə etmək

assets [aesets] pl. aktiv; mülk; əmlak; mal; var; qiymətli əmanət

assignment [əsaynment] s. tə'yin etmə; tə'yinat; pul buraxma; təxsisat; bölmə; təqsim etmə; qabaqcadan tə'yin etmə; təxsis etmə; tapşırıq

assist [əsist] v. kömək etmək; yardım etmək; iştirak etmək; olmaq

assistant [əsistent] s. köməkçi; yardımcı; müavin; assistent

associate [əsouşieyt] s. yoldaş; kolleqa; partnyor; ortaq; şərik; kompanyon; müttəfiq; adj. birləşmiş; əlaqədar; qoşulmuş; v. birləşdirmək; əlaqələndirmək; assosiasiya edilmək; assosiasiya üzrə əlaqə yaranmaq; görüşmək; əlaqə saxlamaq; qoşulmaq

assortment [əso:tment] s. assortiment; çeşid; sortlara ayırma; növlərə ayrılma

assume [əsyu:m] v. öz üzərinə götürmək; boynuna almaq; yalandan özünü... göstərmək (...oxşatmaq; ...qoymaq); təxmin etmək; fikrində tutmaq

assure [əşu:r] v. inandırmaq; sübut etmək; razı salmaq; qane olmaq; tə'min etmək; zəmanət vermək

astonish [əstoniş] v. təəccübləndirmək; heyrətləndirmək; heyrətə salmaq; valeh etmək

astrologer [əstrolecer] s. münəccim; rəmmal

astronomer [əstronemer] s. astronom

at [aet; ət] prep. -da; -də; yanında; yaxınlığında; dövründə; -dan; -dən

athlete [aeşli:t] s. sportsmen; idmançı; atlet; pəhləvan

atmosphere [aetmesfier] s. atmosfer; vəziyyət; şərait; mühit

atom [aetem] s. *phys.* atom

attach [ətaeç] v. təhkim etmək; basmaq; əlaqələndirmək; bənd etmək; qoşulmaq; vermək (əhəmiyyət vermək)

attack [ətaek] s. həmlə; hücum; basqın; v. həmlə etmək; hücum etmək; girişmək; təşəbbüs etmək; tənqid etmək

attempt [ətempt] s. təşəbbüs; s ınaq; təcrübə; sınama; yoxlama; qəsd etmə; v. sə'y etmək; təcrübə etmək; sınamaq

attend [ətend] v. diqqət yetirmək; qayğısına qalmaq; qeydinə qalmaq; dərdinə qalmaq; fikir vermək; göz yetirmək; baxmaq (xəstələrə); icra etmək; gəlmək; olmaq; iştirak etmək

attention [ətenşin] s. diqqət; fikir; e'tina; maraq; nəzər; iltifat; qayğı; qeyd; qeydkeşlik; baxım; qulluq

attitude [aetityu:d] s. nöqteyi-nəzər; fikir; münasibət göstərmə; poza; duruş

attract [ətraekt] v. cəlb etmək; cəzb etmək; valeh etmək; bənd etmək; heyran etmək; çəkmək

attraction [ətraekşin] s. çəkmə; cəzb etmə; cazibə; meyl; şövq; məlahət; lətafət; qəşənglik; zəriflik; attraksion

attractive [ətraektiv] adj. cəlbedən; cazibəli; məlahətli; cazibədar; aldadıcı

auction [o:kşin] s. auksion; müzaidə; hərrac; torq

audience [o:dyens] s. camaat; tamaşaçılar; radio dinləyici; qəbul

August [o:gest] s. avqust

aunt [a:nt] s. xala; bibi; əmi (dayı) arvadı

austere [ostier] adj. ciddi; zabitəli; tələbkar; şiddətli; sərt; asket; düzgün

Australian [o:streylyen] adj. avstraliya; s. avstraliyalı

Austrian [o:stryen] adj. avstriya; s. avstriyalı

authentic [o:šentik] adj. əsl; həqiqi; orijinal; mö'təbər; əslinə uyğun; doğru; səhih; düz; düzgün; e'tibarlı

author [o:šer] s. avtor; müəllif; yaradıcı; yaradan; yazıçı; ədib

authority [o:šoriti] s. hakimiyyət; ixtiyar; pl. hökumət orqanları; səlahiyyət; nüfuz; e'tibar; hörmət; avtoritet

automatic [o:temaetik] adj. avtomatik; mexaniki; qeyri-şüuri; qeyri-iradi

automation [o:temeyşin] s. avtomatlaşdırma; avtomatikləşdirmə

automobile [o:temoubi:l] s. avtomobil

autumn [o:tem] s. pay ız

available [əveylebl] adj. əlçatan; mümkün; hazırda olan; mövcud; bos; bekar; yararlı; münasib; e'tibarlı

avenue [aevinyu:] s. yol; xiyaban; alleya; geniş küçə; prospekt

average [aeveric] s. orta miqdar; adj. orta; adi; normal; v. orta miqdarı hesablamaq

averse [əve:rs] adj. meyli olmayan; könlü olmayan; həvəssiz; ürəyi yatmayan

avid [aevid] adj. xəsis; simic; tamahkar; acgöz; doymaz

avoid [əvoyd] v. çəkinmək; kənar gəzmək; qaçınmaq; kənara çıxmaq; boyun qaçırmaq

avow [əvau] v. e'tiraf etmək; boynuna almaq

await [eweyt] v. gözləmək; gözlənmək; qarşıda durmaq

awake [eweyk] v. oyatmaq; oyand ırmaq; ayıltmaq; oyanmaq; ayılmaq; adj. ayıq qalan; yatmayan; sayıq; ayıq; diqqətli

award [əwo:d] s. vermə; verilmə (mükafat və s.); qərar çıxartma; hökm vermə; v. qərara almaq; hökm vermək; mükafatlandırmaq; mükafat vermək; təltif etmək

bare

aware [eweer]adj. bilən; başa düşən; bilikli; bələd; mə'lumatlı; xəbərdar olan
away [ewey]adv. uzaqda; uzaqlara; uzaq; uzağa; kənara; o yana
awful [o:ful]adj. dəhşətli; qorxulu; müdhiş; qorxunc
awkward [o:kwed]adj. ağır; ləng; yöndəmsiz; bacarıqsız; ağırtərpənən; narahat; naqolay (paltar); çətin; pis; sıxıntılı (vəziyyət)
ax(e) [aeks]s. balta; e'dam; kəsmə; kəsilmə; azaltma; v. balta ilə işləmək; kəsmək; qısaltmaq; azaltmaq; ixtisar etmək

B

baby [beybi]s. uşaq; bala; körpə; tifil; çağa; körpə uşaq
bachelor [baeçeler]s. subay kişi; bachelor girl subay qız; bakalavr
back [baek]s. arxa; bel; dal; kürək; söykənəcək (stulda, skamyada); v. yardım etmək; saxlamaq; möhkəmlətmək; dala çəkilmək; daldalı getmək; geri çəkilmək
background [baekgraund]s. fon; əsl səbəb; işin iç üzü; ilk şərt; ilkin şərait; mənşə; əsil; bioqrafiya; ixtisas
backwards [baekwerds]adv. dala; geriyə; geri; dalı-dalı; tərsinə; əksinə
bacon [beykn]s. bekon (his ə verilib duzlanmış donuz əti)
bad [baed]adj. pis; xarab; yaramaz; fəna; zəif; bərbad; nalayiq; korlanmış; pozğun; zərərli; ziyanlı; ağrıyan; xəstə
badge [baec]s. nişan; kokarda; əlamət; nişanə; simvol; rəmz; işarə
bag [baeg]s. kisə; torba; çuval; çanta; dağarcıq; çamadan; v. torbanın içinə qoymaq; yığmaq; aralanmaq; şişmək
baggage [baegic]s. amer. baqaj; yük

bake [beyk]v. bişirmək; qızarmaq; bişmək; bərkimək
bakery [beykeri]s. çörəkxana; bulka dükanı; çörəkçixana
balance [baelens]s. tərəzi; tarazlıq; müvazinət; əks ağırlıq; kəfkir; balans; v. müvazinət saxlamaq; ləngər vurmaq; tarazlamaq; müvazinətə gətirmək; çəkmək (tərəzidə); fikirləşmək; ölçüb-biçmək
balcony [baelkeni]s. balkon; eyvan
bald [bo:ld]adj. daz; dazbaş; çılpaq
ball I [bo:l]s. şar; balon; top; kos; vurma (topla); beysbol; güllə
ball II [bo:l]s. bal; rəqs gecəsi
balloon [balu:n]s. hava balonu; aerostat; şar (uşaq oyuncağı)
ballot [baelet]s. seçki bülleteni; səsə qoyma; səs vermə; seçilmə; püşk atma; çöp atma; v. səs vermək; səsə qoymaq
ban [baen]s. qadağan etmə; kilsə nifrin; v. qadağan etmək; nifrin etmək
banana [bəna:na]s. banan
band I [baend]s. lent; bafta; tesma; şərid; kəmərcik; v. bağlamaq; sarımaq
band II [baend]s. dəstə; orkestr; banda; v. birləşmək; yığılmaq
bang [baeng]s. zərbə; vurma; vuruş; taqqıltı; v. vurmaq; dəymək; çırpmaq (qapıları); guppuldatmaq
bank [baenk]s. sədd; təpə; bənd; qum təpəsi; sahil; yığın; bank; v. tököb-tököüşdürmək; bir-birinin üstünə tökmək; yağmaq; kürəyib yığmaq; banka qoymaq (pul); bankir olmaq; bankı vurmaq (qumar oyunlarında)
bar [ba:r]s. ling; dəmir parçası; siyirmə; alaqapı; çəpər; maneə; bar; bufet; advokatlıq; mülahizə; mühakimə; v. kənar etmək; istisna etmək; qadağan etmək
barber [ba:rber]s. dəllək; bərbər
bare [beer]s. lüt; çılpaq; boş; kasıb; bir qədər gəzdirilmiş; v. açmaq; soyundurmaq; açıb göstərmək

barefoot [beerfut] adj. & adv.
ayaqyalın; yalınayaq
bargain [ba:gin] s. alver; sövdə; ucuz
qiymətə alınmış şey; v. qiymətləşmək
barn [ba:rn] s. anbar; xırman; samanlıq;
dam; mərək; yantay; tövlə; inək damı
barrack [baerek] s. barak; kazarma
barrel [baerel] s. boçka; çəllək; barel;
lülə (silahda); ağız (tüfəngdə); val;
baraban; silindr
barrier [baeryer] s. çəpər; alçaq
divar; əngəl; maneə; alaqapı; şlaqbaum;
çətinlik; ilişik; v. çəpərləmək;
hasarlamaq
bartender [ba:tender] s. *amer.* barmen
barter [ba:ter] s. əmtəə mübadiləsi; mal
dəyişmə; v. dəyişdirmək; mübadilə
etmək; qiymət danışmaq; bazarlıq etmək
base [beys] s. əsas; özül; binövrə;
təməl; bazis; baza; adj. alçaq; rəzil; əclaf
basement [beysment] s. binövrə; bina;
podval; podval mərtəbəsi
bashful [baeşful] adj. utancaq; qorxaq;
ürəksiz; cəsarətsiz; ağciyər
basic [beysik] adj. əsas; başlıca
basis [beysis] s. əsas; özul; bazis; baza
basket [ba:skit] s. səbət; zənbil; kuzov;
v. səbətin içinə atmaq
bastard [baested] s. qeyri-qanuni
evlənmədən doğulmuş uşaq; hibrid;
mələz; metis; düdəmə; düşük; adj.
kəbinsiz; bic
bat [baet] s. yarasa; dəyənək; eyş; v.
dəyənək ilə vurmaq; göz qırpmaq
bath [ba:ş] s. vanna; çimmə
bathe [beyž] v. çimmək; çimdirmək;
basmaq (suya); dalmaq; yumaq
bathroom [ba:šrum] s. vanna otağı
bathtub [ba:štab] s. vanna
battery [baeteri] s. batareya; divizion;
batareya (elektrik); akkumulyator
battle [baetl] s. vuruşma; çarpışma;

döyüş; dava; vuruş; savaş
bay [bey] s. körfəz; buxta; camaxatan;
hürmə; dəfnə ağacı; adj. kəhər; v.
bəndləmək; qabağını bağlamaq (suyun);
hürmək; tə'qib etmək
be [bi:] v. olmaq; var olmaq; mövcud
olmaq; yaşamaq; ömür sürmək; həyat
sürmək; əmələ gəlmək; baş vermək; vaqe
olmaq; qiyməti olmaq
beach [bi:ç] s. plyaj; çimərlik; sahil;
dəniz kənarı; dəniz qırağı; dayaz yer
bead [bi:d] s. kürəcik; muncuq dənəsi;
damcı; gilə; v. muncuq dənələri sapa
keçirmək; muncuq ilə bəzəmək
beam [bi:m] s. şüa; şö'lə; şəfəq;
işıq; parıltı; nur; fərəhnak təbəssüm; tir;
dirək; diniş; v. şəfəqlənmək; parıldamaq;
nəş'ə saçmaq; yaymaq (şüa)
bean [bi:n] s. paxla; paxlalı bitki; maş;
lobya; baş; kəllə; təpə; sikkə; pul
bear I [beer] s. ayı
bear II [beer] v. (bore; borne)
daşımaq; aparmaq; keçirtmək; davam
gətirmək; tab gətirmək; dözmək; doğmaq;
yaratmaq; törətmək
beard [bied] s. saqqal
beast [bi:st] s. heyvan
beat [bi:t] v. (beat, beaten) vurmaq;
döymək; zərbə endirmək; döyünmək;
üstün gəlmək; qalib gəlmək
beautiful [byu:tiful] adj. gözəl;
göyçək; qəşəng; ə'la; çox yaxşı
beauty [byu:ti] s. gözəllik; göyçəklik;
qəşənglik; gözəl qız (qadın); göyçək
qız (qadın); dilbər; lətafət; ləzzət
beauty parlor [byu:ti pa:ler] s.
kosmetika kabinəsi
because [biko:z] conj. çünki; ona
görə ki
become [bikam] v. olmaq
bed [bed] s. yorğan-döşək; yataq;
yataq yeri; çarpayı; çiçək ləki; kərdi

bedroom [bedrum] s. yataq otağı
bee [bi:] s. arı
beef [bi:f] s. mal əti; öküz və ya inək;
cəmdək; cüssəli adam; qüvvə; sə'y
beer [bier] s. pivə
beetle [bi:tl] s. toxac; döyəc; gürz;
ağır çəkic; v. toxaclamaq; paralamaq;
çox qabağa çıxmaq; sallanmaq
before [bifo:r] adv. irəlidə; qabaqda;
əvvəlcə; qabaqca; qabaqlar; əvvəllər; artıq
beg [beg] v. xahiş etmək; rica etmək;
yalvarmaq; dilənmək
begin [bigin] v. başlamaq
beginning [biginin] s. başlanğıc;
əvvəl; baş; mənbə; əsil; mənşə
behave [biheyv] v. etmək; hərəkət etmək;
rəftar etmək; özünü aparmaq
behind [bihaynd] adv. dalınca;
dalından; dal tərəfində; dalında;
arxasında; dalda; geridə; daldan; dal
tərəfdən; prep. sonra; dal tərəfdə; o tərəfinə;
ardınca; s. dal; arxa; geri
belch [belç] s. gəyirmə; gəyirək; v.
gəyirmək; qusmaq; qaytarmaq; püskürmək;
yağdırmaq (söyüş)
Belgian [belcen] adj. belçikalı; s.
belçikalı; belçikalı qadın (qız)
belief [bili:f] s. inam; inanma; e'tibar;
məzhəb; e'tiqad; iman; e'timad; məslək;
əqidə; qənaət; fikir; rə'y
believe [bili:v] v. inanmaq; e'tibar
etmək; e'tiqad etmək; güman etmək; zənn
etmək; fərz etmək
believer [bili:ver] s. mö'min; inanan;
dindar; tərəfdar; havadar
bell [bel] s. zəng; zəng səsi; zınqırov;
qumrov
belly [beli] s. qarın; mə'də
belongings [bilonginz] pl. ləvazimat;
avadanlıq; ev şeyləri; müxəlləfat; şeylər
below [bilou] adv. aşağı; aşağıda;
altda; ...altında; prep. altına; altından
belt [belt] s. toqqa; qayış; kəmər;

qurşaq; zona; v. qurşaqlamaq;
kəmərləmək; toqqa bağlamaq; bağlamaq
(qayış); döymək (çubuqla)
bench [benç] s. skamya; hakimin yeri;
məhkəmə; yer (parlamentdə); geol. terras
bend [bend] s. əymə; qatlama; döngə;
əyrilik; v. əymək; qatlamaq; bükmək;
əyilmək; fəth etmək; istila etmək; tabe
etmək; bağlamaq
beneath [bini:š] adv. aşağıda; prep.
altında; aşağıda
beneficial [benifişel] adj. xeyirli;
faydalı; səmərəli; müalicə; mənfəətli
benefit [benifit] s. fayda; xeyir; sərfə;
qazanc; mənfəət; pul köməyi; pensiya;
maddi yardım; nəqdi yardım; benefis
benevolent [binevalent] adj. xeyirxah;
xeyriyyəçilik; alicənab; cömərd; mərd
berry [beri] s. giləmeyvə; kürü dənəsi
beside [bisayd] prep. yaxınlığında;
yanında; ətrafında; nisbətən
besides [bisaydz] adv. bundan başqa;
ondan əlavə; üstəlik; bir də; prep. başqa
best [best] adj. ən yaxşı; lap yaxşı;
ə'la; ən çox; adv. yaxşısı budur; v.
üstün gəlmək; qalib gəlmək
bet [bet] s. mərc; bəhs; v. mərc çəkmək;
bəhsləşmək; çəkişmək; mərcləşmək
better [beter] adv. daha yaxşı; daha
gözəl; daha; daha çox; daha artıq; v.
sağalmaq; yaxşı olmaq; təkmilləşmək
between [bitwi:n] prep. & adv. arasında
beyond [biyond] adv. uzaqda; uzaqlarda;
prep. dalında; arxasında; o tərəfində; daha
gec; daha sonra; sonra; kənarda; xaric
Bible [baybl] s. Bibliya
bicycle [baysikl] s. velosiped
big [big] adj. böyük; yekə; iri;
görkəmli; güclü; mühüm; uca; hündür;
enli; geniş; bərk (səs); yaşlı; adv.
lovğa-lovğa; təmkinlə
bike [bayk] s. velosiped
bill I [bil] s. dimdik; günlük (şapka

qabaqlığı); *geog.* dar burun

bill II [bil] s. qanun layihəsi; bill; inventar; sənəd; vəsiqə; kağız; siyahı; hesab; afişa; banknot; v. afişalarda e'lan etmək; bildirmək; söz vermək

billion [bilyen] s. billion; *amer.* milliard

bin [bin] s. kəndi; daqqa; iri sandıq; v. yeşikdə saxlamaq

bind [baynd] v. toxumaq; bağlamaq; sarımaq; qırağını tikmək; cildləmək (kitabı); öhdəsinə qoymaq

binoculars [baynokyulez] pl. binokl

bird [bö:rd] s. quş

birth [bö:š] s. doğma; doğulma

birth-control [bö:š kontroul] s. hamiləliyin qarşısını alan tədbirlər

birthday [bö:šdey] s. anadan olma günü; anadan olma bayramı

bitch [biç] s. qanc ıq

bite [bayt] s. dişləmə; qapma; sancma; qapılmış yer; diş yeri; tilova gəlmə (balıq haqqında); tikə; yüngül qəlyanaltı; v. dişləmək; qapmaq; sancmaq; tilova gəlmək; yandırmaq (istiot haqqında)

bitter [biter] adj. ac ı; kəskin; şiddətli; çox bərk; istehzalı; sərt

black [blaek] adj. qara; tünd; qaradərili; tutqun; s. qara rəng; qaralıq; zənci; v. qaraltmaq; qara rəngə boyamaq; vakslamaq

blade [bleyd] s. tiyə; ağ ız; dil; qanad; pər; ot saplağı; ot gövdəsi

blame [bleym] s. məzəmmət; töhmət; danlaq; qınama; taqsır; günah; v. məzəmmətləmək; töhmət etmək; qınamaq

blank [blaenk] adj. boş; təmiz (kağız); doldurulmamış (anket); məzmunsuz; s. boş yer; blank

blanket [blaenkit] s. yorğan; ədyal; çul; yəhəraltı

blasphemy [blaesfimi] s. küfr; kafirlik

blast [bla:st] s. küləyin ani şiddəti; səs; gurultu; partlama; v. partlatmaq; ziyan

vurmaq (bitkilərə); pozmaq; bərbad etmək

bleed [bli:d] v. qan axmaq; qanamaq; qan gəlmək

bless [bles] v. xeyir-dua vermək; uğurlamaq; əziz tutmaq; həddindən artıq mədh etmək; xoşbəxt etmək

blind [blaynd] adj. kor; v. kor etmək; gözlərini qamaşdırmaq; s. pəncərə pərdəsi; jalyuzi; pəncərə qapağı

blink [blink] s. par ıldama; titrək işıq vermə; an; v. göz qırpmaq; gözlərini qıymaq; parıldamaq; sayrışmaq; titrəmək

bliss [blis] s. xoşbəxtlik; səadət; həzz

blizzard [blized] s. qarl ı boran; fırtına; tufan; çovğun

block [blok] s. kötük; qaya (iri daş parçası); blok; məhəllə; v. blokada etmək; bloklamaq; bağlamaq; yubatmaq; saxlamaq; çəpərləmək; hasarlamaq; mane olmaq; əngəl törətmək; çətinlik törətmək

blond [blond] s. sar ışın; sarıyağız; adj. açıq sarısaçlı

blonde [blond] s. sar ısaç qadın (qız)

blood [blad] s. qan; nəsil; əsil; qohumluq; əsillilik; zadəganlıq

blossom [blosem] s. çiçək; gül; çiçəklənmə; gül açma; tərəqqi; v. çiçək açmaq; yaxşılaşmaq; inkişaf etmək; tərəqqi etmək

blouse [blauz] s. bluza; bluzka

blow [blou] s. zərbə; vurma; hücum; fəlakət; bədbəxtlik; əsmə; gül açma; v. üfürmək; sovurmaq; yelləmək; dalğalandırmaq; üfürüb alışdırmaq; partlatmaq; çiçək açmaq

blue [blu:] adj. göy; mavi; lacivərdi; göyərmiş; mə'yus; s. göy rənq; mavi boya; lil; v. göy rəngə boyamaq; göyərtmək; lil vurmaq (paltara)

boar [bo:r] s. qaban; erkək donuz

board [bo:rd] s. taxta; masa; yemə; idarə (hey'əti); şura; kollegiya; hey'ət; departament; nazirlik; nazirlər hey'əti

boast [boust] s. lovğalıq; gopçuluq;
v. özünü tə'rifləmək; lovğalanmaq;
öyünmək; güvənmək; qürurlanmaq
boat [bout] s. qayıq; gəmi; şlyupka
body [bodi] s. bədən; əndam; vücud;
gövdə; adam; meyit; cənazə; kuzov
boil [boyl] s. qaynama; v. qaynamaq;
paqqıldamaq; bişirmək; bişmək
bold [bould] adj. ürəkli; qoçaq;
həyasız; özünə qürrələnən; altı
cızılmış; aydın (xətt); əyani; açıq; dik
bolt [boult] s. siyirmə; rəzə; sürgü;
cəftə; çaxmaq; bolt; qaçma; v.
cəftələmək; boltlar ilə bəndləmək
bone [boun] s. sümük; pl. skelet; pl. zər
bonfire [bonfayer] s. tonqal
book [buk] s. kitab; cild; kontor dəftər;
ssenari; libretto; v. qeyd etmək; siyahıya
almaq; sifariş etmək (dəmir yol bileti)
boot [bu:t] s. botinka; fayda; xeyir
booth [bu:š] s. budka; kiosk
border [bo:rder] s. sərhəd; hüdud;
qıraq; kənar; haşiyə; bordyur; köbə; v.
həmhüdud olmaq; oxşamaq; köbələmək;
qırağını tikmək; haşiyələmək
bore [bo:r] s. (burğu ilə) açılmış
deşik; dəlik; yırtıq; maraqsız iş;
ürəksixan adam; darıxma; v. (burğu ilə)
dəlmək; qazımaq; zəhlə aparmaq
born [bo:rn] adj. əsl; həqiqi (şair)
borrow [borou] v. borc almaq; borc
etmək; iqtibas etmək; almaq
boss [bo:s] s. sahib; başçı; rəhbər;
şef; boss; göstəriş vermək; idarə etmək;
sərəncam vermək; sahiblik etmək
both [bouš] pron. hər iki(si); ikisi də
bother [bažer] s. əziyyət; narahatlıq;
v. zəhlə aparmaq; narahat etmək; əziyyət
vermək; nigaran etmək; çapalamaq
bottle [botl] s. butulka; şüşə
bottom [botem] s. dib; alt; aşağ ı; alt
hissə; əsas; adj. aşağıdakı; aşağı;

axırıncı; əsas; v. əsasını qoymaq;
əsaslanmaq; əslinə çatmaq
bounce [bauns] s. atılma; tullanma;
gözlənilməyən vurma; elastiklik; v. (geri)
atılmaq; sıçramaq; hoppanmaq;
öyünmək; özünü tə'rifləmək
bound [baund] s. sərhəd; adj.
bağlanmış; məcbur olmuş; v. qısmaq;
saxlamaq; həmsərhəd olmaq
boundary [baunderi] s. sərhəd; mərz;
adj. sərhəd boyu; sərhəddə olan
bow [bau] s. tə'zim; baş əymə; yay;
kaman; göy qurşağı; v. əyilmək;
bükülmək; baş endirmək; əymək; tabe
olmaq; pərəstiş etmək; fəth edilmək
bowl [boul] s. qədəh; fincan; kasa; vaza;
güldan; şar; pl. keql; v. keql oynamaq;
diyirlənmək; gillətmək
box [boks] s. qutu; yeşik; sandıq;
vurma; boks; v. qıfıllamaq; qutuya
qoymaq; yumruqla vurmaq; boks etmək
boy [boy] s. oğlan; oğlan uşağı;
gənc; cavan; oğul
boyhood [boyhud] s. yeniyetməlik
dövrü; ilk gənclik dövrü
bracelet [breyslit] s. qolbaq; bilərzik
brag [braeg] v. lovğalanmaq; öyünmək
braid [breyd] s. bağ; ip; tesma; hörük;
v. hörmək; toxumaq; bağ ilə qırağını
tikmək; sarımaq; bağlamaq
brake [breyk] s. tormoz
branch [bra:nç] s. budaq; şax; sahə;
şö'bə; filial; qol (çayda); v. qollara
ayrılmaq; şaxələnmək; yayılmaq;
genişlənmək
brand [braend] s. kösöv; bərk
qızdırılmış dəmir; damğa; möhür;
keyfiyyət; sort; nov; çeşid; v. damğa
basmaq; damğalamaq; biabır etmək;
rüsvay etmək
brandy [braendi] s. konyak
brassiere [braesier] s. lifçik

15

brat [braet] s. uşaq (mənfi mə'nada)
brave [breyv] adj. cəsur; igid; ürəkli;
qoçaq; cür'ətli; cəsarətli; mərd
bread [bred] s. çörək; yemək; yem
breadth [bredš] s. en; genişlik;
vüs'ət; taxta
break [breyk] s. çatlaq; deşik;
sındırma; dağılma; fasilə; tənəffüs;
parçalama; qırılma; v. qırmaq;
sındırmaq; dağıtmaq; sökmək; kəsmək
breakfast [brekfest] s. səhər yeməyi; v.
səhər yeməyi yemək
breast [brest] s. köks; sinə; qoyun;
döş; əmcək; məmə
breaststroke [breststrouk] s. brass
breath [breš] s. nəfəs; nəfəs alma;
həyat; əsmə
breeze [bri:z] s. yüngül külək; sahil
küləyi; deyişmə; təzə xəbər; şayiə; v.
əsmək; yellənmək; yel vurmaq
brew [bru:] v. bişirmək (pivə);
qarışdırmaq; hazırlamaq (punş);
dəmləmək (çay); fikrində olmaq;
başlamaq; s. bişirmə (içki); qaşıqaşı
brick [brik] s. kərpic; klinker; adj.
kərpici; v. kərpicləri qoymaq
bridge [bric] s. körpü; burnun üst
hissəsi; v. körpü ilə bitişdirmək; körpü
tikmək; maneəni aşmaq
brief [bri:f] adj. qısa; müxtəsər;
yığcam; qırıq; s. mə'lumat vərəqəsi;
xülasə; nəticə; yekun vurmaq;
yekunlaşdırmaq; xülasə etmək
bright [brayt] adj. parlaq; aydın-açıq;
işıqlı; aydın; duru; qabiliyyətli; şad;
dəbdəbəli; adv. parlaq (surətdə);
müvəffəqiyyətlə; yaxşı; açıq
brilliant [brilyent] adj. parlaq;
işıqlı; təntənəli; çox gözəl; parlayan;
gözqamaşdırıcı; görkəmli; məşhur
bring [brin] v. gətirmək; gətirib
çıxartmaq; aparmaq; çatdırmaq; başa
vurmaq; səbəb olmaq

broad [bro:d] adj. enli; geniş; gen;
sərbəst; azad; əsas; aşkar; adv. geniş
(surətdə); açıq; açıq-açığına; asanca
broadcast [bro:dka:st] s. radioverilişi;
televerilişi; v. vermək; yaymaq (radio
vasitəsilə xəbəri və s.)
broken [brouken] adj. sındırılmış;
qırıq; sökülmüş; dağıdılmış;
pozuq (dil); pozulmuş; viran edilmiş
brook [bruk] s. kiçik çay; sel
broom [bru:m] s. süpürgə; v. süpürmək
brother [braže] s. qardaş
brown [braun] adj. darçını; qəhvəyi;
mixəyi; xurmayı; şabalıdı (rəng);
yanmış; qaralmış (gündən); qara;
qarabuğdayı; əsmər; qonur (gözlər); v.
yanmaq; qaralmaq (gündən); qızartmaq
brush [braş] s. şotka; kist; tük qələm;
fırça; tərz; üslub (rəssamlıqda); quyruq;
v. şotka ilə təmizləmək; daramaq
(saçını); toxunmaq; ilişmək
bubble [babl] s. qovuq; qabar; qabarıq;
suluq; qovuqcuq; qabarcıq; v. şişmək;
köpmək; qovuqlanmaq; qabarmaq;
qaynamaq; daşmaq; fəvvarə vurmaq
bucket [bakit] s. vedrə; badya; çəllək;
çömçə; abgərdən; tayqulp; parç
buckle [bakl] s. toqqa; əyilmə; qarılma;
v. toqqanı bağlamaq; hazırlaşmaq;
əymək; bükmək; qatlamaq
budget [bacit] s. büdcə; v. büdcəni
tərtib etmək; pul təxsis etmək
buffet [bafit] s. bufet; yumruqla vurma
bug [bag] s. taxtabiti; həşərat; cücü;
virus; dəlilik
build [bild] v. tikmək; qurmaq;
qayırmaq; düzəltmək; yaratmaq;
əsaslandırmaq; əsaslanmaq
building [bildin] s. bina; tikili; tikmə;
tikiliş; inşaat; qurulma; tikilmə
bull [bul] s. öküz; kəl; fil erkəki; boş
söz; axmaq söz; yalan; cəfəngiyat; gop;
mə'nasızlıq; ziddiyyət; təzad

bum [bam] s. dal; arxa; avara; tənbəl; adj. pis; xarab; namussuz; v. tənbəllik etmək; avara gəzmək

bun [ban] s. şirnili bulka

bunch [banç] s. dəstə; paçka; bağlı; qrup; kompaniya; v. toplaşmaq; yığışmaq; qalaqlamaq

bundle [bandl] s. düyün; bağlı; dəstə; paket; boğça; düyüncə; bağlama; v. düyünləmək

burden [bö:rdn] s. yük; ağır şey; ağırlıq; ağır yük; v. yükləmək; yük vurmaq; əlavə iş tapşırmaq; əziyyət vermək; zəhmət vermək; çətinliyə salmaq

bureaucracy [byurokresi] s. bürokratism; rəsmiyyətçilik; bürokratiya

burn [bö:rn] v. yandırmaq; odlamaq; ütmək; oda vermək; yanmaq; alovlanmaq; alışmaq; bişirmək (kərpic); qaralmaq (gündən); s. yanma; yanıq yer; yandırma

burst [bö:rst] v. partlamaq; sınmaq; çatlamaq; partlatmaq; dağıtmaq; dağılmaq; yıxmaq; viran etmək; qopmaq; s. partlama; gurultu; alışma; ani şiddət

bury [beri] v. basdırmaq; quyulamaq; dəfn etmək; unutmaq; xatirindən silmək; gizlətmək; batırılmaq; qapılmaq (fikrə)

bus [bas] s. avtobus; omnibus

bush [buş] s. kol; kolluq; qalın meşə

business [biznis] s. iş; sənət; peşə; biznes; ticarət iş; saziş; sövdə; alver; sövdələşmə; hadisə; əhvalat

businessman [biznisman] s. işgüzar adam; iş adamı; biznesmen; tacir; işbaz

busy [bizi] adj. fəal; işgüzar; çalışqan; məşğul; başı qarışıq; qələbəlik (küçələr); çox əziyyətli

but [bat] adv. ancaq; yalnız; conj. amma; lakin; ancaq; prep. ...başqa; ...savayı

butcher [buçer] s. qəssab; qatil; öldürən; cəllad; v. vurmaq; kəsmək (mal); amansızcasına öldürmək; xarab etmək

butter [bater] s. yağ; yaltaqlıq; v.

yağ sürtmək (yaxmaq); yaltaqlanmaq

butterfly [baterflay] s. kəpənək; batterfley (xüsusi üzmə üsulu)

buttocks [bateks] pl. sağrı; yan

button [batn] s. düymə; knopka; basmadüymə; qönçə; v. düymələmək

buy [bay] v. almaq; satın almaq

by [bay] prep. yanında; ətrafında; yaxınlığında; yanından; ... yaxın; ... üçün; ... vasitəsilə; ... yolu ilə; -dan; -dən

C

cab [kaeb] s. taksi; minik (fayton, minik arabası və s.); keb; araba

cabbage [kaebic] s. (baş) kələm

cabin [kaebin] s. koma; daxma; dəyə; kiçik ev; kottec; kabina; budka; kayut

cable [keybl] s. kabel; kanat; buraz; tros; lövbər zənciri; v. kanat ilə bağlamaq

cafe [kaefey] s. kafe; qəhvəxana

cage [keyc] s. qəfəs; v. qəfəsə salmaq

cake [keyk] s. tort; keks; pirojna; qoğal

calculate [kaelkyuleyt] v. hesablamaq; yekun vurmaq; kalkulyasiya etmək; hesab etmək; saymaq

calendar [kaelinder] s. kalendar; təqvim; tarix hesabı

call [ko:l] v. çağırmaq; səsləmək; haylamaq; adlandırmaq; ad vermək; adını demək; s. çağırış; səda; haylama; səsləmə; çağırma; çağırılma

calm [ka:m] adj. sakit; dinc; aram; asudə; rahat; farağat; səssiz; yelsiz; küləksiz; s. sakitlik; səssizlik; sükut; dinclik; asudəlik; sakit hava; v. sakit etmək; rahat etmək; təskin etmək; sakitləşdirmək

camel [kaemel] s. dəvə; nər

camera [kaemera] s. fotoaparat; kino aparatı; kamera

camp [kaemp] s. düşərgə; ordugah; duruş yeri; mənzil; v. düşərgə salmaq
camp out [kaemp aut] v. çad ırda gecələmək; açıq havada gecəni keçirmək
campus [kaempes] s. kampus (universitet şəhəri; kollej və ya məktəb sahəsi)
can [kaen] v. gücü çatmaq; bacarmaq; edə bilmək; qadir olmaq; ... bilmək; imkanı olmaq; iqtidarı olmaq; əlindən gəlmək; bilmək; ixtiyarı olmaq; konserv hazırlamaq; s. bidon; konserv bankası
canal [kənael] s. kanal; boru; yol
cancel [kaensel] v. ləğv etmək; geri götürmək; aradan qaldırmaq
cancer [kaenser] s. xərcəng; xərcəng xəstəliyi; Xərcəng (Zodiak bürci)
candidate [kaendidit] s. namizəd
candle [kaendl] s. şam
candy [kaendi] s. konfet; nabat
cannot [kaenot] *can* fe'linin mənfi forması
cap [kəp] s. papaq; şapka; kepka; furajka; ləçək; qalpaq; papaq (göbələkdə); baş (mıxda); kəllə; təpə; baş; qapaq; örtük; v. papağını (başına) qoymaq; başını örtmək; üstünü örtmək; üstünə salmaq
capable [keypebl] adj. qabiliyyətli; bacarıqlı; iste'dadlı; zəkalı
cape [keyp] s. pelerin; çiyinlik; bürüncək (paltar); *geog.* burun
capital [kaepitl] s. kapital; var; dövlət; paytaxt; adj. baş; əsas; vacib; başlıca; əñ mühüm; ən əhəmiyyətli; əsaslı
captain [kaeptin] s. kapitan; s ərkərdə; qoşun başçısı; v. rəhbərlik etmək
capture [kaepçer] s. tutulma; yaxalama; istila (etmə); işğal; qənimət; v. zəbt etmək; işğal etmək; ələ keçirmək; qəsb etmək; valeh etmək; məftun etmək
car [ka:r] s. avtomobil; maş ın; vaqon; vaqonet; araba
card [ka:d] s. poçt kartoçkas ı; bilet;

oyun kartı; *pl.* kart oyunu
care [keer] s. qayğ ı; qeyd; baxım; qulluq; e'tina; ehtiyat; v. qayğısına qalmaq; dərdinə qalmaq; sevmək; xoşlamaq; istəmək; həyəcanlanmaq
career [kərier] s. s ənət; peşə; karyera; mənsəb; iti hərəkət; çapma; v. çapmaq
careful [keerful] adj. qayğ ıçəkən; qeydəqalan; sə'yli; iltifatlı; ehtiyatlı
careless [keerles] adj. səliqəsiz; diqqətsiz; e'tinasız; saymaz; ehtiyatsız; yüngülxasiyyət; qayğısız; qəmsiz
carpet [ka:rpit] s. xalça; xal ı; v. xalça salmaq
carriage [kaeric] s. minik; fayton; sərnişin vaqon; vaqonet; daşınma
carrot [kaeret] s. kök; yerkökü
carry [kaeri] v. aparmaq; gətirmək; daşımaq; köçürmək
cart [ka:rt] s. araba
carve [ka:rv] v. ət kəsmək (süfrə başında); ağac üzərində naxış açmaq; oymaq; həkk etmək (daşda); bölmək; doğramaq; parçalamaq
case I [keys] s. hadisə; hal; səbəb; vəziyyət; məhkəmə işi; *gram.* ismin halı
case II [keys] s. qutu; mücrü; yeşik; çanta; dağarcıq; torba; çamadan; futlyar; çexol; v. qutuya qoymaq; çərçivəyə salmaq
cash [kəş] s. nağd pul; nağd haqq-hesab; v. çeklə pul almaq
cast [ka:st] s. at ım; atış; atma; tullama; atılma; risk; v. atmaq; tullamag; tulazlamaq; fırlatmaq; tökmək (yarpaqlarını); hesablamaq
castle [ka:sl] s. qala; saray; qəsr
cat [kaet] s. pişik
catch [kaeç] v. tutmaq; ovlanmaq; yaxalamaq; ələ keçirmək; yapışmaq; qapmaq; qarmalamaq; dərhal anlamaq; başa düşmək; olmaq; tutulmaq (bir xəstəliyə); s. tutma; yaxalama; kələk

cathedral [kəši:drel] s. baş kils ə;
yepiskop kilsəsi; came
Catholic [kaešelik] adj. katolik; s.
katolik
cattle [kaetl] s. qaramal
cause [ko:z] s. s əbəb; bais; illət; bəhanə;
iş; məhkəmə işi; v. səbəb olmaq; bais
olmaq; vermək; etmək (əziyyət); yetirmək
(zərər, ziyan); törətmək; məcbur etmək
caution [ko:şin] s. ehtiyat;
ehtiyatlılıq; ehtiyatkarlıq; tədbirlilik;
tədbir; saqınma; çəkindirmə; ehtiyat
tədbiri; v. saqındırmaq; qabağını almaq
cave [keyv] s. mağara; kaha; zağa;
çala; çökək; uyuq; v. dəlmək; oymaq
ceiling [si:lin] s. tavan; maksimum
hündürlük
celebrate [selibreyt] v. bayram etmək;
bayram keçirtmək; qeyd etmək; mədh
etmək; məşhur etmək; şöhrətləndirmək
cemetery [semitri] s. qəbiristan
censor [senser] s. senzor; nəzarətçi
cent [sent] s. sent
centimeter [sentimi:ter] s. santimetr
central [sentral] adj. mərkəzi; ən ortada
olan; orta; əsas; ən mühüm; baş
century [sençuri] s. əsr; yüzillik dövr;
qərinə
ceremony [serimoni] s. adət; mərasim;
ayin; təşrifat; zahiri ədəb; rəsmiyyət
certain [sö:tn] adj. müəyyən; qəti;
bə'zi; filan; şübhəsiz; yəqin; əmin
chain [çeyn] s. zəncir; silsilə; s ıra;
trest; buxov; qandal; v. zəncirləmək;
buxovlamaq; qandallamaq; bağlamaq
chair [çeer] s. stul; kürsü; kafedra; v.
başçılıq etmək; başında durmaq (bir
işin); sədrlik etmək
challenge [çaelinc] s. meydan oxuma;
çağırış (döyüşə; yarışa); problem;
mürəkkəb məsələ; v. meydan oxumaq;
çağırmaq; şübhələnmək; inkar etmək

champagne [şaempeyn] s. şampan
şərabı
chance [ça:ns] s. təsadüf; fürsət; vaxt;
imkan; təsadüfilik; risk; uğur; bəxt;
xoşbəxtlik; tale; şans; ehtimal; güman;
mümkünlük; v. təsadüfən olmaq; cəsarət
etmək; ürək eləmək
change [çeync] s. dəyişmə;
dəyişiklik; təbəddülat; əvəz etmə;
müxtəliflik; dəyişək; artığı (pulun);
xırda pul; qatar (və ya paraxod) dəyişmə;
v. dəyişdirmək; mübadilə etmək; əvəz
etmək; xırdalamaq (pulu); paltarını
dəyişmək; bir vaqondan (paraxoddan və
s.) düşüb başqasına minmək
channel [çaenl] s. geog. boğaz; kanal;
axar; yol; mənbə; v. qanov qazımaq; kanal
çəkmək
chaos [keyos] s. xaos
chapter [çaepter] s. fəsil; mövzu;
tema; süjet; v. kitabı fəsillərə bölmək
character [kaerikter] s. xarakter;
xasiyyət; xüsusiyyət; e'tibar; xarakteristika;
şəxs; sima; surət; tip; rol
characteristic [kaerikteristik] adj.
xarakterik; səciyyəvi; tipik; s. xassə; sifət
charge [ça:rc] s. güllə; yükləmə;
baxım; himayə; cavabdehlik; tapşırıq;
qiymət; pl. xərc; məsarif; vergi; v.
doldurmaq (silahı; akkumulyatoru);
yükləmək; tapşırmaq; üzərinə qoymaq;
ittiham etmək; pul istəmək; qiymət qoymaq
charm [ça:rm] s. cazibə; lətafət;
məlahət; hüsn; füsunkarlıq; pl. sehr;
həmayil; v. heyran etmək; valeh etmək;
məftun etmək; cəzb etmək; ovsunlamaq
charming [ça:rmin] adj. füsunkar;
könülalan; məlahətli; cazibəli; qəşəng
chase [çeys] s. ov; ovçuluq; tə'qib
etmə; dalına düşmə; izləmə; gəmişmə;
v. ovlamaq; ovçuluq etmək; dalınca
qaçmaq; tə'qib etmək; güdmək; qovmaq

chat [çaet]s. təklifsiz söhbət; müsahibə; boş danışıq; v. təklifsizcə çərənləmək

cheap [çi:p]adj. ucuz; fəna; alçaq; əclaf; rəzil

cheat [çi:t]s. fırıldaq; hiyləgərlik; aldatma; yalançı; hiyləgər; v. dələduzluq etmək; aldatmaq; qurtarmaq; xilas olmaq

check [çek]s. maneə; dayanma; yubanma; *ches.* şah; kontrol; yoxlama; sınama; çek; adj. kontrol; yoxlama; damadama; v. saxlamaq; dayandırmaq; mane olmaq; yoxlamaq; nəzarət etmək

cheer [çier]s. alqış səsləri; yaşa; ura; kef; şənlik; *pl.* əl çalma; v. ürək vermək; həvəsləndirmək; alqışlamaq

cheerful [çierful]adj. gümrah; diribaş; sevincli; şən; şad; şux; parlaq; aydın (gün)

cheese [çi:z]s. pendir

chemical [kemikal]adj. kimyəvi; s. *pl.* kimyəvi preparatlar

cherry [çeri]s. albalı; alballı ağacı; adj. alballı; alballı rəngli; tünd qırmızı

chess [çes]s. şahmat (oyunu)

chest [çest]s. yeşik; qutu; sandıq; xəzinə; fond; döş qəfəsi

chew [çu:]s. gövşəmə; v. çeynəmək; govşəmək; ətraflı düşünmək

chewing-gum [çuingam]s. saqqız

chicken [çikin]s. cücə; çolpa; quş balası; ətcəbala; toyuq; xoruz; toyuq əti

chief [çi:f]s. başçı; rəis; böyük; rəhbər; lider; müdir; şef; hami; adj. baş; əsas; rəhbər; başlıca; vacib; ən mühüm

child [çayld]s. uşaq; bala; körpə

childish [çayldiş]adj. uşaq; uşaqcasına; yüngül; ciddiyyətsiz

children [çildren]*pl.* uşaqlar

chilly [çili]adj. soyuq; sərin (hava); pürmüddəa; rəsmiyyətpərəst; adv. soyuqdur; soyuq

chimney [çimni]s. dudkeş; baca; buxarı

chin [çin]s. çənə; v. çərənləmək

chip [çip]s. talaşa; yonqar; yonma; qırıq; parça; qırıntı; nazik tikə; v. yonmaq; rəndələmək; qopub düşmək; sınmaq; qırılmaq; sınıb düşmək

chocolate [çoklit]s. şokolad; adj. şokolad; şokoladlı; qəhvəyi (rəng)

choice [çoys]s. seçmə; çeşid; zövq; alternativ; arıtma; adj. seçilmiş; ən yaxşı; ehtiyatlı; tələbkar

choose [çu:z]v. seçmək; ay ırmaq; arıtmaq; çeşidləmək; qərara gəlmək

chop [çop]v. kəsmək; yarmaq; doğramaq; çapmaq; ufalamaq; s. əzmə kotlet

Christmas [krismas]s. Milad günü

church [çö:rç]s. kilsə

cigarette [sigeret]s. siqaret; papiros

cigarette lighter [sigeret layter]s. alışqan; papirosyandıran

cinema [sinema]s. kino; kinematoqrafiya; kinoteatr; kino filmi

circle [sö:rkl]s. dairə; mühit; halay; dəmək; dövrə; v. fırlanmaq; hərlənmək; əhatə etmək; araya almaq; dövrələmək

circular [sö:rkyuler]adj. girdə; dəyirmi; dairəvi; s. sirkulyar; göstəriş; reklam; prospekt

circus [sö:rkes]s. sirk; girdə meydan

citizen [sitizn]s. vətəndaş; şəhərli

city [siti]s. (böyük) şəhər

city hall [siti ho:l]s. bələdiyyə binası; ratuşa

civilization [sivilayzeyşin]s. mədəniyyət; mədəni dünya

civilize [sivilayz]v. mədəniləşdirmək

claim [kleym]s. tələb; iddia; şikayət; reklamasiya; v. tələb etmək; istəmək; iddia etmək; iddia irəli sürmək; təsdiq etmək; təqdim etmək

20

clap

coat

clap [klaep]s. əl vurma; partıltı;
çırpma; şaqqıldama; gurultu; v. əl
çalmaq; çırpmaq; şaqqıldamaq
clarify [klaerifay]v. aydınlaşdırmaq;
şəffaflaşmaq
clash [kləş]s. cingilti; uğultu;
toqquşma; çarpışma; ixtilaf; v. (bir-
birilə) toqquşmaq; ayrılmaq (fikircə)
class [klaes]s. (ictimai) sinif; qrup;
kateqoriya; dərəcə; sinif (məktəbdə); kurs;
v. təsnif etmək; qiymətləndirmək
classmate [kla:smeyt]s. sinif yoldaşı;
həmsinif
classic [klaesik]adj. klassik;
nümunəvi; s. klassik; klassik əsər
classify [klaesifay]v. təsnif etmək
claw [klo:]s. caynaq; caynaqlı pəncə;
çəng; qısqac; v. cırmaqlamaq;
caynaqlayıb yırtmaq; qapmaq; yapışmaq
clay [kley]s. gil; giltorpaq; lil; lehmə;
bədən; cism; meyit; kül
clean [kli:n]adj. təmiz; saf; səliqəli; adv.
tamamilə; büsbütün; qəti surətdə; v.
təmizləmək; saflaşdırmaq; silmək;
hamarlamaq; cilalamaq
cleanse [klenz]v. təmizləmək;
saflaşdırmaq; dezinfeksiya etmək
clear [klier]adj. aydın; açıq; parlaq;
təmiz; saf; duru; şəffaf; adv. parlaq;
aydın; aşkar; tamamilə; v. təmizləmək;
aydınlaşmaq; açılmaq; yox etmək
(şübhəni)
clergy [kle:rci]s. ruhanilər
clerk [kla:rk]s. klerk; mirzə; kargüzar;
katib; çinovnik; mə'mur; ruhani
clever [klever]adj. ağıllı; zəkalı;
kamallı; diribaş; bacarıqlı; mahir;
qabiliyyətli; iste'dadlı; zehinli
client [klayent]s. müştəri; sifarişçi
cliff [klif]s. dik qaya; yalçın
uçurum; sıldırım
climax [klaymaeks]s. ən yüksək nöqtə;

v. yüksəlişin ən yuxarı pilləsinə çatmaq
climb [klaym]s. çıxma; qalxma;
dırmaşma; v. qalxmaq; çıxmaq;
dırmanmaq; dırmaşmaq
clock [klok]s. stolüstü saat; divar
saatı
close [klouz]adj. bağlı; örtülü;
gizli; qapalı; boğanaq; yaxın; adv.
yaxında; azqala; s. son; axır; qurtarma;
tamamlama; başa çatdırma; bağlanma;
v. bağlamaq; örtmək; yummaq;
bağlanmaq; bitirmək; başa çatdırmaq;
yaxınlaşmaq; qurtarmaq; tamamlamaq
closet [klozit]s. divar şkafı; divar
dolabı; kiçicik anbar; anbarça
cloth [kloš]s. parça; qumaş; mahud;
kətan; qalın kətan; giş; süfrə; dəstərxan
clothes [kloužz]s. pl. paltar; geyim;
üst-baş; yataq dəyişəyi
clothing [kloužin]s. üst-baş; geyim;
paltar; rəsmi geyim
cloud [klaud]s. bulud; qara bulud;
çoxlu; bir aləm; himayə; v. bulandırmaq;
korlamaq; qaraltmaq (qanı)
cloudy [klaudi]adj. buludlu; tutqun;
dumanlı; bulanıq; anlaşılmaz; qaraqabaq
clown [klaun]s. kloun; oyunbaz; tələxək;
nədim; v. gic-gic zarafat etmək; şitlik
etmək; məsxərəçilik etmək
club [klab]s. dəyənək; kötək; xokkey
ağacı; klub; v. (kötəknən) döymək;
(qundaqnan) vurmaq; bir yerdə yığılmaq;
hamaşlıq etmək
clumsy [klamzi]adj. yöndəmsiz; ləng;
ağırtərpənən; kobud; təklifsiz; ədəbsiz
clutch [klaç]s. sıxma; tutma; ixtiyar;
v. tutmaq; sıxmaq; bərk-bərk yapışmaq
coal [koul]s. kömür
coarse [ko:rs]adj. sərt; cod; iri; kobud
coast [koust]s. dəniz kənarı; sahil; v.
sahil boyunca üzmək
coat [kout]s. pəncək; mundir; palto;

21

yun (heyvanın); qat; v. üstünə rəng
çəkmək; örtmək; üz çəkmək
cock [kok]s. xoruz; xoruz banı; kran;
çaxmaq; v. qaldırmaq
cockroach [kokrouç]s. tarakan;
mətbəxböcəyi
cocktail [kokteyl]s. kokteyl
cocoa [koukou]s. kakao
code [koud]s. kodeks; kod; v.
şifrləmək; kodlamaq; kodla işarələmək
coffee [kofi]s. qəhvə
coffeepot [kofipot]s. qəhvədan
coin [koyn]s. sikkə; pul; v. zərb etmək;
kəsmək (pul, medal); ştamplamaq;
qayırmaq; düzəltmək; uydurmaq
cold [kould]adj. soyuq; laqeyd;
e'tinasız; s. soyuq; soyuqdəymə
collar [kola]s. yaxalıq; yaxa;
boyunbağı; boyunluq; xalta; xamıt; v.
yaxasından yapışmaq; tutmaq;
xamıtlamaq (atı); özünə yük eləmək
collect [kolekt]v. yığmaq; kolleksiya
toplamaq; inkasso etmək
collection [kolekşin]s. toplanma;
yığma; kolleksiya; toplu; yığın; inkasso
college [kalic]s. kollec; universitet; ali
ixtisas məktəb; şagirdlərin oxuyub
yaşadıqları qapalı orta məktəb; kollegiya
colour [kala]s. rəng; ton; çalar; boya;
qızartı; kolorit; v. rəngləmək; boyamaq;
rənglənmək; artırmaq; bəzəmək; qızarmaq
colourful [kalarful]adj. parlaq; gözəl;
canlı; aydın-açıq
comb [koum]s. daraq; şana; daramaq
combination [kombineyşin]s.
birləşmə; quraşdırma; kombinasiya
combine [kombayn]v. birləşdirmək;
birləşmək; kombinasiya etmək;
quraşdırmaq; uyğunlaşdırmaq; uymaq
come [kam]v. gəlmək; gəlib çatmaq;
yaxınlaşmaq; gəlib çıxmaq; olmaq
comedy [komidi]s. komediya; qəribə
əhvalat; məzəli hadisə

comfort [kamfot]s. təsəlli; təskin etmə;
komfort; rahatlıq; v. təsəlli vermək; təskin
etmək; sakit etmək; rahat etmək
comfortable [kamfotebl]adj. rahat;
komfortlu; səliqəli; sakit; xoşhal; razı
command [komaend]s. komanda; əmr;
komanda etmə; hakimiyyət; v. əmr etmək;
buyurmaq; komanda etmək; hökm sürmək
comment [koment]s. rə'y; qeyd; fikir; v.
fikir söyləmək; öz rə'yini bildirmək;
kommentari vermək; izah etmək
commerce [kome:rs]s. ticarət
commission [komişin]s. e'tibarnamə;
səlahiyyət; komissiya; tapşırıq; sifariş;
komisyon satışı; v. tapşırmaq; sifariş
etmək; səlahiyyət vermək; vəkil etmək
commit [komit]v. etmək (səhv);
törətmək (cinayət); təslim etmək
(torpağa); vermək (məhkəməyə);
keçirtmək (oddan-qılıncdan);
tapşırmaq; qəti müəyyən etmək
committee [komiti:]s. komitə;
komissiya; qəyyum
common [kamen]adj. ümumi; ellik; adi;
sadə; hamı tərəfindən qəbul edilmiş;
yayılmış; məşhur; vulqar; kobud; şit
**Common Wealth of Independent
States** [kamen welš ov indipendent
steyts]s. Müstəqil Dövlətlər Birliyi
commotion [kamouşin]s. dalğalanma;
həyəcan; vəlvələ
communicate [komyu:nikeyt]v.
bildirmək; xəbər vermək; rabitə yaratmaq;
əlaqə saxlamaq
communism [komyunizm]s. kommunizm
communist [komyunist]s. kommunist;
adj. kommunizm; kommunist
community [kamyu:niti]s. icma;
cəmiyyət; təşkilat; birlik; ittifaq;
ümumilik; ətraf
compact I [kampaekt]adj. kip; sıx;
yığcam; arası kəsilməyən; v. sıxmaq; s.
pudra qutusu

compact II [kompaekt] s. müqavilə;
saziş
companion [kampaenyon] s. yoldaş;
yol yoldaşı; çığırdaş; şərik;
kompanyon; müsahib
company [kampeni] s. şirkət;
yoldaşlıq; kompaniya; müsahib; truppa;
dəstə
comparative [kampaeretiv] adj.
müqayisəli; nisbi; s. müqayisə dərəcəsi
compare [kampear] v. müqayisə etmək;
qarşılaşdırmaq; oxşatmaq; tay olmaq;
bərabər olmaq; bənzətmək
comparison [kampaerisn] s.
tutuşdurma; qarşılaşdırma; müqayisə
etmə; müqayisə
compassionate [kampaeşinit] adj.
mərhəmətli; rəhmdil; şəfqət göstərən;
ürəyi yanan; rəhmli; şəfqətli; canı yanan;
xeyriyyə; v. dərdinə şərik olmaq; həmdərd
olmaq; şəfqət göstərmək
compatible [kampaetibl] adj.
uyğunlaşa bilən; uyğun; bir araya sığa
bilən
compete [kampi:t] v. yarışmaq;
yarışda iştirak etmək; rəqabət aparmaq
competition [kompitişin] s. yarış;
yarışma; müsabiqə; rəqabət; konkurs
competitor [kaempetiter] s. rəqib
complain [kampleyn] v. şikayətlənmək;
narazılıq etmək; şikayət vermək; ərizə
vermək
complaint [kampleynt] s. naraz ılıq;
şikayət; xəstəlik; naxoşluq
complete [kampli:t] adj. tam; tamam;
tamamlanmış; başa çatdırılmış;
şübhəsiz; v. bitirmək; başa çatdırmaq;
tamamlamaq
complex [kompleks] s. kompleks; cəm;
məcmu; adj. mürəkkəb; çətin; qatışıq;
birləşdirilmiş; kompleks; dolaşıq
complicate [komplikeyt] v. dolaş ığa

salmaq; mürəkkəbləşdirmək;
çətinləşdirmək
complicated [komplikeytid] adj.
mürəkkəb; çətin; dolaşıq;
ağırlaşdırılmış
compliment [kompliment] s.
kompliment; tə'rif; xoş söz; iltifat; v.
kompliment demək; yaltaqlanmaq;
tə'rifləmək; təbrik etmək; salam vermək
complimentary [komplimenteri] adj.
təbrik; gözaydınlığı; tə'rifli; ürəyəyatan
comply [kamplay] v. güzəştə getmək;
razılaşmaq; yerinə yetirmək (əmri); tabe
olmaq; itaət etmək
compose [kompouz] v. tərtib etmək;
qurmaq; yaratmaq; təşkil etmək; tə'lif
etmək; yazmaq (əsər); ibarət olmaq
composer [kampouzer] s. kompozitor;
bəstəkar
composition [kompozişin] s. musiqi
və ya ədəbi əsər; inşa; struktur; quruluş;
tərkib; quraşdırma; tərtib etmə; yaratma;
kompozisiya; qarışıq; xəlitə
comprehend [komprihend] v. anlamaq;
qanmaq; başa düşmək; qavramaq
compromise [kompremayz] s.
kompromis; v. e'tibardan salmaq; nüfuzdan
salmaq; gözdən salmaq; ləkələmək
computer [kompyu:ter] s. kompyuter;
elektron hesablayıcı maşın
conceited [kaensi:tid] adj.
özünübəyənən; özündən razı olan;
şöhrətpərəst; lovğa
concentrate [konsentreyt] s.
konsentrat; v. fikrini toplamaq;
cəmləşdirmək; chem. qatılaşdırmaq
concentration [konsentreyşin] s.
toplanma; təmərküz; bir yerə yığma;
cəmləşdirmə; bir yerə cəmlənmə;
dalğınlıq; chem. qatılıq; qatılaşma
concern [kansö:rn] s. qayğ ı;
nigaranlıq; maraq; əlaqə; münasibət;

v. əlaqəsi olmaq; aid olmaq; iştirak etmək; maraqlanmaq; nigaran olmaq; narahat olmaq

concerned [kansö:rnd] adj. məşğul; əlaqədar; mənfəətdar; qayğılı; iztirablı

concert [konsert] s. konsert; razılıq; həmfikirlilik; uzlaşma; v. sözləşmək; razılaşmaq; uzlaşmaq; şərtləşmək

concise [konsays] adj. müxtəsər; yığcam; qısa; dəqiq; dürüst

conclude [konklu:d] v. tamamlamaq; qurtarmaq; bağlamaq (mügavilə); nəticə çıxarmaq; nəticəyə gəlmək; qərara gəlmək

conclusion [konklu:jin] s. son; ax ır; tamamlama; bağlanma (müqavilə); nəticə; hökm; qərar; yekun

condition [kandişin] s. şərt; vəziyyət; hal; ictimai vəziyyət; pl. şərait; mühit; v. şərt qoymaq; səbəb olmaq; sınamaq; yoxlamaq; vəziyyəti yaxşılaşdırmaq; kondisiyalaşdırmaq

conference [konferens] s. konfrans; müşavirə; qurultay; amer. birlik; ittifaq

confess [konfes] v. boynuna almaq; e'tiraf etmək; tövbə etmək

confession [konfeşin] s. e'tiraf; tövbə; din; məzhəb

confide [konfayd] v. e'tibar etmək; inanmaq; ümid olmaq; inanıb tapşırmaq

confidence [konfidens] s. e'timad; inam; məxfi xəbər; əminlik; özünə güvənmə

confidential [konfidenşel] adj. məxfi; gizli; inanan

conflict [konflikt] s. toqquşma; ixtilaf; mübahisə; ziddiyyət

conform [konfo:rm] v. müvafiqləşdirmək; uyğunlaşmaq; düz gəlmək; münasib olmaq; tabe olmaq

confuse [konfyu:z] v. qar ışıq salmaq; dolaşıq salmaq; pərt etmək; çaşdırmaq

confusion [konfyu:jin] s. çaşma; həyəcan; özünü itirmə; dolaşıqlıq

congratulate [kongraetyuleyt] v. təbrik etmək; gözaydınlığı vermək

congress [kongres] s. konqress; qurultay; ABŞ-də parlamentin adı

connect [konekt] v. birləşdirmək; bağlanmaq; əlaqələndirmək

connection (xion) [kanekşin] s. əlaqə; birləşmə; pl. yaxınlıq; tanışlıq

connoisseur [kone:ser] s. yaxş ı bilən; yaxşı tanıyan; bələd

conquer [konker] v. istila etmək; qalib gəlmək; məğlub etmək; üstün gəlmək

conquest [konkwest] s. istila; fəth etmə; qələbə; istila edilmiş ərazi

conscience [konşins] s. vicdan; insaf

conscious [konşes] adj. şüurlu; hiss edən; dərk edən

consciousness [konşisnis] s. şüur; düşüncəlilik; özünü düşünmə

consecutive [konsekyutiv] adj. ardıcıl; müntəzəm

consequence [konsikwens] s. nəticə; xülasə; əhəmiyyət

conservative [konsö:rvativ] adj. mühafizəkar; mürtəce; köhnəpərəst; s. mühafizəkar; irticacı; konservator

consider [konsider] v. müzakirə etmək; baxmaq; hesab etmək; saymaq; düşünmək; zənn etmək

considerable [konsiderebl] adj. böyük; əhəmiyyətli; mühüm

considerate [konsiderit] adj. qayğıkeş; diqqətli (başqasına qarşı); ədəbli; həssas

consideration [konsidereyşin] s. müzakirəyə qoyma; müzakirə; mülahizə; diqqət; iltifat; hörmət

consist [konsist] v. ibarət olmaq; uyğun gəlmək; düz gəlmək

consistent [konsistent] adj. ard ıcıl; səbatlı; uyğun; bərk; kip

console [konsoul] v. təskin etmək; s. konsol; kronşteyn; dirsək

conspicuous [konspikyues] adj. görünən; gözlə seçilən; gözə çarpan
conspiracy [konspiresi] s. konspirasiya; qəsd; sui-qəsd
constant [konstent] s. konstanta (sabit kəmiyyət); adj. dəyişməz; sabit; sadiq
constitution [konstityu:şin] s. konstitusiya (dövlətin əsas qanunu); quruluş; tərtib; bədən quruluşu; tərkib
construct [konstrakt] v. tikmək; qurmaq; yaratmaq
construction [konstrakşin] s. tikilmə; inşaat; tikinti; bina; izah; quruluş
constructive [konstraktiv] adj. konstruktiv; inşaat; yaradıcı; qurucu
consulate [konsyulit] s. konsulluq; konsulxana; konsul rütbəsi
consult [konsalt] v. məsləhətləşmək; konsultasiya almaq; müşavirə etmək; müraciət etmək; baxmaq (lüğətə)
consume [konsyu:m] v. işlətmək; sərf etmək; yemək; udmaq; israf etmək
consumer [konsyu:mer] s. sərf edən; istehlakçı
contagious [konteyces] adj. yoluxucu; yoluxma; başqalarına keçən
contain [konteyn] v. tərkibində olmaq; tutmaq; saxlamaq; səbir etmək
contaminate [kontaemineyt] v. çirkləndirmək; xarab etmək; pozmaq; təhqir etmək; yoluxdurmaq; sirayət etmək
contemporary [kontempereri] s. həməsr; həmyaş; adj. müasir
content I [kantent] adj. raz ı; s. razılıq; v. razı etmək
content II [kontent] s. (pl.) mündəricat; tərkib; (pl.) içindəki (çəlləyin); əsil; məğz; həcm; tutum
contest [kontest] s. mübahis ə; rəqabət; yarış; konkurs; müsabiqə; v. təkzib etmək; mübahisə etmək; müdafiə etmək; rəqabət etmək

continual [kontinyuel] adj. daimi; dəyişməz; sürəkli
continue [kontinyu:] v. davam etmək; sürmək; uzadılmaq; yayılmaq; uzanmaq
continuous [kontinyues] adj. fasiləsiz; dalbadal; arası kəsilməyən; sabit (cərəyan)
contract [kontraekt] s. kontrakt; müqavilə; bağlaşma; saziş
contract [kantraekt] v. s ıxılmaq; ixtisar etmək; yığılmaq; qarışdırmaq; bağlamaq (müqavilə)
contradict [kontredikt] v. e'tiraz etmək; təkzib etmək
contrary [kontreri] adj. zidd; s. əkslik; adv. əksinə; zidd olaraq
contrast [kontra:st] v. müqayis ə etmək; zidd olmaq; s. təzad; qarşı qoyma
contribute [kontribyut] v. yard ım etmək; səbəb olmaq; ianə vermək; əməkdaşlıq etmək (qəzetdə və s.)
contribution [kontribyu:şin] s. yardım; ianə; əmanət; xidmət (elmə); əməkdaşlıq
control [kontroul] s. idarə etmə; ixtiyar; kontrol; nəzarət; yoxlama; tənzim etmə
controversial [kontrave:rşel] adj. mübahisəli; polemik
controversy [kontrave:rsi] s. mübahisə; diskussiya; müzakirə; polemika; küsüşmə
convenient [kanvi:nyent] adj. rahat; uyğun; münasib
conventional [kanvenşinl] adj. şərtləşdirilmiş; şərti; adi; ən'ənəvi
conversation [konverseyşin] s. danışıq; söhbət; müsahibə
convict [konvikt] s. məhkum; dustaq; v. günahkar hesab etmək; hökm çıxarmaq
cook [kuk] s. aşpaz; aşpaz qad ın; v. bişirmək; qızartmaq; bişmək
cool [ku:l] adj. sərin; soyuq; sakit; s. sərinlik; soyuqqanlılıq v. soyutmaq

cooperate [kauopereyt] v. əməkdaşlıq
etmək; yardım etmək; birləşmək
cooperation [kauopereyşin] s.
əməkdaşlıq; birgə fəaliyyət; kooperasiya
coordinate [kouo:rdineyt] adj. bərabər;
tay
cope [koup] v. bacara bilmək;
öhdəsindən gəlmək; üstünü örtmək;
bürümək; dəyişdirmək; s. cübbə; budka
copper [koper] v. mislə örtmək; s. mis;
mis pul; (slang) polis
copy [kopi] v. kopiya çıxarmaq;
köçürtmək; təqlid etmək; s. nüsxə;
əlyazısı; surət; reproduksiya
cord [ko:rd] s. ip; kəndir; bağ; tel; v.
iplə bağlamaq; kəndirləmək
cork [ko:rk] s. mantar; tıxac; v. mantarla
bağlamaq
corkscrew [ko:rkskru:] s. burğu;
probkaaçan; adj. spiral; buruq
corn I [ko:rn] s. toxum; dən; taxıl;
qarğıdalı
corn II [ko:rn] s. qabar; döyənək
corner [ko:ner] s. künc; guşə; tin; v.
küncə qısnamaq; divara dirəmək
corporation [ko:rporeyşin] s.
korporasiya; *amer.* aksioner cəmiyyəti
corpse [ko:ps] s. meyit; cənazə
correct [korekt] adj. düzgün; düz;
dürüst; v. təshih etmək; səhvini
düzəltmək; nizama salmaq; cəza vermək
correspond [korispond] v. uyğun
gəlmək; münasib olmaq; məktublaşmaq
correspondence [korispondens] s.
uyğunluq; münasibət; korrespondensiya
corrupt [korapt] adj. əxlaqsız;
pozğun; satqın; v. əxlaqını pozmaq;
xarab etmək; (rüşvət ilə) ələ almaq
corruption [korapşin] s. çürümə;
əxlaqını pozma; pozğunluq; korrupsiya
cost [kost] v. qiyməti olmaq; xərci
çıxmaq; s. qiymət; dəyər; xərc; məsrəf

costume [kostyu:m] s. geyim; paltar;
kostyum
cosy [kouzi] adj. rahat; səliqəli
cottage [kotic] s. kottec; kəndli evi;
koma; daxma
cotton [kotn] s. pambıq; adj. pambıq;
iplik; v. yola getmək; bənd edilmək
couch [kauç] s. taxt; yataq; ayı yuvası;
v. uzanmaq; ifadə etmək; izah etmək
cough [kaf] s. öskürək; v. öskürmək
could [kud] v. can fe'linin keçmiş
zamanı
council [kaunsil] s. şura; sovet;
müşavirə; konsilium; kilsə
count [kaunt] v. saymaq; nəzərə almaq;
hesab etmək; sanmaq; sayılmaq; s. sayma;
hesablama; hesaba alınma; yekun; cəm
counterfeit [kaunterfit] adj. qəlb;
saxta; sün'i; v. saxtalaşdırmaq; hiylə
etmək; təqlid etmək
country [kantri] s. ölkə; vətən; kənd;
əyalət
county [kaunti] s. qraflıq; mahal
couple [kapl] s. cüt; qoşa; ər-arvad; v.
birləşdirmək; bağlamaq; evlənmək
coupon [ku:pon] s. kupon; talon; pətə
courage [karic] s. qoçaqlıq; igidlik
courageous [kureyces] adj. qoçaq;
ürəkli; cür'ətli
course [ko:rs] s. istiqamət; səmt;
inkişaf; gediş; axın; tədricilik; sıra;
ardıcıllıq; kurs (təhsil dövrü); naharın
bir hissəsi; v. tə'qib etmək; ...dalınca
getmək; sür'ətlə getmək; axmaq
court [ko:rt] s. həyət; saray (kralın);
məhkəmə; arvadlara pərəstişkarlıq etmə;
v. pərəstişkarlıq etmək (qadına);
yaltaqlanmaq; nail olmaq; şirnikdirmək
courteous [ko:rçyes] adj. ədəbli;
nəzakətli; mülayim
cousin [kazin] s. əmioğlu; dayıoğlu;
bibioğlu; xalaoğlu; əmiqızı; dayıqızı;

bibiqızı; xalaqızı
cover [kaver] s. qapaq; örtük; konvert;
cild; üz; sığınaq; bəhanə; v. örtmək;
üstünə salmaq; çulğamaq; qorumaq;
gizlətmək; əhatə etmək; yayılmaq
cow [kau] s. inək; v. qorxutmaq; tədhiş
etmək
coward [kauerd] s. qorxaq; adj. qorxacaq;
ürəksiz; cəsarətsiz
cozy [kouzi] adj. səliqəli; rahat; qolay;
uyğun; s. sırıqlı çexol (çaydan
üçün)
crab [kraeb] s. krab; yencək; col.
uğursuzluq; v. caynaqlarla cırmaqlamaq;
tənqid etmək
crack [kraek] s. yarıq; çatlaq;
şıqqıltı; şapalaq; incə zarafat; adj. ən
yaxşı; calallı; v. səs-küy salmaq;
çırtma vurmaq; şıqqıldatmaq;
çatlamaq; yarılmaq; sındırmaq
crash [kraeş] s. çatırtı; şaqqıltı;
avariya; qəza; iflas; adv. şaqqıltı ilə;
çatırtı ilə; v. sındırmaq; dağıtmaq;
qəzaya uğramaq; iflasa uğramaq
crazy [kreyzi] adj. çılğın; dəli; ağlı
çaşmış
cream [kri:m] s. xama; qaymaq; krem; v.
durulmaq; köpüklənmək; qaymağını
yığmaq
create [kri:eyt] v. yaratmaq; törətmək;
meydana gətirmək
creation [krieyşin] s. məxluq;
yaranmış; əsər (elmi; bədii); kainat
creative [krieytiv] adj. yarad ıcı;
qurucu; yaradıcılıq
creature [kri:çer] s. yaratma;
yaradıcılıq məhsulu; canlı məxluq
credit [kredit] s. inam; şərəf; tə'sir;
hörmət; kredit; borc; v. e'tibar etmək; isnad
etmək; kredit vermək; pul buraxmaq
creep [kri:p] v. sürünmək; burulmaq;
yaltaqlanmaq; gizlincə yaxınlaşmaq; s.

mal üçün baca (hasarda); sürüşmə;
uçqun; pl. titrəmə
crevice [krevis] s. çatlaq; yarıq
crew [kru:] s. hey'ət (gəmidə); dəstə;
crow fe'linin keçmiş zamanı
crib [krib] s. axur; yem qutusu; uşaq
çarpayısı; koma; kəndi; v. qıfıllamaq;
oğurlamaq; ədəbi oğurluq etmək
crime [kraym] s. cinayət
criminal [kriminl] s. cinayətkar; cani;
adj. cinayətkar; kriminal; cinayət
cripple [kripl] s. çolaq; şil; şikəst;
əlil; v. şikəst etmək; axsamaq
crisis [kraysis] s. böhran; dönüş
(xəstəliyin gedişi zamanı)
crisp [krisp] adj. kövrək; ovulan;
xırçıldayan; v. xırçıldamaq;
xırtıldamaq; təravətləndirmək; burmaq
critic [kritik] s. tənqidçi; tənqidbaz
critical [kritikl] adj. tənqidi;
təhlükəli; başlıca; dönüş; böhranlı
criticize [kritisayz] v. tənqid etmək;
nöqsan tapmaq
croak [krouk] s. qarıldama; qurultu; v.
quruldamaq; deyinmək; qarğış etmək
crocodile [krokadayl] s. timsah; adj.
timsah
crook [kruk] s. qarmaq; əsa; döngə;
dirsək; v. əymək; əyilmək; bükmək; col. '
oğurlamaq; çırpışdırmaq
crooked [krukt] adj. əyri; bükük;
əyilmiş; qıyqac; əyri-üyrü; beli
bükülmüş; namussuz; şərəfsiz
crop [krop] s. məhsul; əkin; çinədan; v.
məhsul yığmaq; kəsmək; biçmək (otu);
qoparıb didmək
cross [kros] s. xaç; xristianlıq; əzab;
işkəncə; adj. köndələn; çarpaz; zidd;
mənfi; acıqlı; hirsli; v.
çarpazlaşdırmaq; kəsib keçmək; xaç
vurmaq; tamam pozmaq; yolda sovuşmaq;
mane olmaq

crossing [krosing] s. kəsişmə; çarpazlaşdırma; dörd yol ağzı; keçid

crow [krou] s. alaqarğa; banlama; xoruz banı; v. banlamaq; şadlanmaq

crowd [kraud] s. yığın; izdiham; dəstə; basabas; çoxlu; v. dəstə ilə yığılmaq; toplaşmaq; sıxlaşmaq; sıxışdırıb çıxartmaq; tələsdirmək; təzyiq etmək

crowded [kraudid] adj. həddindən artıq doldurulmuş; ağzınacan dolu; dolmuş

crucial [kru:şel] adj. ən mühüm; böhranlı; çox ağır

crucify [kru:sifay] v. çarmıxa çəkmək; öldürmək; zülm etmək

crude [kru:d] adj. xam; kal; yetişməmiş; lazımınca düşünülməmiş; kobud; qaba

cruel [kruel] adj. rəhmsiz; insafsız

cruise [kru:z] s. kəşfiyyat üzüşü; gəmi səfəri; dəniz gəzintisi; v. üzmək (məntəqələr arasında); gəmi ilə səyahətə çıxmaq

crumb [kram] s. qırıntı; çörəyin içi (yumşaq yeri); v. ovub tökmək; ufalamaq (çörəyi)

crunch [kranç] s. xırtıltı; cırıltı; şaqqıltı; v. gəmirmək; xırtıldamaq; şıqqıldamaq

crusade [kru:seyd] s. səlib müharibəsi; hərbi səfər; mütəşəkkil əməliyyat

crush [kraş] v. əzmək; basmaq; sıxıb çıxartmaq; xırdalamaq; s. basabas; sıxışdırma; xırdalama; meyvə şirəsi

crust [krast] s. qabıq (çörəyin və s.); köz; qartmaq; geol. yer qabığı; v. qabıqlanmaq; qabıq bağlamaq

crutch [kraç] s. qoltuqağac ı; dayaq; yardım

cry [kray] s. çığırtı; qışqırıq; ağlama; v. çığırmaq; qışqırmaq; ağlamaq

cube [kyu:b] s. kub; dördtin daş;

v. kuba yüksəltmək; (küçələrə) dördtin daş döşəmək

cucumber [kyu:kamber] s. xiyar; yerpənək

cuff [kaf] s. manjet; qol köbəsi; zərbə; sillə; v. yavaşca vurmaq (əlnən); şappıldatmaq

cuff-link [kaflink] s. zaponka

cultivate [kaltiveyt] v. e'mal etmək; becərmək; yetişdirmək; tətbiq etmək; inkişaf etdirmək

culture [kalçer] s. mədəniyyət; becərmə; yetişdirmə (heyvan; bitki)

cup [kap] s. fincan; kasa; qədəh; piyalə; tale; qismət; v. med. banka qoymaq

cupboard [kabed] s. qab-qacaq şkaf ı; dolab; kiçicik anbar

curb [kö:rb] s. yüyən; səkinin kənarı; v. yüyənləmək; noxtalamaq; cilovlamaq

cure [kyuer] s. dərman; çarə; müalicə; müalicə kursu; sağalma; v. müalicə etmək; sağaltmaq; konservləşdirmək

curiosity [kyuryositi] s. maraq; hər şeyi bilmək həvəsi; qəribə şey

curl [kö:rl] s. zülf; buruq; burma; spiral; burağan; burulma; v. burdurmaq; burulmaq; burmaq; eşmək; burulub qalxmaq; ləpələndirmək

curly [kö:rli] adj. qıvrımsaç; buruqsaç; qıvrıq; buruq-buruq; bükük

currency [karensi] s. pul tədavülü; valyuta; işlənmə dərəcəsi

current [karent] s. cərəyan; axın; inkişaf; gediş; cərəyan (elektrik); adj. işlənən; çox işlək (pul); hər yerə yayılmış; adi; bugünki; hazırkı; cari

curse [kö:rs] s. qarğış; söyüş; fəlakət; v. nifrin etmək; söyüş söymək; təhqir etmək

curtain [kö:rtn] s. pərdə; v. pərdələmək; pərdə salmaq; pərdə asmaq

curve [kö:rv] s. qövs; əyri xətt;

əyri (diaqram); əyrilik; v. əyilmək; əymək; qarmaq; qarılmaq

cushion [kuşin] s. yast ıq; mütəkkə

custody [kastedi] s. qəyyumluq; mühafizə; nəzarət; həbsə salma

custom [kastem] s. ən'ənə; adət; müştərilər; sifarişlər; pl. gömrük haqqı

customer [kastemer] s. al ıcı; müştəri; sifarişçi

cut [kat] s. kəsik; kəsmə; kəsinti; yara; biçim; əndazə; kəsilmiş parça (qəzetdən); v. kəsmək; yarmaq; doğramaq; bölmək; vurdurmaq (saçını); çalmaq (ot); biçmək (paltar); yonmaq; qazımaq; çıxmaq (diş); azaltmaq (xərcləri)

cute [kyu:t] adj. cazibəli; məlahətli; məzəli; zirək

cutlery [katleri] s. b ıçaq mə'mulatı

cutlet [katlit] s. kotlet

cycle [saykl] s. dövr; dövrə; silsilə; sikl; col. velosiped; v. dövr etmək; velosiped sürmək

cynic [sinik] s. ab ırsız; həyasız

cynical [sinikl] adj. utanmaz; ars ız; ədəbsiz; abırsız; həyasız

D

dad [dəd] s. col. ata

daddy [dədi] s. col. atacan

dagger [daeger] s. xəncər; qəmə; v. xəncər ilə dəlmək

daily [deyli] adj. gündəlik; adv. hər gün; s. gündəlik qəzet

dainty [deynti] adj. incə; zərif; nazik; dadlı; ləzzətli; tələbkar; iradcıl

dairy [deeri] s. süd dükanı

daisy [deyzi] s. q ızıçiçəyi

dam [daem] s. torpaq bənd; damba

damage [daemic] s. zərər; ziyan; zədə;

itki; v. zərər vurmaq; xarab etmək; zədələmək; yaralamaq

damn [dəm] v. nifrin etmək; q ınamaq; s. lə'nət; söyüş

damp [daemp] v. nəm etmək; yaş eləmək; incitmək; inamını qırmaq; s. nəmlik; rütubət; yaşlıq; ruhdan düşmə; duman; sis

dance [daens] s. rəqs; oyun; rəqs gecəsi; bal; v. rəqs etmək; oynamaq; atılıb düşmək; hoppanmaq; sıçramaq

danger [deyncer] s. təhlükə; xətər

dangerous [deynceres] adj. təhlükəli; qorxulu; xətərli

dare [deer] v. ürəklənmək; cəsarət etmək; risk etmək; s. meydan oxuma

dark [da:rk] adj. tünd; qarabəniz; s. qaranlıq; zülmət; cəhalət; avamlıq; xəbərsizlik; bilməmə

darling [da:rlin] s. sevgili; əziz; adj. sevimli; əziz

date [deyt] v. tarix qoymaq; aid olmaq (bir dövrə); görüş tə'yin etmək; s. gün; tarix; vaxt; müddət; dövr; görüş

daughter [do:ter] s. q ız (övlad)

daughter-in-law [do:terinlo:] s. gəlin

dawn [do:n] s. dan yeri; günəşin çıxması; şəfəq; başlanğıc; v. işıqlanmaq; dan yeri ağarmaq; sübh açılmaq; gün çıxmaq; aydınlaşmaq

day [dey] s. gün; gündüz

daze [deyz] v. çaşd ırmaq; heyrətləndirmək; təəccübləndirmək; s. heyrət; təəccüb

dazzle [daezl] s. gözləri qamaşma; valeh olma; gözqamaşdırıcı parıltı; v. gözlərini qamaşdırmaq; valeh etmək; heyran etmək

dead [ded] adj. ölü; cansız; hərəkətsiz; solğun; məhsul verməyən; ölgün; ölüvay; ruhsuz; s. durğunluq dövrü

deadline [dedlayn] s. son möhlət

deaf [def] adj. kar

deal [di:l] s. miqdar; alver; sövdə; v. bölmək; paylaşdırmaq; paylamaq (kart); ticarət etmək; işi olmaq (bir kəslə); əlaqədar olmaq

dear [dier] adj. əziz; sevimli; baha

death [deš] s. ölüm

debate [dibeyt] v. müzakirə etmək; mübahisə etmək; s. müzakirə; mübahisə

debt [det] s. borc

decade [dekeyd] s. onillik

decay [dikey] s. çürümə; qoxuma; pozğunluq; dağılma; düşkünlük; tənəzzül; inqiraz; süqut; v. çürümək; pozulmaq; dağılmaq; tənəzzül etmək

decease [disi:s] v. ölmək; s. ölüm; vəfat; əcəl

deceive [disi:v] v. aldatmaq; yalan söyləmək

December [disember] s. dekabr

decent [di:sent] adj. qabiliyyətli; ləyaqətli; təvazökar

decide [disayd] v. qərara gəlmək; qərar vermək; kəsdirmək; qət etmək

decision [disijin] s. qərar; hökm; qətiyyət; cəsarət; qeyrət; möhkəmlik

deck [dek] s. göyərtə; döşəmə (vaqonda); vaqonun üstü; v. zinət vermək; bəzəmək

declare [dikle:r] v. e'lan etmək; təntənə ilə bildirmək; bəyan etmək; öz rə'yini bildirmək

decline [diklayn] s. eniş; meyl; düşgünlük; azalma; aşağı salma; ağırlaşma; axır; qurub; v. meyl etmək; enmək; batmaq (günəş, ay); ağırlaşmaq (xəstəlik); əksilmək; imtina etmək

decorate [dekoreyt] v. bəzəmək; zinətləndirmək; bəzək vurmaq; zinət vermək; mükafatlandırmaq; təltif etmək (ordenlə)

decoration [dekoreyşin] s. bəzək; zinət; orden

decrease [di:kri:s] s. azaltma; əksiltmə; əksilmə; v. azalmaq; əksilmək; düşmək

decrepit [dikrepit] adj. zəif; taqətsiz; əldən düşmüş; köhnə; köhnəlmiş; qədim

dedicate [dedikeyt] v. ithaf etmək; həsr etmək; qabaqcadan tə'yin etmək

deduct [didakt] v. çıxmaq; tutmaq (puldan); endirmək; aşağı salmaq (qiyməti)

deed [di:d] s. iş; əməl; hərəkət; sənəd; akt; v. akt üzrə təslim etmək

deep [di:p] adj. dərin; s. dərin uçurum; adv. dərin

deer [dier] s. maral; xallı maral

defeat [difi:t] s. məğlubiyyət; boşa çıxma; v. məğlub etmək; pozmaq

defect [difekt] s. nöqsan; qüsur; əskiklik

defend [difend] v. müdafiə etmək; qorumaq

defense [difens] s. müdafiə

define [difayn] v. müəyyən etmək; tə'yin etmək

definite [definit] adj. müəyyən; dəqiq; aydın

definition [definişin] s. izah; tə'rif

definitive [difinitiv] adj. qəti; son; şübhəsiz

deflate [difleyt] v. buraxmaq (içindəki havanı); çəkmək (havanı, qazı); yastılaşmaq; qiymətləri aşağı salmaq

deform [difo:rm] v. şəklini dəyişmək; təhrif etmək; eybəcər şəklə salmaq

defy [difay] v. meydan oxumaq; saymamaq; e'tinasızlıq göstərmək; məhəl qoymamaq; laqeydlik göstərmək

degree [digri:] s. dərəcə; elmi ad; rütbə

delay [diley] s. ləngimə; tə'xirə salma; yubanma; gecikdirmə; saxlama; v. başqa vaxta keçirmək; sonraya qoymaq; tə'xirə salmaq; mane olmaq; yubanmaq

deliberate [dilibereyt] adj. qəsdən edilən; qərəzlə edilən; düşünülmüş; ehtiyatlı; v. düşünmək; götür-qoy etmək; müzakirə etmək; müşavirə etmək

delicate [delikit] adj. incə; zərif; nəfis; ədəbli; nasaz

delicatessen [delikatesn] s. *pl.* delikateslər

delicious [dilişes] adj. çox gözəl; çox dadlı; ləzzətli

delight [dilayt] s. sevinc; ləzzət; zövq; v. sevindirmək; ləzzət vermək; sevinmək

deliver [diliver] v. çatdırmaq; aparmaq; gətirmək; təqdim etmək; vermək; təslim etmək; azad etmək

delivery [diliveri] s. gətirmə; daşıma; aparıb paylama; aparılıb verilmə; təslim etmə; doğuş

demand [dima:nd] s. tələb; istək; ehtiyac; v. tələb etmək; soruşmaq

democracy [dimokresi] s. demokratiya

demolish [dimoliş] v. yıxmaq; dağıtmaq; təkzib etmək

demonstrate [demenstreyt] v. göstərmək; nümayiş etdirmək; sübut etmək

denial [dinayel] s. inkar edilmə; rədd edilmə; danma

denounce [dinauns] v. ittiham etmək; ifşa etmək; danos vermək; təhdid etmək

dense [dens] adj. sıx; qatı; kip; qalın

dent [dent] s. çuxur; batıq; v. içəri basmaq; tıxamaq; dürtmək

dentist [dentist] s. diş həkimi

deny [dinay] v. inkar etmək; rədd etmək; danmaq; dönmək; boynuna almamaq

depart [dipa:rt] v. çıxıb getmək; yola düşmək; getmək; yollanmaq; dönmək

department [dipa:rtment] s. şö'bə; departament; nazirlik

departure [dipa:rçer] s. getmə; yola düşmə; yayınma; sapma

depend [dipend] v. asılı olmaq; öhdədə olmaq; ümid olmaq; arxayın olmaq (bir kəsə)

deposit [dipozit] s. əmanət; beh; çöküntü; torta; xılt; v. qoymaq (banka pul); çöküntü əmələ gətirmək

depress [dipres] v. incitmək; əziyyət vermək; sıxıntı vermək; əhvalını pozmaq; mə'yus etmək; zəiflətmək; azaltmaq; aşağı salmaq (qiyməti)

depressed [diprest] adj. ruhdan düşmüş; mə'yus; aşağı salınmış; azaldılmış; çökük; yastılanmış

depth [depš] s. dərinlik

deputy [depyuti] s. deputat; nümayəndə; müavin

descend [disend] v. düşmək; enmək; törəmək; ... nəslindən olmaq; alçalmaq; hörmətdən düşmək; üz vermək (hadisə)

descendant [disendent] s. nəsil

describe [diskrayb] v. təsvir etmək; ifadə etmək; anlatmaq

desert I [dezert] s. səhra; biyaban; adj. adamsız; tənha; barsız; məhsul verməyən

desert II [dizö:t] v. tərk etmək; atmaq (ailəni); dezertirlik etmək; fərarilik etmək; s. xidmət; ləyaqət; mükafat

deserve [dizö:v] v. qazanmaq; layiq olmaq

design [dizayn] s. niyyət; plan; layihə; eskiz; v. qabaqcadan tə'yin etmək; niyyətində olmaq; fikrində olmaq; fərz etmək; layihə düzəltmək; çəkmək (şəkil)

desirable [dizayarebl] adj. arzu olunan; istənilən; əziz; istəkli; xoş

desire [dizayer] v. arzulamaq; istəmək; arzu etmək; xahiş etmək

desk [desk] s. yazı masası; məktəb skamyası; kontorka; püpitr

despair [dispeer] s. ümidsizlik

desperate [desperit] adj. ümidsiz; çarəsiz; mühakiməsiz; qəddar; qatı

despise dig

despise [dispayz] v. nifrət etmək; alçaq nəzərlə baxmaq

despite [dispayt] s. nifrət; ac ıq; ədavət; prep. baxmayaraq

dessert [dizö:rt] s. desert; çərəz; şirniyyat

destination [destineyşin] s. tə'yinat

destiny [destini] s. tale; müqəddərat; bəxt; qismət; nəsib; təqdir

destroy [distroy] v. dağ ıtmaq; yıxmaq; məhv etmək; yox etmək; qırmaq

destruction [distrakşin] s. y ıxma; dağıtma; məhv etmə

detach [ditaeç] v. ay ırmaq; açmaq; xüsusi tapşırıqla göndərmək

detail [di:teyl] s. detal; hiss ə; təfsilat; təfərrüat; v. müfəssəl surətdə nağıl etmək; təfsilatı ilə danışmaq

detain [diteyn] v. yuband ırmaq; gecikdirmək; tutmaq (maaşından)

detect [ditekt] v. aşkar etmək; meydana çıxarmaq

detergent [dite:rcent] adj. təmizləyən; yuyan; s. təmizləyici, saflaşdırıcı (cihaz ya maddə)

deteriorate [ditieryereyt] v. pisləşmək; xarablaşmaq; ağırlaşmaq; dağılmaq; cırlaşmaq

determine [dite:rmin] v. müəyyən etmək; qət etmək; qərara almaq

detest [ditest] v. nifrət etmək; zəhləsi getmək

detour [di:tuer] s. ətrafından keçmə; yanından ötmə

devastate [devesteyt] v. talan etmək; soymaq; viran etmək

develop [divelop] v. inkişaf etmək; inkişaf etdirmək; foto şəkil çıxarmaq

development [divelepment] s. inkişaf; təkamül; genişləndirmə; mükəmməlləşdirmə; işləmə; istehsal etmə; foto şəkil çıxarma

device [divays] s. plan; sxem; layihə; cihaz; mexanizm; deviz

devil [devl] s. şeytan; iblis

devote [divout] v. həsr etmək (özünü); qapılmaq

dew [dyu:] s. şeh; göz yaşı; v. islatmaq; yaş etmək; çiləmək

diabetes [dayebi:ti:z] s. diabet; şəkər xəstəliyi

diagnose [dayegnouz] v. diaqnoz qoymaq; xəstəliyi tə'yin etmək

diagonal [dayaegnl] adj. diaqonal; s. diaqonal

diagram [dayegraem] s. diaqram; sxem

dial [dayel] s. siferblat; v. telefon nömrəsi yığmaq

dialect [dayelekt] s. şivə; ləhcə; dialekt

diamond [dayemend] s. brilyant; almaz; adj. almaz; brilyant; v. brilyantla bəzəmək

diaper [dayper] s. uşag əskisi; qundaq bezi; v. bələmək; qundaqlamaq (uşağı)

diarrhea [dayeria] s. ishal

diary [dayeri] s. gündəlik

dictate [dikteyt] s. əmr; hökm; buyuruq; diktat; v. diktə etmək; imla demək; zorla qəbul etdirmək

dictionary [dikşenri] s. lüğət

die [day] v. ölmək; s. zər; ştamp; matrisa

diet [dayet] v. diyeta; pəhriz; qida rejimi; v. pəhriz etmək; pəhriz saxlamaq

difference [diferens] s. fərq; ixtilaf; fikir ayrılığı

different [diferent] adj. fərqli; başqa; ayrı; müxtəlif

difficult [difikelt] adj. çətin; ağır; qılıqsız

diffident [difident] adj. utancaq; özünə əmin olmayan

dig [dig] v. qazımaq; eşələmək; qurdalamaq; qazıb çıxartmaq; tapmaq;

s. təkan; istehza; masqara

digest [dicest] v. həzm etmək; öyrəşmək; uyğunlaşmaq; [daycest] s. xülasə

dignified [dignifayd] adj. ləyaqətli; şərəfli

dignity [digniti] s. ləyaqət; ləyaqət hissi; məqam; rütbə

diligent [dilicent] adj. qeyrətli; çalışqan

dill [dil] s. şüyüd

dilute [daylyu:t] v. durulaşdırmaq; su qatmaq; sıyıqlaşdırmaq; adj. həll edilmiş; əridilmiş (suda); durulaşdırılmış; qatılmış

dim [dim] v. tutqunlaşmaq; qaralmaq; bürünmək; adj. donuq; tutqun; dumanlı; zəif (görmə)

dimension [dimenşin] s. ölçü; ölçülmə; pl. böyüklük; həcm

diminish [diminiş] v. kiçilmək; azalmaq; zəiflətmək

dine [dayn] v. nahar etmək

dining room [dayninrum] s. yemək otağı

dinner [diner] s. nahar

diplomat [diplomaet] s. diplomat

direct [direkt] v. yönəltmək; idarə etmək; əmr vermək; adj. doğru; düz; gram. vasitəsiz; adv. düz; bilavasitə; birbaşa

direction [direkşin] s. istiqamət; göstəriş; əmr; cəhət

director [direktor] s. direktor; müdir

directory [direkteri] s. soraq kitabı; məʼlumat kitabçası; arayış kitabçası; amer. müdiriyyət; direksiya

dirt [dö:t] s. çirk; kir; zibil; alçaqlıq

dirty [dö:rti] adj. kirli; çirkli; iyrənc

disabled [diseybld] adj. şikəst; çolaq

disadvantage [disedvae:ntic] s. zərər; ziyan; maniə; narahatlıq; nöqsan

disagree [disegri:] v. raz ılaşmamaq; ayrılmaq (fikircə)

disappear [disepier] v. yox olmaq; gözdən itmək; qaçmaq

disappoint [disepoynt] v. ümidini boşa çıxarmaq; məʼyus etmək

disapprove [disepru:v] v. bəyənməmək

disaster [diza:ster] s. fəlakət; bəla

discard [diska:rd] v. tullamaq; atmaq; dönmək; danmaq; kənar etmək; çıxarmaq (işdən)

discipline [disiplin] s. intizam; fənn; v. intizamlı etmək; qayda-qanuna öyrətmək; təʼlim vermək; cəzalandırmaq

discompose [diskampouz] v. kefini pozmaq; qanını qaraltmaq; əziyyət vermək; narahat etmək; nigaran etmək; həyəcana gətirmək; təşvişə salmaq

disconnect [diskanekt] v. ay ırmaq; söndürmək; arası kəsilmək

discount [diskaunt] s. güzəşt; veksellərin nəzərə alınması; v. vekselləri nəzərə almaq; güzəştə getmək

discover [diskaver] v. kəşf etmək; aşkar etmək

discuss [diskas] v. müzakirə etmək

discussion [diskaşin] s. müzakirə; mübahisə; danışıq

disease [dizi:z] s. xəstəlik

disgrace [disgreys] s. gözdən düşmə; rüsvaylıq; biabırçılıq; v. biabır etmək; gözdən salmaq; hörmətsiz etmək

disguise [disgayz] v. görkəmini dəyişmək; başqa paltar geymək; gizlətmək; s. maskalanma; gizlənmə; maska

disgust [disgast] s. nifrət; ikrah; v. nifrət hissi oyatmaq; iyrəndirmək

disgusting [disgastin] adj. iyrənc; mənfur; çox pis

dish [diş] s. boşqab; nimçə; yemək; xörək; v. əymək; bükmək; qarmaq

dishwasher [dişwoşer] s. qabyuyan

maşın
disintegrate [disintegreyt] v.
xırdalamaq; parçalamaq; doğramaq;
dağılmaq; uçmaq; tərkib hissələrinə
ayrılmaq (bölünmək)
dislike [dislayk] v. sevməmək; ac ığı
gəlmək; s. bəyənməmə; xoşuna gəlməmə
dismal [dizmel] adj. kədərli; fikirli;
qaraqabağ
dismiss [dismis] v. buraxmaq
(şagirdləri); ləğv etmək (komissiyanı);
işdən çıxarmaq; azad etmək
disorder [diso:rder] s. qar ışıqlıq;
səliqəsizlik; pl. şuluqluq; iğtişaş
disperse [dispe:rs] v. dağıtmaq;
yaymaq; səpələnmək; yox olmaq;
töküşdürmək; dağılmaq
display [displey] v. göstərmək; s ərgidə
göstərmək; aşkar etmək; çıxarmaq; s.
nümayiş etdirmə; sərgi
disposal [dispouzel] s. yerləşdirmə;
düzülmə; təslim; verilmə; satma
dispose [dispouz] v. yerləşdirmək;
düzmək; rəğbətini qazanmaq;
meylləndirmək; təhrik etmək
dispute [dispyu:t] s. mübahis ə;
müzakirə; v. mübahisə etmək; müzakirə
etmək; diskussiya etmək; şübhə altına
almaq
disrupt [disrapt] v. q ırmaq;
dağıtmaq; qopartmaq; pozmaq
dissatisfied [dissaetisfayd] adj.
tə'min olunmamış; məmnuniyyətsiz;
narazı
dissolve [dizolv] v. ərimək; əritmək;
həll etmək; buxarlanmaq; pozmaq; kəsmək
(əlaqəni)
distance [distens] s. məsafə; uzaqlıq;
v. uzaqlaşdırmaq
distant [distent] adj. uzaq; çoxdank ı;
keçmiş; təmkinli; soyuq; laqeyd
distinct [distinkt] adj. ayd ın; aşkar

distinction [distinkşin] s.
fərqləndirmə; fərq; üstünlük
distinguish [distingwiş] v. ay ırd
etmək; fərqləndirmək; seçmək
distract [distraekt] v. başqa tərəfə
yönəltmək (diqqəti, söhbəti);
yayındırmaq; həyəcana salmaq
distress [distres] s. əzab; iztirab; dərd;
fəlakət; bəla; bədbəxtlik
distribute [distribyu:t] v.
bölüşdürmək; paylamaq; yaymaq
district [distrikt] s. rayon; sahə; *amer.*
seçki məntəqəsi; mahal
disturb [distö:rb] v. narahat etmək;
incitmək; mane olmaq
disturbance [distö:rbens] s.
narahatlıq; nigaranlıq; həyəcan; təşviş
ditch [diç] s. qanov; xəndək; v. dibini
qazımaq; ətrafını belləmək
dive [dayv] v. suya baş vurmaq;
şığımaq; s. suya baş vurma
diverse [dayve:rs] adj. müxtəlif; ayrı
cür; fərqli
divert [dayve:rt] v. başqa tərəfə
çevirmək; əyləndirmək
divide [divayd] v. bölmək; ay ırmaq;
bölünmək; ayrılmaq
divorce [divo:rs] s. boşanma;
boşama; v. boşamaq; boşanmaq
dizzy [dizi] adj. baş ı gicəllənən;
gicəlləndirici; v. gicəlləndirmək
do [du:] v. etmək; düzəltmək; bitirmək;
iş görmək; hərəkət etmək; fəaliyyət
göstərmək; təşkil etmək; hazırlamaq
dock [dok] s. müttəhim kürsüsü; dok;
liman; qospital (hərbi xəstəxana); *amer.*
körpü; gödəldilmiş quyruq; v. kəsib
gödəltmək; qısa vurdurmaq
doctor [dakter] s. həkim; doktor
documentary [dokyumenteri] s. s ənədli
film; adj. sənədlərə istinad edilən; yazılı
dog [dog] s. it; erkək it; köpək

doll [dol] s. kukla; v. bəzənmək

dollar [dolar] s. dollar

dome [doum] s. qübbə; günbəz

domestic [domestik] adj. evə aid; evcil; yerli; daxili; s. ev qulluqçusu

dominate [domineyt] v. hakimlik etmək; hökmran olmaq; üstün olmaq; üstünlük təşkil etmək

donate [douneyt] v. bağ ışlamaq; hədiyyə etmək; ianə etmək; kömək etmək

donation [douneyşin] s. bəxşiş; ianə

donkey [donki] s. eşşək

doom [du:m] s. aqibət; tale; qismət; v. məhkum etmək

door [do:r] s. qapı

dope [doup] s. pasta; narkotik; bihuşdarı; v. məst etmək; bihuş etmək; yuxulatmaq

dormitory [do:rmitri] s. ümumi yataqxana (məktəblərdə)

dose [dous] s. doza; bir içim; bir udum; porsiya; hissə; v. dozalara bölmək; hissələrə bölmək

dot [dot] s. nöqtə; v. nöqtə qoymaq

double [dabl] adj. iki dəfə art ıq; ikiqat; ikien; çox artırılmış; gücləndirilmiş; iki dəfə təkrar olunmuş; qoşa; s. oxşar; cüt; adv. ikiqat çox; ikiqat artıq; daha çox; v. ikiqat etmək; iki dəfə artırmaq

doubt [daut] s. şübhə; v. şübhələnmək; şəklənmək

dough [dou] s. xəmir

dove [dav] s. göyərçin

down I [daun] s. pərqu; narın tük (quşda)

down II [daun] adv. aşağı; aşağıda; v. endirmək; sallamaq; düşürtmək

downstairs [daunsteerz] adv. aşağı; aşağıda; aşağı mərtəbədə

downtown [dauntaun] s. amer. şəhərin mərkəzi

doze [douz] s. mürgü; v. mürgüləmək

dozen [dazn] s. düjün

drag [draeg] v. sürükləmək; dartmaq; s. draqa; yerqazan maşın; tormoz

drain [dreyn] v. drenaj üsulu ilə qurutmaq (bataqlığı); axmaq; süzülmək; tükənmək (güc); s. drenaj; nov; axma

drama [dra:ma] s. dram əsəri

drastic [draestik] adj. şiddətli; əsaslı

draught [dra:ft] s. yelçəkən; hava cərəyanı; udum

draw [dro:] v. (drew; drawn) dartmaq; çəkmək; cəlb etmək; rəsm çəkmək; dartıb çıxartmaq; çəkmək (pərdəni)

drawer [dro:er] s. cizgiçi; siyirmə

dread [dred] s. qorxu; dəhşət; v. qorxmaq

dreadful [dredful] adj. qorxulu; qorxunc; müdhiş

dream [dri:m] v. (dreamt. dreamt) v. yuxu görmək; arzu etmək; s. yuxu; rö'ya; arzu

dress [dres] s. paltar; geyim; v. geyinmək; bəzənmək; zinətləndirmək; saçı düzəltmək; sarımaq (yaranı)

dressmaker [dresmeyker] s. qad ın dərzisi

drink [drink] v. (drank; drunk) içmək; s. içki

drip [drip] v. dammaq; s ızmaq; damcılamaq; s. damcılama; damma; axma; damcılatma; damızdırma

drive [drayv] v. (drove; driven) getmək (maşında); qovmaq; idarə etmək; sürmək (maşın və s.); s. gəzinti (maşında, minikdə); getmə (miniklə); sürmə

driver [drayver] s. sürücü; şofer; arabaçı

driver's license [drayving laysens] s. sürücü vəsiqəsi

drop [drop] v. dammaq; damc ı-damcı axmaq; yerə salmaq; atmaq; tullamaq;

düşürmək; s. damcı; damla; azalma;
düşmə (qiymət, temperatur və s.)
drown [draun] v. boğmaq; boğulmaq
(suda)
drowsy [drauzy] adj. yuxlu;
mürgüləyən; yuxu gətirən; yatırdan; süst;
cansız; ölüvay
drum [dram] s. təbil; v. təbil çalmaq
drunk [drank] drink fe'linin keçmiş
zaman fe'li sifəti; adj. məst; sərxoş
dry [dray] adj. quru; susuz; v. qurutmaq;
qurulamaq; qurumaq
duck [dak] s. ördək; cumma; dalma
(suya); v. baş vurmaq; cummaq; dalmaq
due [dyu:] adj. lazımı; şərtləşdirilmiş;
s. haqq
dull [dal] adj. axmaq; kütbeyin;
qaraqabaq; darıxdırıcı; buludlu; tutqun
(hava); küt (bıçaq); v. kütləşmək
dumb [dam] adj. lal; dilsiz-ağızsız
dump [damp] s. nizamsız halda
tökülmüş şeylər; zibil tökülən yer; v.
tullamaq; tökmək; atmaq (zibil)
duplicate [dyu:plikit] adj. ikiqat; ikiqat
artırılmış; s. nüsxə; surət; v.
[dyu:plikeyt] surətini çıxarmaq
durable [dyuerebl] adj. davamlı;
möhkəm
during [dyuerin] prep. müddətində;
əsnasında
dust [dast] s. toz; tozcuq; v. tozunu
almaq; tozunu silmək; tozlandırmaq; toz
eləmək
dusty [dasti] adj. tozlu; xırdalanmış
duty [dyu:ti] s. borc; vəzifə; gömrük;
vergi
dwarf [dwo:f] s. cırtdan; cin; adj. çox
kiçik; çox xırda (adam, heyvan, bitki);
cırtdan
dwell [dwel] v. yaşamaq; qalmaq (bir
yerdə); dayanmaq (bir məsələ üzərində)
dye [day] v. boyamaq; rənglənmək; s.
rəng; boya

E

each [i:ç] pron. hər biri; hər
eager [i:ger] adj. çox istəyən; ehtirasla
arzu edən; həsrət çəkən; cəhd edən;
səbirsiz; şiddətli (arzu)
eagle [i:gl] s. qaraquş; qartal
ear [ier] s. qulaq; eşitmə qabiliyyəti
sünbül
early [öerli] adj. tez; erkən; vaxtından
əvvəl; adv. tez; erkən; erkəndən
earn [ö:rn] v. qazanmaq; layiq olmaq
earring [iering] s. sırğa
earth [ö:š] s. torpaq; yer kürəsi;
dünya
earthquake [ö:škweyk] s. zəlzələ
ease [i:z] v. yüngülləşdirmək;
azaltmaq (ağrını); yumşaltmaq; rahat
etmək; s. rahatlıq; yüngüllük
east [i:st] s. şərq; adj. şərq
Easter [i:ster] s. pasxa
easy [i:zi] adj. asan; rahat; sıxıntısız;
adv. asanca; rahatca; sakitcə
eat [i:t] v. (ate; eaten) yemək
eccentric [iksentrik] adj. ekssentrik;
çox qəribə; qeyri-adi; s. ekssentrik adam;
əcaib adam; tuhaf adam; qəribə adam
echo [ekou] s. əks-səda; yamsılama; v.
yamsılamaq; təkrar etmək
economics [i:kanomiks] s. iqtisadiyyat;
xalq təsərrüfatı; siyasi iqtisad
economy [ikonemi] s. təsərrüfat;
iqtisadiyyat; qənaət; qənaətkarlıq
edge [ec] s. kənar; bıçaq ağzı;
gərginlik; v. itiləmək; sivriləşdirmək;
budamaq; yonmaq; çərçivələmək
edible [edibl] adj. yeməli; yemək
üçün yararlı
edit [edit] v. redaktə etmək; çapa
hazırlamaq
educate [edyu:keyt] v. təhsil vermək;
tərbiyə vermək; oxutmaq

education [edyukeyşin] s. təhsil; tərbiyə

effect [ifekt] s. tə'sir; nəticə; v. tə'sir etmək

effective [ifektiv] adj. tə'sirli; qüvvədə olan (qanun); tə'sir bağlışlayan

efficient [ifişent] adj. tə'sirli; ixtisaslı

effort [efort] s. qeyrət; cəhd; səy

egg [eg] s. yumurta; v. qısqırtmaq; qızışdırmaq; təhrik etmək

eight [eyt] num. səkkiz; s. səkkizlik

eighteen [eyti:n] num. on səkkiz

eighty [eyti] num. səksən; həştad

either [ayžer] pron. ikisindən biri; hər ikisi; conj. ya; adv. ...də (mənfi cümlədə)

elastic [ilaestik] adj. elastik; s. rezin (pozan)

elbow [elbou] s. dirsək; v. dirsəkləmək

elect [ilekt] v. seçmək; adj. seçilmiş

election [ilekşin] s. seçkilər; seçmə

electric [ilektrik] adj. elektrik

electricity [ilektrisity] s. elektrik

elegant [eligent] adj. zərif; ş ıq

element [eliment] s. element; ünsür

elementary [elimenteri] adj. bəsit; ilk; ibtidai; elementar

elephant [elifent] s. fil

elevator [eliveyter] s. lift; elevator

eleven [ilevn] num. on bir

eliminate [ilimineyt] v. aradan qaldırmaq; aradan götürmək; ləğv etmək

else [els] adv. başqa; yoxsa; daha

embankment [imbaenkment] s. s ədd; bənd (sahildə); sahil

embark [imba:rk] v. gəmiyə minib yola düşmək

embarrass [imbaeres] v. çaşdırmaq; unutdurmaq

embassy [embesi] s. s əfirlik

emblem [emblem] s. əlamət; rəmz; simvol

embrace [imbreys] v. qucaqlamaq; əhatə etmək; s. qucaq; ağuş

embroider [imbroyder] v. nax ış salmaq; bəzəmək

emerge [ime:rc] v. gözə görünmək; peyda olmaq; zühur etmək; meydana çıxmaq (məsələ, sual)

emergency [imö:rcensi] s. fövqəl'adə vəziyyət; çətin vəziyyət

emigrate [emigreyt] v. mühacirət etmək; başqa ölkəyə köçmək

emit [imit] v. buraxmaq; çıxartmaq (səs); saçmaq; yaymaq (işıq, isti); püskürmək (lava)

emotion [imouşin] s. həyəcan; hiss; təəssür; emosiya

emphasize [emfesayz] v. xüsusi qeyd etmək; tə'kid etmək; xüsusi vurğu ilə tələffüz etmək

empire [empayer] s. imperiya; imperatorluq

employ [imploy] v. iş vermək; işə götürmək; istifadə etmək; tətbiq etmək

employee [employi:] s. idarə işçisi

employer [imployer] s. iş verən; sahibkar; müəssisə sahibi; işə götürən

employment [imployment] s. iş; məşğələ; istifadə etmə; tətbiq etmə

empty [empti] adj. boş; mə'nas ız; v. boşaltmaq

enable [ineybl] v. imkan vermək (bir şey etməyə); qüvvət vermək

enclose [inklouz] v. hasarlamaq; hər tərəfdən dövrəyə almaq; zərfin içinə qoymaq

encounter [inkaunter] s. gözlənilməz görüş; toqquşma; v. (birdən) qarşılaşmaq; çarpışmaq; toqquşmaq

encourage [inka:ric] v. cəsarətləndirmək; həvəsləndirmək

end [end] s. son; nəhayət; v. qurtarmaq; sona çatdırmaq; bitirmək

endeavor [indever] v. cəhd etmək; çalışmaq; sə'y göstərmək; s. cəhd; sə'y; qeyrət

endure [indyuer] v. dözmək; davam gətirmək; tab etmək; səbir etmək; sürmək; davam etmək

enemy [enimi] s. düşmən; rəqib; adj. düşmən

energetic [ene:rcetik] adj. fəal; qüvvətli

energy [enerci] s. enerji; qüvvət; qeyrət

engage [ingeyc] v. işə götürmək; tutmaq (otaq; yer); bir işlə məşğul olmaq; öhdəsinə götürmək; nişanlanmaq

engaged [ingeycd] adj. məşğul; baş ı qarışıq; nişanlanmış

engagement [ingeycment] s. iş; məşğuliyyət; öhdəlik; təəhhüd; nişanlanma; görüş; də'vət

engine [encin] s. mühərrik; motor; parovoz

engine-driver [encindrayver] s. maşinist

engineer [encinier] s. mühəndis; mexanik; *amer.* maşinist; v. tikmək; qurmaq; layihə düzəltmək; ixtira etmək

English [ingliş] adj. ingilis

engrave [ingreyv] v. həkk etmək; oymaq; naxış açmaq

enigma [inigma] s. müəmma; sirr

enjoy [incoy] v. xoşuna gəlmək; xoşlamaq; ləzzət almaq; malik olmaq (hüquqa, hörmətə)

enormous [ino:rmes] adj. möhtəşəm; çox böyük; zorba; nəhəng; çox iri; yekə

enough [inaf] adj. laz ımi qədər; kafi; adv. kifayət qədər; kafi dərəcədə; xeyli

enrage [inreyc] v. qəzəbləndirmək

enrich [inriç] v. zənginləşdirmək; gübrələmək; bəzəmək; vitaminləşdirmək

enrol(l) [inroul] v. siyah ıya salmaq; qeydiyyatdan keçirmək

ensure [inşuer] v. ə'min etmək; zamin olmaq

enter [enter] v. girmək; daxil olmaq; daxil etmək; salmaq (dəftərə, siyahıya)

enterprise [enterprayz] s. müəssis ə; təşəbbüskarlıq; işgüzarlıq

entertain [enterteyn] v. əyləndirmək; qonaq qəbul etmək

enthusiastic [inšu:ziaestik] adj. həvəsli; coşqun; şövqlü

entire [intayer] adj. tam; bütün

entrance [entrens] s. giriş

entry [entri] s. giriş; daxil olma (məktəbə); mənsəb (çayın); yazı; qeyd

envelope [enveloup] s. zərf; konvert

envious [envyes] adj. paxıl

environment [invayerenment] s. mühit; ətraf

envy [envi] s. həs əd; qibtə; paxıllıq

episode [episoud] s. hadis ə; epizod

epoch [i:pok] s. dövr; epoxa

equal [i:kwel] adj. bərabər; eyni güclü; bərabər hüquqlu; ağır; təmkinli; v. bərabər olmaq; bərabərləşdirmək

equality [ikwoliti] s. bərabərlik

equator [ikweyter] s. ekvator

equipment [ikwipment] s. təchizat; ləvazimat

era [yera] s. dövr; era

erase [ireyz] v. silmək; pozmaq; sürtüb təmizləmək; çıxartdırmaq (yadından)

erect [irekt] adj. dik; qamətli; v. tikmək; qurmaq; inşa etmək; ucaltmaq (heykəl)

erotic [irotik] adj. şəhvani; erotik

error [erer] s. səhv; yanılma

erupt [irapt] v. püskürmək (vulkan); dağılmaq; çıxmaq (diş)

escalator [eskaeleyter] s. eskalator

escape [iskeyp] s. qaçma; xilas olma; v. qaçmaq; qaçıb xilas olmaq; aradan çıxmaq

escort [esko:t] s. müşayiət; mühafizə; [isko:t] v. müşayiət etmək

especially [ispeşeli] adv. xüsusilə

essence [esns] s. əsas; mahiyyət; məğz; cövhər; essensiya

essential [isenşel] adj. əhəmiyyətli;

mühüm; s. mahiyyət

establish [istaebliş] v. qurmaq; əsasını qoymaq; yaratmaq

estate [isteyt] s. malikanə; əmlak

estimate [estimeyt] v. qiymətləndirmək; təqdir etmək; [estimit] s. qiymət

eternal [iternl] adj. əbədi

eternity [iterniti] s. əbədiyyət

ethics [ešiks] pl. etika; əxlaq

evacuate [ivaekyueyt] v. köçürtmək; təxliyə etmək; boşaltmaq

evade [iveyd] v. qaçmaq; aradan çıxmaq; xilas olmaq; boyun qaçırmaq; üstündən ötmək

evaluate [ivaelyueyt] v. qiymətləndirmək

evaporate [ivaepereyt] v. buxarlanmaq; buxarlandırmaq; yox olmaq

even [i:ven] adj. düz; hamar; cüt (ədəd); adv. hətta; belə; daha; v. hamarlamaq; bərabər tutmaq; bərabərləşdirmək; müvazinətə gətirmək

evening [i:vnin] s. axşam

event [ivent] s. hadisə; vaqiə; qəziyyə; əhvalat; macəra

eventual [ivençuel] adj. ola bilən; sonuncu; axırı olan; eventual (əlverişli şəraitdə mümkün olan)

ever [ever] adv. daima; hər zaman

every [evri] adj. hər; hər bir

everybody [evribodi] pron. hər kəs

everyday [evridey] adj. gündəlik; hər günkü; adi

everyone [evriwan] = everybody

everything [evrišin] pron. hər şey

everywhere [evriweer] adv. hər yerdə

evidence [evidens] s. sübut; dəlil; şəhadət; v. sübut etmək

evident [evident] adj. ayd ın; aşkar

evil [i:vl] adj. pis; bəd

evolution [evolu:şin] s. təkamül; tədrici inkişaf; inkişaf etdirmə; manevr; hərəkət

exact [igzaekt] adj. dəqiq; tam; v. tələb etmək; təngə gətirmək; zorla almaq

exaggerate [igzaecereyt] v. mübaliğə etmək; şişirtmək

exam [igzaem] s. col. imtahan

examination [igzaemineyşin] s. müayinə; yoxlama; imtahan

examine [igzaemin] v. imtahan etmək; yoxlamaq; müayinə etmək; təftiş etmək

example [igza:mpl] s. nümunə; örnək

excavate [ekskeveyt] v. qaz ımaq; qazıyıb çıxarmaq

exceed [iksi:d] v. art ıq olmaq; aşmaq; üstün gəlmək; ötüb keçmək

excel [iksel] v. üstün olmaq; fərqlənmək

excellent [ekselent] adj. ə'la; mükəmməl; çox yaxşı

except [iksept] v. istisna etmək; e'tiraz etmək; prep. müstəsna olmaqla; ...başqa

exception [iksepşin] s. istisna

excessive [iksesiv] adj. hədsiz; həddən artıq

exchange [iksçeync] s. dəyişdirmə; mübadilə; xırdalama; birja

excite [iksayt] v. həyəcanland ırmaq; qızışdırmaq; oyatmaq (maraq)

excitement [iksaytment] s. həyəcan; həvəs; ehtiras

exciting [iksaytin] adj. q ızışdıran; həyəcanlandıran; çox maraqlı; cəlbedici

exclude [iksklu:d] v. kənar etmək; xaric etmək; istisna etmək; yol verməmək

excursion [ikskö:şin] s. ekskursiya; tənəzzöh

excuse [ikskyu:z] v. bağ ışlamaq; əfv etmək; s. bağışlama; üzr; üzrlü səbəb; bəhanə

execute [eksikyu:t] v. icra etmək; yerinə yetirmək; e'dam etmək

exercise [eksersayz] s. tapş ırıq; məşq; tə'lim; v. məşq etmək; tə'lim vermək

exhaust [igzo:st] v. tükəndirmək; əldən salmaq; üzmək

exhibition [eksibişin] s. s ərgi

exile [eksayl] s. sürgün; v. sürgün etmək; sürgünə göndərmək

exist [igzist] s. mövcud olmaq; var olmaq; yaşamaq

exit [eksit] s. çıxış yolu; çıxış qapısı

exotic [egzotik] adj. ekzotik; qəribə; yadelli; xarici; s. ekzotik bitki; xarici söz (dildə)

expand [ikspaend] v. genişlənmək; genişləndirmək; yaymaq; yayılmaq; geniş açmaq (qanadları)

expect [ikspekt] v. gözləmək; ümid etmək

expedition [ekspidişin] s. ekspedisiya

expel [ikspel] v. qovmaq; xaric etmək

expense [ikspens] s. xərc; məxaric

expensive [ikspensiv] adj. baha

experience [ikspieryens] s. təcrübə; səriştə; həyatda gördükləri; v. dözmək; görmək (həyatda)

experiment [iksperiment] s. təcrübə; eksperiment; sınaq; v. təcrübədən keçirmək; təcrübə aparmaq

expert [ekspe:rt] s. mütəxəssis; bacarıqlı adam; ekspert; adj. bacarıqlı; mahir

expire [ikspayer] v. bitmək; qurtarmaq (vaxt)

explain [ikspleyn] v. izah etmək; şərh etmək

explanation [eksplaeneyşin] s. izahat; şərh

explode [iksploud] v. partlamaq; partlatmaq

explore [iksplo:r] v. tədqiqat aparmaq; tədqiq etmək

explosion [iksploujin] s. partlayış

export [ikspo:rt] v. ixrac etmək; s. ixracat; eksport

expose [ikspouz] v. aşkara çıxarmaq; məʼruz qoymaq; ifşa etmək

express [ikspres] s. ekspress (ən sürʼətli qatar, gəmi və s.); v. ifadə etmək; adj. aydın ifadə edilmiş; adv. təʼcili; sürʼətli

expression [ikspreşin] s. ifadə; ifadə edilmə; bildirmə

extend [ikstend] v. genişləndirmək; uzatmaq; yaymaq; uzanmaq

exterior [ekstieryer] s. zahiri görünüş; görkəm; zahir; bayır tərəf; adj. zahiri; xarici; üzdən; bayır

extinct [ikstinkt] adj. sönmüş (vulkan); qırılmış; nəsli itmiş

extinguish [ikstingwiş] v. söndürmək; məhv etmək; yox etmək

extra [ekstra] s. artıq verilən pul; üstəlik; əʼla sort; adj. əlavə; artıq; fövqəlʼadə; adv. olduqca; müstəsna surətdə; əlavə olaraq

extract I [ekstraekt] s. ekstrakt; cövhər; hissə/xülasə (kitabın)

extract II [ikstraekt] v. çıxarmaq; qoparmaq

extreme [ikstri:m] adj. son dərəcə; ifrat; s. ifratçılıq; ifrat

eye [ay] s. göz; v. baxmaq (diqqətlə)

eyebrow [aybrau] s. qaş

eyeglass [aygla:s] s. linza; monokl (təkgözlü eynək); pl. gözlük; eynək; çeşmək; lornet; pensne

eyelash [aylaeş] s. kiprik

F

fable [feybl] s. təmsil

fabric [faebrik] s. parça; qumaş

face [feys] s. üz; sifət; sima; v. qarşılaşmaq (çətinliklərlə); qarşı gəlmək

fact [faekt] s. həqiqət; fakt

faculty [faekelti] s. qabiliyyət; iste'dad; fakültə

fade [feyd] v. solmaq; rəngi qaçmaq

fail [feyl] v. müvəffəq olmamaq; kəsilmək (imtahanda); kəsmək (imtahanda); zay olmaq (məhsul); zəifləmək

failure [feylyer] s. müvəffəqiyyətsizlik; uğursuzluq; iflas; uğursuz adam

faint [feynt] adj. zəif; s. ürəyi getmə; v. huşunu itirmək; ürəyi getmək; zəifləşmək

fair [feer] adj. ədalətli; vicdanlı; insaflı; təmiz; sarışın; ağbəniz; adv. vicdanla; düzgün; s. yarmarka; bazar

fairy [feeri] s. pəri; cadugər; sehrbaz qadın; adj. sehrli; füsunkar; əfsanəvi

faith [feyš] s. inam; e'timad; e'tiqad

faithful [feyšful] adj. vəfalı; sadiq

fake [feyk] v. saxtalaşdırmaq; dələduzluq etmək; s. saxtakarlıq; qəlb; saxta; kələkbazlıq

falcon [fo:lken] s. şahin; qızılquş; tərlan

fall [fo:l] s. yıxılma; enmə; düşmə; aşağı salma; tökülmə (saç); yağma (qar, yağış); amer. payız; v. (fell; fallen) düşmək; yıxılmaq; alçalmaq; tökülmək; məğlub olmaq (döyüşdə); düşmək (axşam)

false [fo:ls] adj. saxta; sün'i; yalan; səhv; yanlış; düzgün olmayan

fame [feym] s. şöhrət; məşhurluq

familiar [femilyer] adj. adi; yaxın; mərhəm; hamıya mə'lum; təklifsiz

family [faemili] s. ailə; soy; nəsil

famine [faemin] s. aclıq; qıtlıq; sıxıntı

famous [feymes] adj. məşhur; tanınmış

fan [faen] v. sovurmaq; yelləmək;

üfürmək; yelpikləmək; s. yelpik; ventilyator; azarkeş; pərəstişkar

fancy [faensi] s. xəyal; fantaziya; təxəyyül; həvəs; adj. qəribə; maskarad; son moda ilə tikilmiş; v. xəyalına gətirmək; təsəvvür etmək; bəyənmək

fantastic [faentaestik] adj. xəyali; əcaib; qəribə; fantastik; ə'la; çox gözəl

fantasy [fəntesi] s. xəyal; fantaziya; xülya; illüziya; şıltaq; naz

far [fa:r] adj. uzaq; adv. uzaqda

fare [feer] s. yol pulu; minikdə getmə haqqı (avtobusda və s.); sərnişin; v. olmaq; getmək (miniklə); qidalanmaq

farm [fa:m] s. təsərrüfat; ferma; v. kənd təsərrüfatı ilə məşğul olmaq

farmer [fa:mer] s. fermer

fascinate [fəsineyt] v. heyran etmək; məftun etmək

fashion [fəşin] s. moda; dəb; biçim; tərz; şəkil

fashionable [fəşnaebl] adj. dəbdə olan; modalı; şıq; kübar

fast [faest] s. oruc; pəhriz; v. oruc tutmaq; pəhriz etmək; adj. cəld; sür'ətli; tez; möhkəm; davamlı; dərin (yuxu); adv. bərk-bərk; möhkəm; iti; yeyin; dərhal; sür'ətlə

fasten [faesn] v. bağlamaq; ilişdirmək; bənd etmək; bərkitmək

fat [fət] s. piy; yağ; adj. yağlı; piyli; kök; tosqun

fate [feyt] s. tale; aqibət; qismət

father [fa:žer] s. ata

father-in-law [fa:žerinlo:] s. qayınata

fatigue [faeti:g] s. yorğunluq; v. yormaq; yorulmaq; əldən salmaq; əldən düşmək

fault [fo:lt] s. günah; xəta; qəbahət; təqsir; nöqsan; qüsur

favour [feyver] s. lütf; xidmət; kömək; minnət; v. xeyirxahlıq göstərmək; kömək

etmək; şərait yaratmaq; himayə etmək
favourite [feyverit]s. istəkli; sevimli;
oynaş; favorit; adj. ən çox bəyənilən; ən
sevilən; ən sevimli
fear [fier]s. qorxu; v. qorxmaq
feast [fi:st]s. ziyafət; şənlik; v. bayram
etmək; qonaqlıq etmək; keyf etmək; zövq
almaq; ləzzət almaq
feather [fežer]s. quş tükü; v.
tüklənmək; tüklə bəzəmək
feature [fi:çer]s. əlamət; xüsusiyyət;
pl. üzün cizgiləri; v. göstərmək; təsvir
etmək
February [februeri]s. fevral
fee [fi:]s. ödəmə; vermə; muzd; haqq;
pul; üzvlük haqqı; qonorar
feed [fi:d]s. yedirtmə; bəsləmə; yemək;
yem; v. (fed; fed) yedirtmək; bəsləmək;
yemək; otlamaq; otarmaq
feel, felt, felt [fi:l; felt; felt]v.
hiss etmək; duymaq; yoxlamaq (əl ilə)
feeling [fi:liŋ]s. hissiyyat; duyğu;
hiss; adj. həssas; tez mütəəssir olan;
dərindən hiss edilmiş; həyəcanlı
feet [fi:t]s. pl. ayaqlar
female [fi:meyl]s. dişi; arvad; adj.
qadın cinsinə aid
feminine [feminin]adj. qad ın; qadın
kimi; incə; zərif; arvadsifət; arvadaoxşar
fence [fens]s. çəpər; hasar;
qılıncbazlıq; v. çəpərləmək; hasarlamaq;
qılıncbazlıq etmək
ferry [feri]v. çaydan keçirmək (bərə
ilə); s. bərə
fertile [fe:rtayl]adj. bərəkətli; münbit;
bəhrəli
fertilize [fe:rtilayz]v. məhsuldar
etmək; münbitləşdirmək; bərəkətli hala
gətirmək; gübrə vermək
festival [festivel]s. şənlik; bayram;
festival
festive [festiv]adj. bayram;
bayramlıq; bayramsayağı; şən

fetch [feç]v. gedib gətirmək; kimin ə
dalınca getmək
fever [fi:ver]s. qızdırma; hərarət
few [fyu:]adj. bir para; bə'zi; bir az; bir
qədər; az; azacıq; bir neçə
fiance [fia:nse]s. nişanl ı; adaxl ı
(oğlan)
fiancee [fia:nse]s. nişanl ı (qız)
fiber [fayber]s. lif; tel
fickle [fikl]adj. dəyişkən; s əbatsız;
tez-tez dəyişən; e'tibarsız
fiction [fikşin]s. hekayə; roman; nəsr
ədəbiyyatı
fidelity [fideliti]s. vəfa; s ədaqət;
sadiqlik
field [fi:ld]s. tarla; çöl; sahə;
meydança (idman); geol. yatağ
fierce [fiers]adj. vəhşi; azğın;
şiddətli
fifteen [fifti:n]num. on beş
fifty [fifti]num. əlli
fight [fayt]s. dava; döyüş; vuruşma;
savaşma; mübarizə; v. döyüşmək;
vuruşmaq; dava etmək
figure [figer]s. fiqura; əndam; boy-
buxun; şəxsiyyət; rəqəm; v. təsəvvür
etmək; xəyalında canlandırmaq
file I [fayl]s. əyə; suvand; v.
mişarlamaq; cilalamaq
file II [fayl]s. qovluq; iş; v.
qeydiyyatdan keçirmək (sənədləri)
file III [fayl]s. cərgə; s ıra
fill [fil]v. doldurmaq; dolmaq; s.
toxluq; köklük
filthy [filši]adj. murdar; iyrənc;
mənfur; ədəbsiz; pozğun; əxlaqsız
final [faynl]adj. son; sonuncu;
axırıncı; s. son; final oyunu
find [faynd]v. (found; found) tapmaq;
kəşf etmək; hesab etmək; rast gəlmək
fine I [fayn]adj. gözəl; incə; zərif;
xoş; adv. ə'la; çox yaxşı; çox gözəl
fine II [fayn]s. pul cəriməsi; v.

cərimə etmək
finger [finger] s. barmaq (əldə); v. əl
vurmaq; əl dəymək
finish [finiş] s. son; nəhayət; finiş; v.
qurtarmaq; bitirmək; tamamlamaq
fire [fayer] s. od; alov
fireman [fayermen] s. yanğın
söndürən
firm I [fö:rm] s. firma
firm II [fö:rm] adv. möhkəm(cə);
mətanətlə; bərk; adj. bərk; möhkəm;
sarsılmaz; səbatlı; v. möhkəmləndirmək;
bərkitmək; sıxlaşmaq; bərkimək
first [fö:st] adj. birinci; adv. əvvəl;
əvvəlcə; əvvələn
fish [fiş] s. balıq; v. balıq tutmaq
fist [fist] s. yumruq; v. yumruq ilə
vurmaq
fit [fit] s. tutma; ürəkkeçmə; adj.
yararlı; münasib; layiqli; v. yaraşmaq;
uyğun gəlmək; uyğunlaşmaq
fitness [fitnis] s. yararlıq; uyğunluq
five [fayv] num. beş
fix [fiks] v. bərkitmək; bənd etmək;
tətbiq etmək; tə'yin etmək (vaxt, görüş);
(gözünü) tikmək; (diqqətini) yönəltmək;
tə'mir etmək; düzəltmək; s. dilemma;
ağır vəziyyət; yer
flag [flaeg] s. bayraq; v. bayraqlar ilə
siqnal vermək; bayraqlar ilə bəzəmək
flake [fleyk] s. pl. lopa; yumaq;
quşbaşı; v. lopa-lopa yağmaq (qar);
qabığı soyulmaq; laylara ayırmaq
flame [fleym] s. alov; v. alovlanmaq;
alışıb yanmaq
flash [fləş] s. parıltı; işıltı;
şimşək; v. parıldamaq; alışmaq; birdən
görünüb yox olmaq
flashlight [fləşlayt] s. elektrik əl
fənəri
flat I [flət] adj. düz; yastı;
darıxdırıcı; adv. yastısına; acıqcasına;
eyhamsız; s. düzlük; yastı səth;

düzənlik; v. hamar etmək; yastı olmaq
flat II [flət] s. mənzil
flatter [flaeter] v. yaltaqlanmaq; üzə
gülmək; zövq vermək
flavor [fleyver] s. dad; təm; ləzzət; v.
xörəyə dadverən şey qatmaq; ləzzətli
etmək; dada gətirmək; ləzzət vermək
flea [fli:] s. birə
flee [fli:] v. (fled; fled) qaçmaq;
qaçıb canını qurtarmaq
flesh [fleş] s. ət; bədən; cisim
flexible [fleksibl] adj. büküİə bilən;
qatlanan; elastik; yolayaxın; yolayovuq
flight [flayt] s. uçuş; uçma; uçub
keçmə; reys
flip [flip] v. çırtma vurmaq;
şıqqıldatmaq; çırpmaq; silkəmək; s.
çırtma; şıqqıltı
flirt [flö:rt] s. işvəkar; cilvəli; vurma;
çırpma; v. naz etmək; əzilib-büzülmək;
eşqbazlıq etmək; mazaqlaşmaq;
yelləmək
float [flout] v. üzmək; suyun üzünə
çıxmaq; suyun üzərində durmaq; s.
üzgəc; bərə
flood [flad] s. daşqın; su basma;
qabarma; artma (dəniz suyu); v. daşıb
basmaq; sel basmaq; daşmaq
floor [flo:r] s. döşəmə; mərtəbə; qat
florist [florist] s. çiçək satan;
çiçəkçilik mütəxəssisi; gülçü
flour [flauer] s. un; v. un səpmək;
üyütmək
flourish [flariş] s. çiçəklənmə;
tərəqqi; v. çiçəklənmək; tərəqqi etmək;
inkişaf etmək; əl-qol atmaq
flow [flou] s. axma; axın; cərəyan;
qabarma; v. axmaq; dalğalanmaq;
qabarmaq
flower [flauer] s. gül; çiçək; v. gül
açmaq; çiçəklənmək
flu [flu:] s. qrip
fluent [fluent] adj. səlis; axıcı (nitq)

fluid [flu:id] s. maye; adj. maye; duru; axıcı; tez-tez dəyişən

fly I [flay] s. milçək

fly II [flay] s. uçuş; v. (flew; flown) uçmaq; tələsmək; yellənmək

foam [foum] s. köpük; v. köpüklənmək

focus [foukes] s. phys. fokus; mənbə; mərkəz; v. fokusa yığmaq; fokusu tapmaq; toplamaq; cəmləşdirmək (fikrini)

fog [fog] s. qatı duman; v. dumanlandırmaq; bürünmək

foggy [fogi] adj. dumanlı

foil [foyl] s. folqa; zərvərəq; fon; təzad

fold [fould] s. qat; v. qatlamaq; bükmək; çarpazlaşdırmaq (qolları)

folk [fouk] s. camaat; xalq; pl. col. qohum-əqraba; adj. xalq

folklore [fouklo:r] s. folklor; şifahi ədəbiyyat

follow [folou] v. izləmək; arxasınca getmək; riayət etmək; başa düşmək; qavramaq

fond [fond] adj. şəfqətli; incəqəlbli; oxşayıcı; sevən; hər kəsə inanan

food [fu:d] s. qida; yemək; ərzaq; qida məhsulları

fool [fu:l] s. axmaq; v. zarafat etmək; aldatmaq; gic yerinə qoymaq

foot [fut] s. ayaq; ayağın altı; pəncə; yeriş; fut (30,479 cm-ə bərabər uzunluq ölçüsü); v. piyada/ayaqla getmək

footstep [futstep] s. ayaq izi; ayaq səsi

for [fo:r] prep. üçün; görə; müddətində; tərəfində; məqsədlə; conj. belə ki; çünki

forbid [forbid] v. (forbade; forbidden) qadağan etmək; qoymamaq

force [fo:rs] s. qüvvə; güc; v. məcbur etmək; sındırmaq

forecast [fo:ka:st] s. qabaqcadan demə; gələcəyi xəbər vermə; proqnoz; v. gələcəyi görmək; gələcəyi qabaqcadan bildirmək

forehead [forid] s. alın

foreign [forin] adj. xarici

foreigner [foriner] s. əcnəbi

forest [forist] s. meşə

forever [forever] adv. həmişəlik; ömürlük

foreword [fo:rwe:d] s. ön söz; müqəddimə

forge [fo:rc] s. dəmirçixana; v. döymək (dəmiri); saxtalaşdırmaq; saxtasını düzəltmək

forgery [fo:rceri] s. saxtakarlıq; saxta (şey, pul və s.)

forget [foget] v. (forgot; forgotten) unutmaq; yadından çıxmaq

forgive [fogiv] v. (forgave; forgiven) bağışlamaq (səhvini, günahını); əfv etmək

fork [fo:rk] s. çəngəl; yaba; şana; v. şaxələnmək

form [fo:rm] s. forma; şəkil; anket; blank; sinif (məktəbdə); v. şəkilə salmaq; qurmaq; düzəltmək; şəklini almaq (bir şeyin)

formal [fo:mal] adj. rəsmi; formal

former [fo:rmer] s. tərtibçi; müəllif; düzəldən; qatar tərtibatçısı; adj. əvvəlki; sabiq; keçmiş

fort [fo:rt] s. (hərbi) istehkam; qalaça

forth [fo:rš] adv. irəli

fortify [fo:rtifay] s. möhkəmlətmək; istehkam xətti düzəltmək

fortress [fo:rtris] s. qala

fortunate [fo:rçnit] adj. xoşbəxt; bəxti gətirmiş

fortunately [fo:rçnitli] adv. xoşbəxtlikdən

fortune [fo:rçen] s. bəxt; xoş təsadüf; tale

forty [fo:rti] num. qırx

forward [fo:ward] adj. qabaq; ön; irəlidə gedən; qabaqcıl; adv. irəli; irəliyə doğru; v. tezləşdirmək; göndərmək; yollamaq; s. hücumçu (futbolda)

foul [faul] adj. çirk; kirli; iyrənc; vicdansız; adv. şərəfsizcəsinə; v. çirklətmək; kirlətmək; zibillənmək

foundation [faundeyşin] s. bünövrə; əsas; təməl; quruluş

fountain [fauntin] s. fontan; çeşmə; fəvvarə

four [fo:r] num. dörd

fourteen [fo:rti:n] num. on dörd

fox [foks] s. tülkü; v. hiyləgərlik etmək

fragile [fraecayl] adj. tez sınan; kövrək; nazik

fragment [fraegment] s. kiçik parça (sınığın); qəlpə; hissə (əsərin)

fragrance [freygrens] s. ətir; rayihə

frail [freyl] adj. zəif; cansız; kövrək

frame [freym] s. çərçivə; v. çərçivəyə salmaq; müəyyən şəklə salmaq

frank [fraenk] adj. səmimi; açıq sözlü

fraud [fro:d] s. hiylə; yalan; hiyləgər; yalançı

freak [fri:k] s. şıltaq; naz; qəribəlik; adj. qəribə; inad; qeyri-adi

freckle [frekl] s. çil

free [fri:] adj. sərbəst; azad; boş; pulsuz; havayı; v. azad etmək

freedom [fri:dem] s. azadlıq

freeze [fri:z] v. (froze; frozen) donmaq; dondurmaq

frequent [fri:kwent] adj. tez-tez; v. tez-tez getmək (bir yerə)

fresh [freş] adj. təzə; tər

Friday [fraydi] s. cümə günü

friend [frend] s. dost; yoldaş

friendly [frendli] adj. dostcasına

friendship [frendşip] s. dostluq

frighten [fraytn] v. qorxutmaq; hürkütmək

frog [frog] s. qurbağa

from [from] prep. -dən; -dan; -dən e'tibarən; -dən bəri

frost [frost] s. şaxta; ayaz

frown [fraun] v. qaşqabağını sallamaq; s. qaşqabaq

fruit [fru:t] s. meyvə; bəhər; səmərə

frustrate [frastreyt] v. pozmaq (planı); dağıtmaq

fry [fray] v. tavada qızartmaq; qızarmaq

frying-pan [frayinpən] s. tava

fuel [fyuel] s. yanacaq

fulfill [fulfil] v. yerinə yetirmək; ifa etmək; icra etmək

full [ful] adj. dolu; dolğun; tam; bütün

fun [fan] s. zarafat; əyləncə; şənlik

function [fankşin] v. iş görmək; işləmək; s. vəzifə; mərasim

fund [fand] s. fond; ehtiyat; vəsait

funeral [fyu:nerel] s. dəfn mərasimi; dəfn etmə

funny [fani] adj. məzəli; gülməli; qəribə

fur [fö:r] s. xəz; kürk

furious [fyueryes] adj. qəzəbli; qəzəblənmiş; azğın

furnish [fö:rniş] v. təchiz etmək; döşəmək; bəzəmək (otağı); mebel düzmək

furniture [fö:rniçer] s. avadanlıq; mebel

further [fö:žer] adv. daha; daha çox; adj. daha uzaq; növbəti; v. imkan yaratmaq; kömək etmək

fuse [fyu:z] v. həll olmaq (məhlulda); ərimək; əritmək (metal); yanmaq

fuss [fas] v. narahat olmaq; vurnuxmaq; hay-küy salmaq; s. lazımsız narahatlıq; səbəbsiz tələsmə; tələş; vurnuxma

fussy [fasi] adj. daim vurnuxan; daim tələşdə olan; əsəbi

futile [fyu:tayl] adj. əhəmiyyətsiz; bihudə; boş-boşuna

future [fyu:çer] s. gələcək; adj. gələcək; gələn

fuzzy [fazi] adj. xovlu; yumşaq tüklü

G

gain [geyn] s. qazanc; nailiyyət; v. əldə etmək; nail olmaq; udmaq; kökəlmək
gall [go:l] s. öd; səfra; öd kisəsi; ətiacılıq; acıq; hirs
gallery [gaeleri] s. qalereya; üstü bağlı eyvan
gallon [gaelen] s. qallon (4,54 litr)
gallows [gaelouz] s. *pl.* dar ağacı
gamble [gəmbl] v. qumar oynamaq
gambler [gəmbler] s. qumarbaz
game [geym] s. oyun; partiya (idmanda)
gang [gaeng] s. briqada, dəstə; partiya; artel; quldurlar dəstəsi; banda
gangster [gaenster] s. quldur; qanqster
gap [gəp] s. boşluq; yarıq; dəlik; ara; fasilə; əskiklik; çatışmazlıq
garage [gaera:j] s. qaraj; v. qaraja salmaq; qaraja qoymaq
garbage [ga:rbic] s. zibil; tullantı
garden [ga:rdn] s. bağ; bağça
gardener [ga:rdner] s. bağban
garlic [ga:rlik] s. sarımsaq
gas [gəs] s. qaz; *amer.* yanacaq; benzin
gate [geyt] s. darvaza; qapı
gather [gaežer] v. toplamaq; toplaşmaq; bir yerə yığılmaq
gay [gey] adj. şən; şux (rəng)
gaze [geyz] s. zillənmiş baxış; v. diqqətlə baxmaq; dörd gözlə baxmaq
gear [gier] v. işə salmaq (motoru); s. mexanizm; ləvazimat; *tech.* dişli çarx
gem [cem] s. qiymətli daş
general [cenerel] adj. ümumi; adi; baş; s. general
generation [cenereyşin] s. nəsil
generous [ceneres] adj. alicənab; əliaçıq; səxavətli
genius [ci:nyes] s. dahi
gentle [centl] adj. mehriban; mülayim; xəfif
gentleman [centlmen] s. centlmen

(alicənab adam; tərbiyəli adam); cənab
genuine [cenyuin] adj. həqiqi; əsl; səmimi
germ [cö:rm] s. rüşeym; döl; mikrob
gesture [cesçer] s. işarə; hərəkət
get [get] v. almaq; tapmaq; əldə etmək; qazanmaq; tutulmaq (xəstəliyə); ələ keçirmək; nail olmaq; olmaq; çatmaq
get out [getaut] v. çölə çıxmaq; bayıra çıxmaq
get up [getap] v. ayağa qalxmaq; yataqdan qalxmaq
ghost [goust] s. kabus; xəyal; qarabasma; cin
giant [cayent] s. div; giqant; nəhəng
gift [gift] s. hədiyyə; bəxşiş; allah vergisi
gigantic [caygaentik] adj. nəhəng; çox böyük
giggle [gigl] s. bığaltı gülmə; hırtıldama; hırıltı; v. istehza ilə gülmək; irişmək; bığaltı gülmək
ginger [cincer] s. zəncəfil
Gipsy [cipsi] s. qaraçı
girl [gö:rl] s. qız
girl-friend [gö:rlfrend] s. qız dostu (oğlanın)
give [giv] v. (gave; given) vermək; bağışlamaq; ödəmək
give in [givin] v. güzəştə getmək; razılaşmaq
give up [givap] v. tərgitmək; əl çəkmək
glad [glәd] adj. şad; məmnun
glamorous [glәmores] adj. parlaq; cazibəli
glance [gla: ns] v. baxmaq (bir anlığa); nəzər salmaq; s. baxış; ani baxış
gland [glәnd] s. vəzi
glass [gla:s] s. şüşə; stəkan; qədəh;

güzgü

glasses [gla:sis] s. *pl.* gözlük; eynək

glimpse [glimps] s. ötəri nəzər; v. bir anlıq görünmək; ötəri görmək

glitter [gliter] v. parıldamaq; işıq saçmaq; s. parıltı; işıltı

globe [gloub] s. yer kürəsi; dünya; qlobus

gloomy [glu:mi] adj. qaşqabaqlı; kədərli; məhzun; bikef

glorious [glo:ryes] adj. şanlı; şöhrətli; parlaq; dəbdəbəli

glossary [gloseri] s. sözlük; lüğət

glow [glou] v. yanmaq; parlamaq; işıq və hərarət saçmaq; s. parıltı; hərarət; şəfəq; qızartı (üfüqdə)

glue [glu:] s. yapışqan; v. yapışdırmaq

gnome [noum] s. cin; cırtdan

go [gou] v. (went; gone) getmək; yola duşmək

go on [gouon] v. davam etmək; uzanmaq; sürmək

go out [goaut] v. çölə çıxmaq; bayıra çıxmaq

goal [goul] s. hədəf; qol (idman)

god [gad] s. allah; tanrı

gold [gould] s. qızıl; adj. qızıl; qızıllı; qızıl rəngli

golden [gouldn] adj. qızıldan qayrılmış

good [gud] adj. yaxşı; keyfiyyətli; faydalı; yararlı; lütfkar; s. yaxşılıq; xeyirxahlıq; xeyir; fayda; mənfəət; **better** daha yaxşı; **best** ən yaxşı

good-bye [gudbay] int. xudahafiz

goose [gu:s] s. (*pl.* geese) qaz (quş)

gorgeous [go:rces] adj. çox gözəl; parlaq; dəbdəbəli; təntənəli

gossip [gosip] s. dedi-qodu; şayiə; boşboğazlıq; xəbərçi; boşboğaz; v. boşboğazlıq etmək; xəbərçilik etmək

govern [gavern] v. idarə etmək;

hökmranlıq etmək

government [gavernment] s. hökumət

gown [gaun] s. xalat; gecə köynəyi

grace [greys] s. zəriflik; incəlik

grade [greyd] s. dərəcə; mərtəbə; sinif (məktəbdə); qiymət; keyfiyyət; növ; v. növlərə/çeşidlərə ayırmaq

gradual [graedyuel] adj. tədrici

graduate [graedyueyt] v. ali məktəbi bitirmək; mə'zun olmaq; s. mə'zun

grain [greyn] s. toxum; dən; dənəcik

grand [graend] adj. böyük; möhtəşəm; əzəmətli; heybətli; əhəmiyyətli

grandchild [graençayld] s. nəvə

granddaughter [graendo:ter] s. nəvə (qız)

grandfather [graenfa:žer] s. baba

grandmother [graenmažer] s. nənə

grandson [graensan] s. nəvə (oğlan)

grant [gra:nt] v. qəbul etmək (xahişi); bağışlamaq; təltif etmək; s. dotasiya; maddi yardım; pul köməyi

grape [greyp] s. üzüm

grasp [gra:sp] v. tutmaq; yaxalamaq; qavramaq; mə'nasını tutmaq

grass [gra:s] s. ot; çəmən

grate [greyt] s. dəmir barmaqlıq; şəbəkə; v. cırıldamaq; qazımaq; sürtmək; ovmaq

grateful [greytful] adj. minnətdar

gratitude [graetityu:d] s. minnətdarlıq

grave [greyv] s. məzar; adj. ciddi; vacib

gray [grey] adj. boz; çal

grease [gri:s] s. yağ; piy

great [greyt] adj. böyük; şöhrətli; ulu; çox yaxşı

greedy [gri:di] adj. xəsis; acgöz

green [gri:n] adj. yaşıl; təcrübəsiz

greet [gri:t] v. salamlamaq; salam vermək

greeting [gri:tin] s. salamlaşma

grief [gri:f] s. kədər; qəm; dərd

grind [graynd] v. (ground; ground)

üyütmək; itiləmək
grip [grip] s. sıxma; tutma; yapışma; məngənə; v. tutmaq; sıxmaq
gross [grous] adj. qaba; kobud; topdan satılan
ground [graund] s. yer; torpaq; meydan; sahə; səbəb
group [gru:p] s. qrup; v. qrup halında toplanmaq
grow [grou] v. (grew; grown) boy atmaq; böyümək; yetişmək; yetişdirmək
grown-up [grounap] adj. yaşlı; böyük (adam)
grumble [grambl] v. mırıldanmaq; deyinmək; şikayət etmək
guarantee [gaerenti:] v. qarantiya vermək; zəmanət vermək
guard [ga:rd] v. qorumaq; keşiyində durmaq; s. mühafizə dəstəsi; mühafizəçi; qarovulçu; pl. qvardiya
guess [ges] v. tapmaq; bilmək; zənn etmək; s. zənn; güman; təxmin
guest [gest] s. qonaq
guide [gayd] s. bələdçi; qid; v. yol göstərmək; rəhbərlik etmək
guilt [gilt] s. günah; qəbahət; günahkarlıq
guilty [gilti] adj. günahkar
gum [gam] s. qatran; yapışqan
gun [gan] s. odlu silah; tüfəng; top; amer. tapança
guts [gats] s. pl. bağırsaqlar
gymnasium [cimneyzyem] s. idman zalı
gypsy [cipsi] s. qaraçı

H

habit [həbit] s. adət; vərdiş
hair [heer] s. saç; tük

hairdresser [heerdreser] s. qadın dəlləyi
hairy [heeri] adj. tüklü
half [ha:f] s. yarım; yarı
hall [ho:l] s. salon; zal; vestibül; geniş dəhliz
ham [haem] s. qaxac edilmiş donuz əti; donuz budu
hammer [haemer] s. çəkic; v. çəkicləmək; çəkiclə vurmaq
hand [hənd] s. əl; əqrəb (saatda); işçi; v. vermək; təqdim etmək
handbag [həndbəg] s. əl çantası; qadın çantası
handle [həndl] s. dəstək; v. tutmaq; əlinə götürmək; rəftar etmək
handsome [hənsem] adj. qəşəng; gözəl (kişi haqqında)
handy [həndi] adj. əlverişli; rahat (işlətmək üçün)
hang [həng] v. (hung; hung) asmaq; taxmaq
hangar [həngər] s. anqar (təyyarə və vertolyotları saxlamag üçün yer)
hangover [həngouver] s. amer. keçmişin qalığı; col. xumarlıq
happen [həpen] v. baş vermək; olmaq (hadisə); rast gəlmək (təsadüfən)
happiness [həpinis] s. səadət; xoşbəxtlik
happy [həpi] adj. xoşbəxt; bəxtiyar
harass [haeres] s. narahat etmək; incitmək
harbour [ha:rber] s. liman; v. gizlətmək (fikrini, nifrətini)
hard [ha:rd] adj. bərk; sərt; ağır; çətin; adv. möhkəm; bərk; sə'ylə; inadla; çətinliklə
hardly [ha:rdli] adv. ... kimi; yenicə; güclə; çətinliklə; çətin ki
hare [heer] s. dovşan
harm [ha:rm] s. zərər; yamanlıq; v. zərər

vermək; yamanlıq etmək
harmful [ha:rmful] adj. zərərli; ağrılı
harmless [ha:rmlis] adj. zərərsiz
harmonious [ha:rmounyes] adj.
harmonik; ahəngdar
harsh [ha:rş] adj. sərt; mərhəmətsiz;
kobud
harvest [ha:rvist] s. məhsul;
yığılmış taxıl; biçin; biçin vaxtı
hasty [heysti] adj. tələsik; hövsələsiz;
özündən çıxan
hat [hət] s. şlyapa
hate [heyt] v. nifrət etmək; kin bəsləmək
hatred [heytrid] s. nifrət; kin
haughty [ho:ti] adj. lovğa; təkəbbürlü
have [həv] v. (had; had) malik olmaq;
sahib olmaq
hawk [ho:k] s. qırğı
hay [hey] s. quru ot; saman
he [hi:] pron. o (kişi cinsi)
head [hed] s. baş; kəllə; qafa; başlıq;
sərlövhə; başçı
headache [hedeyk] s. baş ağrısı
heal [hi:l] v. şəfa vermək; sağaltmaq;
sağalmaq
healthy [helši] adj. sağlam
hear [hier] v. (heard; heard) eşitmək;
dinləmək; qulaq asmaq
heart [ha:rt] s. ürək; könül; qəlb
hearty [ha:rti] adj. səmimi
heat [hi:t] s. hərarət; istilik
heating [hi:ting] s. istilik; qızdırılma
heaven [hevn] s. səma; göy
heavy [hevi] adj. ağır; şiddətli
heel [hi:l] s. topuq; daban; çəkmə
dabanı
heir [eer] s. varis (kişi)
hell [hel] s. cəhənnəm
helmet [helmit] s. dəbilqə; dəmir papaq
help [help] v. kömək etmək; yardım
etmək; s. kömək; yardım; *amer.* xidmətçi
qadın
hem [hem] s. kənar; ətək; v. kənarını

qatlayıb tikmək
hen [hen] s. toyuq
her [hö:] pron. onun; onu; ona (qadın
cinsi)
herb [hö:rb] s. ot; bitki (dərman
bitkiləri)
herd [hö:rd] s. sürü
here [hier] adv. burada; buraya
hereditary [hirediteri] adj. irsi
heritage [heritic] s. miras; irs
hero [hierou] s. qəhrəman
hesitate [heziteyt] v. tərəddüd etmək
hide [hayd] v. (hid; hidden) gizlətmək;
gizlənmək; gizli saxlamaq; s. dəri
high [hay] adj. uca; yüksək; ə'la
high school [haysku:l] s. orta məktəb
hill [hil] s. təpə
him [him] pron. onu; ona (kişi cinsi
üçün)
hint [hint] s. eyham; kinayə; him; v.
eyhamla danışmaq; söz atmaq
hip [hip] s. omba; bud
hire [hayer] v. kirə etmək
his [hiz] pron. onun (kişi cinsi üçün)
history [histori] s. tarix
hive [hayv] s. arı təknəsi; arı pətəyi
hobby [hobi] s. həvəs; maraq; hobbi
hog [hog] s. axta donuz; ətlik üçün
saxlanan donuz
hold [hould] v. (held; held) tutmaq;
tərkibində olmaq; s. ambar (gəmidə)
hole [houl] s. dəlik; çuxur; yuva
holiday [holedi] s. bayram;
mə'zuniyyət; tə'til
hollow [holou] adj. içi boş; oyuq; v.
oymaq; s. boşluq; oyuq
home [houm] s. ev; ailə; ocaq; yurd; vətən
homeless [houmlis] adj. yurdsuz; evsiz
honest [onist] adj. vicdanlı; doğru;
dürüst; namuslu
honey [hani] s. bal
honeymoon [hanimu:n] s. evlənməyin ilk
ayı; bal ayı

honour [oner] s. şərəf; namus; hörmət; ehtiram; v. şərəfləndirmək; hörmət etmək

hood [hud] s. başlıq (paltarın yaxasına tikilən başlıq); motor qapağı

hoof [hu:f] s. dırnaq (heyvanlarda)

hook [huk] s. qırmaq; çəngəl; oraq; v. qırmaqla tutmaq; ilişdirmək; bağlamaq (paltarı)

hop [hop] s. mayaotu; mayaotu toxumu; atılma; sıçrayış; v. sıçramaq

hope [houp] s. ümid; v. ümid etmək

horizon [herayzn] s. üfüq

horn [ho:rn] s. buynuz; boru; şeypur; maşın siqnalı

horrible [horibl] adj. dəhşətli; qorxunc

horror [horer] s. dəhşət; qorxu; nifrət

horse [ho:rs] s. at

horseshoe [ho:rsşu] s. at nalı

hose [houz] s. şlanq

hostage [hostic] s. girov; girov saxlanan adam

hostess [houstis] s. ev sahibəsi

hostile [hostayl] adj. rəqib; düşmən; müxalif

hot [hot] adj. isti; hərarətli; qızğın

hotel [houtel] s. mehmanxana

hour [auer] s. saat; günün müəyyən vaxtı

house [haus] s. ev; palata; v. yerləşdirmək; yer vermək (yaşamaq üçün)

housewife [hauswayf] s. evdar qadın

how [hau] adv. necə; nə şəkildə

however [hauever] adv. bununla belə; amma

hug [hag] s. qucaqlama; tutuşma (güləşdə); v. bərk-bərk qucaqlamaq

huge [hyu:c] adj. çox böyük; nəhəng; zorba

hum [ham] s. vızıltı; uğultu; v. vızıldamaq; uğuldamaq

human [hyu:men] adj. bəşəri; insanlara xas olan

humane [hyu:meyn] adj. insani; insanpərvər; humanitar

humble [hambl] adj. itaətkar; başlaşağı; təvazökar; fağır; v. alçaltmaq; itaətə gətirmək

humiliate [hyumilieyt] v. alçaltmaq

humorous [hyu:mores] adj. yumoristik; gülməli; məzəli

humor [hyu:mer] s. yumor; əhval-ruhiyyə

hundred [handrid] num. yüz

hunger [hanger] s. aclıq

hungry [hangri] adj. ac

hunt [hant] s. ov; v. ova çıxmaq; ov etmək

hurricane [hariken] s. qasırğa

hurry [hari] v. tələsmək; tələsdirmək; s, tələsmə; tələsik iş

hurt [hö:rt] v. ağrıtmaq; zədələmək; yaralamaq; incitmək; könlünə dəymək

husband [hazbend] s. ər

hut [hat] s. koma; daxma

hymn [him] s. milli marş; himn (kilsə)

hypocrite [hipekrit] s. ikiüzlü adam; riyakar adam

hysterical [histerikel] adj. isterik; əsəbi

I

I [ay] pron. mən

ice [ays] s. buz

ice-cream [ayskri:m] s. dondurma

icicle [aysikl] s. sırsıra; buz salxımı

idea [aydia] s. fikir; təsəvvür; məqsəd; ideya

ideal [aydiel] adj. ideal; nümunəvi; ə'la

identical [aydentikel] adj. eyni; oxşar

idle [aydl] adj. avara; tənbəl; səmərəsiz;

boş; v. tənbəllik etmək; vaxtını boş
keçirmək; avaralıq etmək
if [if] conj. əgər
ignorant [ignerent] adj. cahil; avam;
xəbərsiz; xəbəri olmayan
ignore [igno:r] v. saymamaq; məhəl
qoymamaq; əhəmiyyət verməmək
ill [il] adj. xəstə; pis; yaman
illegal [ili:gel] adj. qeyri-qanuni; qeyri-
leqal
illness [ilnis] s. xəstəlik
illusion [ilu:jin] s. xəyal; aldanma;
illüziya
illustrate [ilestreyt] v. təsvir etmək;
anlatmaq; izah etmək
image [imic] s. şəkil; surət; obraz
imagine [iməcin] v. təs əvvür etmək;
xəyala gətirmək
imitate [imiteyt] v. yams ılamaq; təqlid
etmək; oxşarını düzəltmək
imitation [imiteyşin] s. yams ılama;
təqlid; imitasiya
immediately [imi:dyetli] adv. dərhal
immense [imens] adj. çox böyük;
əngin; ucsuz-bucaqsız
immigrant [imigrent] s. mühacir;
köçgün
immoral [imorel] adj. əxlaqsız; pozğun
immortal [imo:rtl] adj. ölməz; əbədi
impatient [impeyşent] adj. s əbirsiz
imperfect [impö:fikt] adj. kəsirli;
əskik; qeyri-kamil; tamamlanmamış
impersonal [impö:rsenl] adj. şəxssiz
implement [impliment] s. alət
imply [implay] v. güman etmək;
düşünmək; nəzərdə tutmaq; işarə etmək
impolite [impolayt] adj. nəzakətsiz
import [impo:rt] s. idxal; idxalat; v.
idxal etmək; kənardan gətirmək
important [impo:rtent] adj. mühüm;
əhəmiyyətli
impossible [imposibl] adj. imkans ız;
mümkün olmayan; qeyri-mümkün

impress [impres] v. tə'sir
bağışlamaq; tə'sir etmək; inandırmaq
impression [impreşin] s. tə'sir;
təəssürat
improve [impru:v] v. təkmilləşdirmək;
yaxşılaşmaq
improvement [impru:vment] s. tərəqqi;
təkmilləşmə
impulse [impals] s. təhrik; meyl; niyyət;
şiddətli arzu; impuls
in [in] prep. -də; -da; içində; içinə;
içəri; evdə; içəridə
inability [inebiliti] s. qabiliyyətsizlik;
gücsüzlük; acizlik
inch [inç] s. düym (2,5 santimetr)
incident [insident] s. hadis ə; təsadüf
include [inklu:d] v. içinə salmaq; daxil
etmək; ibarət olmaq
income [inkam] s. gəlir
incomplete [inkampli:t] adj. tam
olmayan; tamamlanmamış; qüsurlu
inconvenient [inkanvi:nyent] adj.
narahat
incorrect [inkorekt] adj. s əhv; düz
olmayan; nəzakətsiz
increase [inkri:s] v. artmaq; artırmaq;
çoxalmaq; çoxaltmaq; s. artma; böyümə;
artım
incredible [inkredebl] adj.
ağlasığmaz; mümkün olmayan;
həqiqətə oxşamayan
indecent [indi:sent] adj. ədəbsiz;
abırsız
indeed [indi:d] adv. həqiqətən;
doğrudan da
indefinite [indefinit] adj. qeyri-
müəyyən
independence [indipendens] s.
müstəqillik
independent [indipendent] adj.
müstəqil
Indian [indyen] adj. hindli; hind; hindi
indicate [indikeyt] v. göstərmək;

dəlalət etmək
indignant [indignent] adj. qəzəbli;
acıqlı; hiddətli; özündən çıxmış
indirect [indirekt] adj. qeyri-müəyyən;
birbaşa olmayan; *gram.* vasitəli
individual [individyuel] s. fərd; şəxs;
adj. fərdi; şəxsi; fərdiyyətçi; xüsusi
indoors [indo:rz] adv. evin içində;
evdə
indulge [indalc] v. göz yummaq; imkan
vermək (pis işə); qurşanmaq
industry [indastri] s. sənaye
inevitable [inevitebl] adj. labüd
infamous [infemes] adj. pis ad
çıxarmış; əxlaqı pozğun; rəzil;
namussuz
infant [infant] s. körpə; uşaq
inferior [infieryer] adj. aşağıda
olan (rütbədə); ikinci dərəcəli
(keyfiyyətdə); alt
infinite [infinit] adj. sonsuz;
hüdudsuz; hədsiz
inflate [infleyt] v. qazla doldurmaq;
şişirtmək
inflict [inflikt] v. (zərbə) vurmaq;
cəzalandırmaq; səbəb olmaq (kədərə,
ağrıya)
influence [influens] s. tə'sir; v. tə'sir
etmək
inform [info:rm] v. xəbər vermək;
mə'lumat vermək
ingenious [inci:nyes] adj. fərasətli;
hünərli; iti ağıllı; dir ibaş
ingredient [ingri:dyent] s. tərkib
hissəsi
inhale [inheyl] v. nəfəs çəkmək
inherit [inherit] v. irs ən almaq
initial [inişl] adj. ilkin; *pl.* ad və
familiyanın baş hərfləri
injure [incer] v. zədələmək; yaralamaq;
təhqir etmək; incitmək
injury [inceri] s. zərər; zədə; yara;
incimə; təhqir

inn [in] s. (kiçik) mehmanxana;
karvansara
inner [iner] adj. daxili; iç
innocent [inesnt] adj. günahs ız;
bakirə; pak
inquire [inkwayer] v. soruşmaq;
araşdırmaq
inquisitive [inkwizitiv] adj. hər
şeylə maraqlanan; çox sual verən
insane [inseyn] adj. ruhi xəstə; dəli;
qeyri-normal (psixi cəhətdən)
insect [insekt] s. cücü; həşərat
insecure [insikyuer] adj. e'tibars ız;
təhlükəli; xatalı
insert [insö:rt] v. qoymaq;
yerləşdirmək; daxil etmək; əlavə etmək;
dərc etmək (qəzetdə)
inside [insayd] s. iç; adv. içəri tərəfə;
daxilində; içəriyə
insist [insist] v. israr etmək; ayaq
dirəmək; inadla tələb eləmək
inspect [inspekt] v. təftiş etmək; *med.*
müayinə etmək
inspection [inspekşin] s. təftiş;
yoxlama
instant [instent] adj. an; ləhzə
instead [insted] adv. əvəzinə; yerinə
instinct [instinkt] s. instinkt
instruct [instrakt] v. öyrətmək;
tə'limat vermək
instrument [instrument] s. alət;
çalğı aləti; cihaz
insult [insalt] s. təhqir; v. təhqir etmək
insurance [inşurens] s. sığorta
intellect [intilekt] s. ağ ıl; idrak
intellectual [intilekçuel] adj. əqli;
zehni; s. ziyalı
intelligent [intelicent] adj. ağ ıllı;
gözüaçıq; fərasətli
intend [intend] v. niyyətində olmaq;
niyyət etmək; fikrində olmaq
intense [intens] adj. gərgin; kəskin;
intensiv

intention [intenşin] s. qəsd; niyyət; məqsəd
intentional [intenşenel] adj. qəsdən; bilə-bilə
interest [intrist] s. maraq; mənafe; v. maraqlandırmaq
interesting [intristing] adj. maraqlı
interfere [interfier] v. qar ışmaq (bir işə); müdaxilə etmək; mane olmaq
interior [intieryer] adj. daxili; iç; içəridəki
international [internaeşenl] adj. beynəlxalq; beynəlmiləl
interpret [inter:prit] v. şərh etmək; mə'nasını açmaq; şifahi tərcümə etmək
interrogate [interegeyt] v. soruşmaq; sorğu-sual etmək
interrupt [interapt] v. kəsmək; ara vermək; sözünü kəsmək
interval [intervel] s. fasilə; tənəffüs; antrakt; interval
intervene [intervi:n] v. araya girmək; qarışmaq
interview [intervyu:] s. müsahibə; söhbət; intervü; v. söhbət etmək; intervü almaq
intimate [intimit] adj. çox yax ın; məhrəm; intim
into [intu:] prep. -ə; -yə; içərisinə
intolerable [intolerebl] adj. dözülməz
intoxicate [intoksikeyt] v. s ərxoş etmək
intricate [intrikit] adj. dolaş ıq; çətin anlaşılan
intrigue [intri:g] s. intriqa; fitnə; fəsad; v. intriqa salmaq; fəsad törətmək; maraqlandırmaq
introduce [intredyu:s] v. müzakirəyə vermək (məsələni); təqdim etmək; tanış etmək
introduction [intredakşin] s. müqəddimə; giriş
intrude [intru:d] v. zorla girmək; soxulmaq; başını soxmaq (bir işə)
invade [inveyd] v. işğal etmək; istila etmək; bürümək (hiss; həyəcan)
invalid I [inveli:d] s. əlil; xəstə
invalid II [invəlid] adj. *law* e'tibarsız; qüvvəsini itirmiş
invasion [inveyjin] s. istila; işğal
invent [invent] v. ixtira etmək; uydurmaq
invention [invenşin] s. ixtira; uydurma
invest [invest] v. pul qoymaq (əmanət kassasına); pul buraxmaq (bir işə)
investigate [investigeyt] v. araşdırmaq; tədqiqat aparmaq
invitation [inviteyşin] s. də'vət
invite [invayt] v. də'vət etmək
involve [involv] v. cəlb etmək; daxil etmək; dolaşdırmaq
iron [ayren] s. dəmir; ütü; v. ütüləmək
ironic(al) [ayronik(el)] adj. istehzalı
irony [ayereni] s. istehza; ironiya
irrational [iraeşnel] adj. s əmərəsiz
irregular [iregyuler] adj. qaydas ız; qeyri-müntəzəm; *gram.* qaydasız (fe'l)
irrelevant [irelivent] adj. yersiz; lazımsız
irresponsible [irisponsibl] adj. məs'uliyyətsiz
irritate [iriteyt] v. hirsləndirmək; acıqlandırmaq; əsəbiləşdirmək
is [iz] v. be fe'linin indiki zamanda üçüncü şəxs tək forması
island [aylend] s. ada
issue [isyu:] s. nəşr; burax ılış; nəticə; v. nəşr etmək; çıxarmaq (qəzet, jurnal və s.)
it [it] pron. o, onu, ona; bu
itch [iç] s. qaş ınma; v. qaşınmaq
item [aytem] s. maddə; paraqraf; əşya (siyahıda)
its [its] pron. onunku

itself [itself]pron. özü
ivory [ayveri]s. fildişi

J

jacket [caekit]s. jaket; cild; üz
qabığı (kitabın)
jail [ceyl]s. həbsxana
jam I [caem]s. basırıq; hərəkətin
dayanması; maneə (küçə hərəkatında); v.
sıxmaq; sıxışdırmaq; radio verilişlərini
vurmaq
jam II [caem]s. mürəbbə; cem
janitor [caenitor]s. qapıçı
(mehmanxanada, restoranda); dalandar
January [caenyueri]s. yanvar
jar [ca:r]s. dolça; qab
jaw [co:]s. çənə
jealous [celes]adj. qısqanc
jelly [celi]s. jele
jeopardize [cepedayz]v. təhlükəyə
mə'ruz qoymaq; risk etmək
jet [cet]s. fəvvarə; fışqırtı (su, qaz,
hava); v. fışqırmaq
Jew [cu:]s. yəhudi
jewel [cu:el]s. qiymətli daş
job [cob]s. iş; vəzifə; xidmət
join [coyn]v. birləşdirmək; birləşmək;
qoşulmaq
joke [couk]s. zarafat; v. zarafat etmək
journal [cö:rnl]s. jurnal; məcmuə
journey [cö:rni]s. səyahət; səfər; v.
səyahət etmək
joy [coy]s. böyük şənlik; sevinc; fərəh
joyful [coyful]adj. şən
judge [cac]s. hakim; v. mühakimə
etmək; hökm vermək
judgment [cacment]s. hökm
jug [cag]s. bardaq; səhəng
juice [cu:s]s. meyvə şirəsi

juicy [cu:si]adj. şirəli; sulu
July [cu:lay]s. iyul
jump [camp]v. atlanmaq; sıçramaq;
hoppanmaq; s. atlanma; tullanma
jumper [camper]s. cemper; yun köynək
junction [cankşin]s. birləşmə;
dəmiryol qovşağı
June [cu:n]s. iyun
jungle [cangl]s. cəngəllik (meşə)
junior [cu:nyer]s. daha gənc; eyni
familiyalı iki nəfərdən kiçiyi
just [cast]adj. adil; insaflı; ədalətli;
adv. indicə; ancaq; sadəcə olaraq
justice [castis]s. ədalət
justify [castifay]v. haqq qazandırmaq

K

keen [ki:n]adj. kəskin; güclü; qeyrətli;
canlı; iti ağıllı
keep [ki:p]adj. saxlamaq; mühafizə
etmək; riayət etmək
kennel [kenl]s. it damı
kettle [ketl]s. çaydan
key [ki:]s. açar
kick [kik]s. təpik; v. şıllaq atmaq;
təpikləmək
kid [kid]s. çəpiş; oğlaq; keçi
balası; uşaq
kidnap [kidnaep]v. adam oğurlamaq
kidney [kidni]s. böyrək
kill [kil]v. öldürmək; kəsmək (mal,
heyvan)
kind [kaynd]adj. mehriban; istiqanlı;
lütfkar; s. növ; çeşid; cins
king [king]s. kral
kiss [kis]s. öpüş; v. öpmək;
öpüşmək
kitchen [kiçn]s. mətbəx
knee [ni:]s. diz

kneel [ni:l] v. diz çökmək
knife [nayf] s. bıçaq
knight [nayt] s. cəngavər
knit [nit] v. toxumaq; hörmək
knock [nok] s. taqqıltı; v. taqqıldatmaq; döymək (qapını)
knot [not] s. düyün; v. düyünləmək
know [nou] v. (knew; known) bilmək; xəbəri olmaq; öyrənib bilmək; tanımaq
knowledge [nolic] s. bilik; xəbərdarlıq; xəbər

L

label [leybl] s. yarlıq; etiket; v. etiket/yarlıq yapışdırmaq
labor [leyber] s. əmək; zəhmət; iş; çalışma; v. işləmək; zəhmət çəkmək; çalışmaq; nail olmaq
laboratory [laeboreteri] s. laboratoriya
lace [leys] s. lent; qaytan; bağ; krujeva; bafta; v. qaytanla bağlamaq
lack [laek] s. yoxluq; əskiklik; çatışmamazlıq; v. ehtiyac hiss etmək; çatmamaq; kifayət etməmək
lad [ləd] s. oğlan; gənc; yeniyetmə
ladder [laeder] s. nərdivan; pilləkən (gəmiyə)
ladle [leydl] s. çalov; abgərdən; v. çıxartmaq (çalov ilə); çömçə ilə tökmək
lady [leydi] s. xanım; ledi
lake [leyk] s. göl
lamb [ləm] s. quzu; quzu əti
lame [leym] adj. axsaq; inandırıcı olmayan; əsassız
lamp [ləmp] s. lampa; fənər
land [lənd] s. yer; yer kürəsi; quru; ölkə; torpaq; v. sahilə çıxmaq (gəmidən); yerə enmək (təyyarə haqqında)

landlord [ləndlo:rd] s. sahib (evin, mehmanxananın)
landscape [lənskeyp] s. *geog.* landşaft
lane [leyn] s. kənd arası yol; ensiz yol; döngə
language [longwic] s. dil (nitq)
lantern [laentern] s. fənər
lap [ləp] s. ətək (paltarda); diz; v. yalayıb içmək (heyvanlara aid)
lard [la:rd] s. əridilmiş donuz piyi
large [la:rc] adj. yekə; böyük; iri
lark [la:rk] s. torağay
lash [ləş] s. şallaq; qamçı; v. qamçılamaq; vurmaq (çubuqla, qamçı ilə); iplə bağlamaq
last I [laest] adj. sonuncu; son; axırıncı; keçmiş; keçən
last II [last] v. davam etmək; uzanmaq; çəkmək (vaxt haqqında); kifayət etmək
late [leyt] adj. gecikmiş; son; adv. gec
lately [leytli] adv. bu yaxında; son günlərdə
latitude [lətityu:d] s. *geog.* en dairəsi
latter [laeter] adj. sonuncu (ad ı çəkilənlərdən)
laugh [laf] s. gülüş; v. gülmək
laughter [laefter] s. qəhqəhə
launch [lo:nç] v. uçurtmaq; buraxmaq (peyk və s.); gəmini suya salmaq
laundry [lo:ndri] s. camaş ırxana; paltar yuyulan yer; yuyulmuş pal-paltar
lavatory [laeveteri] s. ayaqyolu
law [lo:] s. qanun; hüquq
lawn [lo:n] s. çəmənlik; qazon; batist
lawyer [lo:yer] s. vəkil; hüquqşünas
lay [ley] v. (laid; laid) qoymaq; yerləşdirmək; örtmək; salmaq
lazy [leyzi] adj. tənbəl
lead I [li:d] s. qurğuşun
lead II [li:d] v. (led; led) aparmaq (istiqamətləndirmək); rəhbərlik etmək
leader [li:der] s. rəhbər; başçı;

komandir; lider; baş məqalə (qəzetdə)
leaf [li:f] s. (*pl.* leaves) yarpaq; səhifə
leak [li:k] s. axma; sızma; itgi; azalma
(axma nəticəsində); v. axıb getmək; axmaq
lean I [li:n] adj. arıq; nazik; cılız
lean II [li:n] v. (leaned; leant) əyilmək;
söykənmək
leap [li:p] v. (leapt; leapt) atılmaq;
tullanmaq; sıçramaq; bərk-bərk
döyünmək (ürək); s. sıçrayış; tullanma
learn [lö:rn] v. (learnt; learnt)
öyrənmək; xəbər bilmək; xəbər tutmaq
lease [li:s] s. icarə; kirayə; v. icarəyə
götürmək/vermək; kirayəyə
götürmək/vermək
least [li:st] adj. ən az; ən kiçik
leather [lejer] s. dəri
leave [li:v] v. (left; left) tərk etmək;
çıxıb getmək; atıb getmək; köçmək;
yola düşmək
lecture [lekçer] s. mühazirə; v.
mühazirə oxumaq
leech [li:ç] s. zəli
left [left] adj. sol; s, sol tərəf; adv. sola;
soldan
leg [leg] s. qıç
legal [li:gal] adj. hüquqi; qanuni;
qanuna uyğun
legend [lecend] s. əfsanə; kitabə
legible [lecebl] adj. aydın; dəqiq; asan
oxunan (xətt)
legislation [lecisleyşin] s.
qanunvericilik
legitimate [licitimit] adj. qanuni
leisure [lejer] s. boş vaxt; asudə vaxt
lemon [lemen] s. limon
lend [lend] v. (lent; lent) borc vermək
length [lenš] s. uzunluq
lens [lenz] s. linza; lupa; gözün billuru
leopard [leperd] s. bəbir
less [les] adj. daha az; nisbətən az
(kiçik); adv. az; nisbətən az
lesson [lesn] s. dərs; ibrət dərsi

let [let] v. (let; let) icazə vermək; yol
vermək (imkan mə'nasında); buraxmaq;
kirayə vermək
letter [leter] s. hərf; məktub
lettuce [letis] s. kahı
level [levl] s. səviyyə; adj. hamar; üfqi;
düz
liable [layebl] adj. mükəlləfiyyətli;
borclu; güman edilən
liar [layer] s. yalançı
libel [laybel] s. böhtan; iftira
(mətbuatda); v. iftira/böhtan dolu yazılar
çap etmək; həcv yazmaq
liberal [liberel] adj. bol; çox;
xeyirxah; azad fikirli; humanitar; liberal;
güzəştə gedən; s. liberal partiyasının
üzvü; liberal
liberate [libereyt] v. azad etmək;
azadlıqa çıxarmaq
liberty [liberti] s. azadlıq
library [laybreri] s. kitabxana
license(ce) [laysens] s. icazə; icazə
vəsiqəsi; lisenziya
lick [lik] v. yalamaq
lid [lid] s. qapaq; göz qapağı
lie I [lay] s. yalan; v. yalan danışmaq
lie II [lay] v. (lay; lain) uzanmaq;
olmaq; -dır; -dir
life [layf] s. (*pl.* lives) həyat;
yaşayış; həyat tərzi
lift [lift] s. qaldırma; lift; qaldırıcı
maşın; v. qaldırmaq
light [layt] s. işıq; gün işığı;
alov; yandırılmış kibrit (lampa, fənər);
adj. açıq rəngli; işıqlı; yüngül; asan;
v. (lit; lit) yandırmaq; yanmaq;
işıqlandırmaq; işıqlanmaq
lighthouse [laythaus] s. mayak
like I [layk] adj. oxşar; oxşayan;
bənzəyən; prep. belə; elə
like II [layk] v. sevmək; xoşu
gəlmək; istəmək
likely [laykli] adv. deyəsən; küman ki

lilac [laylek] s. yasəmən; adj. yasəmən rəngində

limb [lim] s. ətraflar (bədəndə)

lime I [laym] s. əhəng; v. ağartmaq (əhənglə)

lime II [laym] s. cökə ağacı

limit [limit] s. hədd; v. hədd qoymaq; məhdud etmək

limp [limp] s. axsaqlıq; axsama; v. axsamaq; çətinliklə yerimək

line [layn] s. xətt; cizgi; cızıq; hədd; rabitə xətti; sətir; cərgə; the Line ekvator; v. xətt çəkmək

linen [linin] s. kətan; parusin; giş; adj. kətan

linger [linger] v. yubanmaq; gecikmək; uzanmaq (vaxt haqqında); çox çəkmək

lining [layning] s. astar (paltarda)

link [link] s. əlaqə; rabitə; halqa (zəncirdə); pl. əlaqələr; tech. şarnir; həncama; v. əlaqələndirmək; bağlamaq

lion [layen] s. şir

lip [lip] s. dodaq

lipstick [lipstik] s. dodağa çəkilən rəng; pomada

liquid [likwid] s. maye; duru maddə; adj. duru; maye halında

list [list] s. siyahı

listen [lisen] v. qulaq asmaq; dinləmək

literal [literel] adj. hərfi

literary [litereri] adj. ədəbi

literature [litereçer] s. ədəbiyyat

litter [liter] s. xərək; mal-qaran ın altına salınan saman döşənəcək; zibil

little [litl] adj. balaca; kiçik; adv. az; bir az

live [liv] v. yaşamaq; mövcud olmaq

lively [layvli] adj. canlı; şən

liver [liver] s. qara ciyər

lizard [lizerd] s. kərtənkələ

load [loud] s. yük; ağırlıq; v. yükləmək (gəmini; qatarı); zəhmət vermək; əziyyət vermək; çətinə salmaq; doldurmaq (silahı; fotoaparatı)

loaf [louf] s. bulka; kömbə (çörək); v. avaralanmaq

loan [loun] s. istiqraz; borc; v. borc vermək (müvəqqəti istifadə üçün)

lobby [lobi] s. vestibül; geniş dəhliz; amer. lobbi (konqresin üzvlərini bu və ya başqa qərarı qəbul etməyə sövq edən xüsusi adamlar qrupu)

local [loukel] adj. yerli

lock [lok] s. kilid; qıfıl; cəftə; çaxmaq (tüfəngdə); şlüz; zülf; saç; bir çəngə (saç); v. kilidləmək; bağlamaq

loft [loft] s. çardaq; samanlıq

log [log] s. tir; kötük

logical [locikel] adj. məntiqi

lonely [lounli] adj. tənha; yalqız

long [long] adj. uzun; v. arzu etmək; can atmaq; darıxmaq; həsrətini çəkmək

longing [longing] s. böyük arzu; meyl; həvəs

look [luk] v. baxmaq; görünmək; baxmaq; çıxmaq (ev, otaq, pəncərə və s.); s. nəzər; baxış; mənzərə; görünüş

look for [lukfo:r] v. axtarmaq

loop [lu:p] s. ilgək; düyün; mayallaq (havada); v. düyün vurmaq

loose [lu:s] adj. boş; bərkidilməmiş; gen (paltar haqqında); v. boşaltmaq; zəiflətmək (gərqinliyi, nəzarəti); açıb buraxmaq (saçları)

lord [lo:rd] s. lord; the Lord Allah

lose [lu:z] v. (lost; lost) itirmək; məhrum olmaq; uduzmaq

loss [los] s. itgi; ziyan; zərər; pl. tələfat

lost [lost] adj. itmiş; məhv olmuş; itirilmiş; uduzulmuş; v. lose fe'linin keçmiş zamanı

lot [lot] s. püşk; qismət; pay; torpaq sahəsi

lottery [loteri] s. lotereya

loud [laud] adj. bərk; uca; gur (səs); haykülü; gurultulu

louse [laus] s. bit
love [lav] s. məhəbbət; sevgili
(müraciətdə); v. sevmək; istəmək
lovely [lavli] adj. qəşəng; cazibəli
lover [laver] s. aşiq; sevgili; mə'şuq;
mə'şuqə
low [lou] adj. alçaq (hündür olmayan);
zəif (səs, nəbz, və s.); alçaq (əsilnəcabətinə
görə); adv. aşağı; alçaqdan; yavaş-
yavaş; zəif
lower [louer] v. düşürtmək; endirmək
(qayığı, bayrağı, və s.); azaltmaq (səsi)
loyal [loyel] adj. sadiq; sədaqətli
luck [lak] s. tale; təsadüf; xoşbəxtlik;
müvəffəqiyyət
luckily [lakili] adv. xoşbəxtlikdən
lucky [laki] adj. uğurlu;
müvəffəqiyyətli; xoşbəxtlik gətirən
luggage [lagic] s. baqaj; yük
lumber [lamber] s. meşə materialları
lump [lamp] s. böyük tikə; kəsək
lunatic [lu:netik] s. dəli; adj. ağıllsız
lunch [lanç] s. lenç; nahar (günorta
yeməyi); yüngül qəlyanaltı; v. nahar
eləmək
lung [lang] s. ağ ciyər
lure [lyuer] s. şirnikləndirici şey;
cəzbedici şey; tələ yemi; v.
şirnikləndirmək; cəzb etmək; yoldan
çıxarmaq; tələyə salmaq
luxurious [lagzyueryes] adj. çox
gözəl; dəbdəbəli; cah-calallı; möhtəşəm
luxury [lakşeri] s. dəbdəbə; cah-calal;
zənginlik; zəngin həyat tərzi

M

machine [maeşi:n] s. maşın; dəzgah;
mexanizm
mad [məd] adj. dəli; ağılsız; çılqın;

quduz (heyvan)
madam [mədem] s. madam; xanım
(müraciət forması)
made [meyd] v. make fe'linin keçmiş
zamanı
magazine [məgezi:n] s. jurnal
magic [məcik] s. magiya; sehrbazlıq;
sehr; cadu; ovsun; adj. sehrli; tilsimli;
füsunkar; məftunedici; gözəl
magnet [məgnit] s. maqnit
magnificent [məgnifisnt] adj. əzəmətli;
calallı; möhtəşəm; təmtəraqlı; çox
gözəl
magnify [məgnifay] v. böyütmək;
şişirtmək
maid [meyd] s. qız; cavan qız;
qulluqçu (qadın)
mail [meyl] s. poçt; v. poçt ilə
göndərmək
main [meyn] adj. əsas; başlıca
mainly [meynli] adv. əsasən
maintain [menteyn] v. müdafiə etmək;
qoruyub saxlamaq; təsdiq etmək; davam
etdirmək
majestic [maecestik] adj. əzəmətli;
möhtəşəm; böyük
major [meycer] adj. daha vacib; əsas;
baş; major; şən; nəş'əli; s. mayor
majority [maecoriti] s. əksəriyyət;
həddibülüğ (21 yaş)
make [meyk] v. (made; made) etmək;
düzəltmək; məcbur etmək; elətdirmək
make-up [meykap] s. qrim; kosmetika
male [meyl] s. kişi; erkək
malice [məlis] s. acıq; kin; qəzəb; qərəz
malicious [maelişis] adj. acıqlı;
kinli; qəzəbli; qəsdən edilmiş; qərəzli
malignant [maelignent] adj. qəzəbli;
kinli; qəsd-qərəzli; bədxassəli
mammal [məml] adj. məməli (heyvan)
man [mən] s. (pl. men) adam; kişi
manage [maenic] v. idarə etmək;
rəhbərlik etmək; başçılıq etmək;

bacarmaq; öhdəsindən gəlmək
management [maenicment] s. idarə etmə
manager [maenicer] s. müdir
manifest [maenifest] adj. aşkar;
açıq; aydın; v. aşkar etmək; üzə
çıxartmaq; meydana çıxartmaq; s.
manifest; bəyanat
manipulate [maenipyuleyt] v.
manipulyasiya etmək; (əllə) idarə etmək
mankind [mənkaynd] s. bəşəriyyət;
bəşər övladları
manner [mənər] s. üsul; yol; üslub; tərz;
pl. davranış qaydaları; ədəb-ərkan
manual [mənyuel] s. soraq kitabçası;
dərslik; adj. əl; əl ilə düzələn
manufacture [mənyufaekçer] s.
istehsal
many [meni] adj. çox; bir çox
map [məp] s. xəritə; plan
maple [meypl] s. ağcaqayın
March [ma:rç] s. mart
march [ma:rç] s. nizamla yerimə; rəsm-
keçid; v. nizamla yerimək; addımlamaq
margin [ma:rcin] s. kənar; qıraq;
kitabın/əl yazmasının ağ kənarları;
ehtiyat (pul, vaxt və s.)
marine [maerin] adj. dəniz; gəmi; s.
donanma
mark [ma:rk] s. nişan; damğa; əlamət;
göstərici; işarə; hədəf; səviyyə; norma;
qiymət; iz; yer; v. qeyd etmək; nişan
qoymaq
market [ma:rkit] s. bazar; satış
marketing [ma:rkiting] s. ticarət;
ticarətin təşkili və idarə edilməsi
marriage [maeric] s. nikah; evlənmə;
ərə getmə
married [maerid] adj. evli (kişi); ərli
(arvad)
marry [maeri] v. evlənmək; ərə getmək
martial [ma:rşel] adj. hərbi; mübariz;
döyüşgən
marvellous [ma:rviles] adj. qəribə;

valehedici; heyrətləndirici
masculine [məskyulin] adj. kişi; gram.
kişi cinsi
mash [məş] s. püre; v. əzmək
mask [ma:sk] s. maska
mass [məs] s. kütlə (maddənin); yığın;
pl. xalq kütlələri; adj. kütləvi
massacre [maeseker] s. qırğın;
qılıncdan keçirmə
massage [maesa:j] s. masaj;
ovuşdurma; v. ovuşdurmaq; masaj
eləmək
massive [maesiv] adj. iri; ağır; əsaslı;
möhkəm; iri gövdəli
mast [ma:st] s. dor ağacı (gəmidə)
master [ma:ster] s. ağa; sahib; usta;
ustad; müəllim (məktəbdə); v. yiyələnmək
mat [mət] s. həsir; ayağaltı; payəndaz
match [məç] s. kibrit; tay; yarış;
oyun; nikah; v. bir-birinə yaraşmaq;
tutmaq; yaraşmaq (rəngdə)
mate [meyt] s. chess mat; yoldaş;
kapitanın köməkçisi (gəmidə)
material [mətieryal] adj. maddi; əsaslı;
əsas; s. mal; material; parça; arşınmalı
maternity [maetö:rniti] s. analıq
mathematics [məşimətiks] s.
riyaziyyat
matter [maeter] s. maddə; materiya;
məsələ; iş; v. mə'nası olmaq; əhəmiyyəti
olmaq
mattress [maetris] s. döşək
mature [maetyuer] adj. yetgin;
yetişmiş; vaxtı çatmış; v.
yetginləşmək; yetişmək
May [mey] s. may
may [mey] v. (might) imkanı olmaq;
eləyə bilmək
mayor [meer] s. mer; şəhər bələdiyyə
rəisi
me [mi:] pron. mənə; məni
meadow [medou] s. çəmən; biçənək
meal [mi:l] s. yemək; xörək

mean [mi:n] v. (meant; meant) nəzərdə tutmaq; istəmək; ifadə etmək; mə'nası olmaq; adj. alçaq; pis; xəsis; orta; ortabab; babat

meaning [mi:ning] s. mə'na

meaningless [mi:ninglis] adj. mə'nasız

meanwhile [mi:nwayl] adv. eyni vaxtda

measles [mi:zlz] s. qızılca

measure [mejer] s. hədd; əndaza; ölçü; me'yar; pl. ölçü (cəza); tədbir; v. ölçmək; ölçü götürmək

meat [mi:t] s. ət

mechanic [mikaenik] s. mexanik

medical [medikel] adj. tibbi

medicine [medisin] s. təbabət; dərman

meditate [mediteyt] v. fikirləşmək; ətraflı düşünmək; götür-qoy etmək

medium [mi:dyem] s. vasitə; həyat şəraiti; mühit; adj. orta; aralıq

meek [mi:k] adj. həlim; mülayim; yumşaq

meet [mi:t] v. (met; met) qarşılaşmaq; görüşmək; toplaşmaq; tanış olmaq

meeting [mi:ting] s. görüş; mitinq; yığıncaq; iclas

melancholy [melaenkeli] s. melanxoliya; qəmginlik

mellow [melou] adj. yetişmiş; şirəli; xoş təmli; yumşaq; məlahətli (səs); məhsuldar (torpaq)

melodious [mitoudyes] adj. ahəngli; melodik

melon [melen] s. qovun

melt [melt] v. ərimək; yumşalmaq

member [member] s. üzv

membership [memberşip] s. üzvlük

memorial [mimo:riel] s. memorial; abidə

memorize [memaerayz] v. xatirəni əbədiləşdirmək; əzbərləmək; yadda saxlamaq

memory [memaeri] s. yaddaş; xatirə

men [men] s. man sözünün cəmi

mend [mend] v. düzəltmək; tə'mir etmək; yamamaq; gözəmək

mental [mentl] adj. əqli; ruhi; fikirdə həll olunan

mention [menşin] v. xatırlamaq; adını çəkmək; s. istinad etmə; əsaslanma; yada salma

menu [menyu:] s. menyu

merciful [me:rsiful] adj. şəfqətli; rəhmdil

mercy [me:rsi] s. rəhmdillik; şəfqət; əfv etmə; günahından keçmə

mere [myer] adj. adi

merely [myerli] adv. yalnız; sadəcə olaraq

merit [merit] s. xidmət; ləyaqət; v. qazanmaq; layiq olmaq

merry [meri] adj. şən; şad; gülməli

mess [mes] s. qarışıqlıq; səliqəsizlik; dolaşıqlıq

message [mesic] s. xəbər; mə'lumat; məktub; tapşırıq

messenger [mesincer] s. xəbər (məktub) gətirən; xəbər (məktub) aparan; kuryer

metal [metl] s. metal

meteor [mi:tyer] s. meteor

meter [mi:ter] s. sayqac; ölçü cihazı; *amer.* metr

method [mešed] s. metod; üsul; sistem

middle [midl] s. orta; aralıq; adj. orta; ortabab

midnight [midnayt] s. gecə yarısı

might [mayt] v. may modal fe'linin keçmiş zamanı; s. qüdrət; güc

mighty [mayti] adj. qüdrətli; güclü

migrate [maygreyt] v. köçmək (başqa yerə); uçub getmək (köçəri quşlar haqqında)

mild [mayld] adj. yumşaq; mülayim (xasiyyət; iqlim və s.); yüngül (yemək); zəif (içgi)

mile [mayl] s. mil (uzunluq ölçüsü)

military [militeri] adj. hərbi

milk [milk] s. süd; v. süd sağmaq

mill [mil] s. zavod; fabrik; dəyirman
million [milyen] num. milyon
mince [mins] v. xırdalamaq;
döymək/çəkmək (əti); s. çəkilmiş ət
mind [maynd] s. ağıl; zəka; yaddaş;
xatirə; v. yadda saxlamaq; unutmamaq;
qayğısına qalmaq; məşğul olmaq;
ehtiyatlı olmaq; e'tiraz etmək
mine [mayn] pron. mənim; mənimki; s.
şaxta; mə'dən; mina; v. filiz (kömür)
çıxarmaq; minalamaq
miner [mayner] s. şaxtaçı; qazmaçı
mineral [minerel] s. mineral; faydalı
qazıntı
minister [minister] s. nazir; diplomatik
nümayəndə; keşiş; ruhani
ministry [ministri] s. nazirlik
minor [mayner] adj. ikinci dərəcəli;
kiçik (kiçiyi); *mus.* minor; s. yeniyetmə;
həddi-büluğa çatmamış adam
minority [maynoriti] s. azlıq
mint [mint] s. nanə; zərbxana; pul çap
edilən yer
minute [minit] s. dəqiqə; adj. çox
kiçik; cüz'i; ətraflı; bütün təfərrüatı ilə
miracle [mirekl] s. möcüzə; xariqə;
qəribə şey
mirage [mira:j] s. ilğım; xəyal
mirror [mirer] s. güzgü
mischief [misçif] s. zərər; zədə; bəla;
dərd; nadinclik; dəcəllik
mischievous [misçives] adj. qərəzli;
kinli; nadinc; şuluq; dəcəl
miser [mayzer] s. xəsis; simic (adam)
miserable [mizerebl] adj. yazıq;
zavallı; acınacaqlı; miskin; pis; yoxsul
misfortune [misfo:rçen] s. bədbəxtlik;
fəlakət
Miss [mis] s. miss (ərə getməmiş
qadının adının qabağında işlənir
miss [mis] v. düz vurmamaq; hədəfə
dəyməmək; ötürmək; əldən buraxmaq;
darıxmaq

missing [mising] adj. çat ışmayan;
gəlməyən; iştirak etməyən; itgin
düşmüş
mission [mişin] s. missiya;
nümayəndəlik; tapşırıq; e'zamiyyət; rol;
vəzifə
mistake [misteyk] s. səhv;
anlaşılmazlıq; v. (mistook; mistaken)
səhv etmək; səhv başa düşmək
Mister [mister] s. (Mr.) mister; cənab
(kişilərin adının qabağında işlədilir)
mistress [mistris] s. xanım; sahibə;
müəllimə; mə'şuqə; [misiz] s. (Mrs.)
missis; xanım (ərli qadınların adı
qarşısında işlədilir)
mistrust [mistrast] v. e'tibar etməmək;
şübhələnmək; s. inamsızlıq; şübhə
misunderstanding
[misande:rstaending] s. anlaşılmazlıq
mix [miks] v. qarışdırmaq;
qatışdırmaq; qarışmaq; qaynayıb-
qarışmaq; s. qatışıq; qarışıqlıq;
dolaşıqlıq
moan [moun] s. inilti; zar ıltı; fəryad; v.
inildəmək; zarımaq
mob [mob] s. izdiham; yığıncaq
mobile [moubayl] adj. mütəhərrik;
çevik; cəld; qıvraq
mock [mok] v. lağ etmək; ələ salmaq;
masqaraya qoymaq; rişxənd etmək
mockery [mokeri] s. iztehza; masqara;
rişxənd
model [modl] s. model; maket; ülgü;
nümunə; sistem; canlı model
(rəssamlıqda)
moderate [moderit] adj. mülayim;
təmkinli; aza qane olan
modern [modern] adj. müasir; yeni
modest [modist] adj. təvazökar; sadə
moist [moyst] adj. nəm; yaş; rütubətli
moisture [moysçer] s. rütubət; nəmlik
mole [moul] s. xal; köstəbək; kor siçan
moment [moument] s. an; dəqiqə;

moment
Monday [mandi]s. bazar ertəsi
money [mani]s. pul
monk [mank]s. rahib
monkey [manki]s. meymun
monopoly [maenopeli]s. monopoliya; inhisar
monotonous [maenotnes]adj. yeknəsək; darıxdırıcı
monster [monster]s. div; əjdaha; qəddar; yırtıcı
month [manš]s. ay (ilin ayları)
monument [monyument]s. abidə
mood [mu:d]s. əhval-ruhiyyə; hal; əhval; *gram.* fe'l forması
moon [mu:n]s. ay (göy cismi)
mop [mop]s. saç çəngəsi
moral [moral]adj. əxlaq; mə'nəvi; s. öyüd; nəsihət; əxlaqi nəticə; ibrət dərsi; *pl.* mə'nəviyyat; əxlaq
more [mo:r]adv. daha böyük; daha çox
morning [mo:rning]s. səhər
mortal [mo:rtl]adj. öldürücü; məhvedici; ölməyə məhkum; fani
mortality [mo:rtaeliti]s. ölüm; ölmək ehtimalı; ölüm təhlükəsi
mosquito [moski:tou]s. ağcaganad; mığmığa
moss [mos]s. mamır
most [moust]adj. ən çox; ən böyük; adv. ən
moth [moš]s. güvə; kəpənək
mother [mažer]s. ana
mother-in-law [mažerinlo:]s. qayınana
motion [mouşin]s. hərəkət; gediş; təklif (iclasda)
motive [moutiv]s. səbəb
motor [mouter]s. motor; mühərrik
mold [mould]s. kif; kif göbələyi; v. kif atmaq
mountain [mauntin]s. dağ
mourn [mo:rn]v. dərd eləmək; yas

tutmaq
mourning [mo:rning]s. yas; matəm
mouse [maus]s. siçan
moustache [mosta:ş]s. bığ
mouth [mauš]s. ağız (müxtəlif mə'nada); mənsəb (çayın ağzı)
move [mu:v]v. hərəkət etmək; hərəkət elətdirmək; yerindən tərpətmək; köçmək; tə'sir etmək; mütəəssir etmək; riqqətə gətirmək; s. gediş (oyunda); addım
movement [mu:vment]s. hərəkət; yerdəyişmə; hərəkat (ictimai)
movies [mu:viz]s. kino
mow [mou]v. biçmək (taxıl və s.)
much [maç]adv. çox; qat-qat
mud [mad]s. palçıq; zığ; çirk; zibil
muddy [madi]adj. palçıqlı; çirkli
multiply [maltiplay]v. artmaq; çoxalmaq; *math.* vurmaq
multitude [maltityu:d]s. çoxluq; böyük miqdar; kütlə (adamlar)
mumble [mambl]v. donquldanmaq; burnunun altında danışmaq; s. donqultu; mırtıldama
murder [mö:rder]s. öldürmə; öldürülmə; qətl; v. öldürmək
murderer [mö:rderer]s. qatil; adamöldürən
murmur [mö:rmer]s. şırıltı; xışıltı (yarpaqların); mırıltı; deyinmə; v. şırıldamaq; xışıldamaq; mırıldamaq; deyinmək
muscle [masl]s. əzələ; qüvvə
museum [myu:zyem]s. muzey
mushroom [maşrum]s. göbələk
music [myu:zik]s. musiqi; not; musiqi əsəri
musician [myu:zişen]s. musiqiçi; çalğıçı
Muslim [muslim]s. müsəlman
must [mast]v. modal fe'l: -malı (-məli); I must go mən getməliyəm
mute [myu:t]adj. lal; dinməz;

azdanışan
mutilate [myu:tileyt] v. şikəst eləmək;
korlamaq
mutiny [myu:tini] s. üsyan ; v. üsyan
etmək
mutter [mater] v. donquldanmaq;
deyinmək
my [may] pron. mənim
myself [mayself] pron. özüm; özümü;
özümə
mysterious [mistieryes] adj. sirli;
anlaşılmaz; müəmmalı
mystery [misteri] s. sirr
myth [miš] s. mif; əsatir; əfsanə

N

nail [neyl] s. dırnaq; caynaq; mıx;
mismar; v. mıxlamaq
naked [neykid] adj. çılpaq
name [neym] s. ad; familiya
nap [nəp] s. mürgü; v. mürgüləmək;
mürgü vurmaq
narrate [naereyt] v. danışmaq; nağıl
etmək
narrative [naeretiv] s. hekayə;
nağılletmə
narrow [naerou] adj. dar; ensiz
nasty [na:sti] adj. iyrənc; çirkin;
ürəkbulandırıcı; nalayiq; yaramaz
nation [neyşin] s. millət; xalq; ölkə
national [naeşenl] adj. milli; dövlət
nationality [naeşenaeliti] s.
milliyyət; xalq; millət
native [neytiv] adj. doğma; yerli; s.
yerli (adam)
natural [nəçrel] adj. təbii
naturally [nəçreli] adv. əlbəttə; təbii
nature [neyçer] s. təbiət; xasiyyət;
xarakter

naughty [no:ti] adj. şıltaq; nadinc;
ərköyün
naval [neyvel] adj. (hərbi-)dəniz
navy [neyvi] s. hərbi-dəniz donanması
near [nier] adj. yaxın; adv. yaxında;
yanında; təxminən; az qala
nearby [nierbay] adv. yaxınlıqda
neat [ni:t] adj. təmiz; səliqəli; dəqiq;
aydın; qarışıqsız (spirtli içkilər
haqqında)
necessary [nesiseri] adj. gərəkli;
lazımlı; labüd; zəruri; vacib
necessity [nisesiti] s. labüdlük;
zərurət; vaciblik; ehtiyac
neck [nek] s. boyun; boğaz
(şüşənin); yaxalıq
necklace [neklis] s. boyunbağı
need [ni:d] s. tələbat; ehtiyac;
çatışmazlıq; kasıblıq; v. ehtiyacı
olmaq; tələbi olmaq; lazımı olmaq
needle [ni:dl] s. iynə; mil (toxumaq
üçün); əqrəb (kompasda)
negative [negetiv] adj. mənfi; s.
neqativ (fotoda)
neglect [niglekt] v. e'tina etməmək;
saymamaq; xor baxmaq; laqeydlik
göstərmək; s. e'tinasızlıq; laqeydlik
negotiate [nigouşyeyt] v. danışıq
aparmaq; şərtləri müzakirə etmək
neighbor [neyber] s. qonşu
neither [ni:žer] pron. heç biri
(ikisindən); heç kəs
nephew [nevyu:] s. bacıoğlu;
qardaşoğlu
nerve [nö:rv] s. əsəb; sinir
nervous [nö:rves] adj. əsəbi; narahat
nest [nest] s. yuva; v. yuva qurmaq
net [net] s. tor; adj. xalis (çəki); netto
neutral [nyu:trel] adj. neytral; bitərəf
never [never] adv. heç vaxt
nevertheless [neveržiles] adv.
bununla belə; buna baxmayaraq
new [nyu:] adj. yeni; təzə

news [nyu:z] s. xəbərlər; xəbər
newspaper [nyu:speyper] s. qəzet
next [nekst] adj. sonraki; (sonra) gələn;
o biri; adv. bundan sonra; sonra; prep.
yanında; yaxınında
nice [nays] adj. yaxşı; xoşagələn;
xoş; məlahətli; qanışirin; ləzzətli
niece [ni:s] s. bacıqızı; qardaşqızı
night [nayt] s. gecə; axşam
night-gown [naytgaun] s. gecə köynəyi
nightmare [naytmeer] s. qarabasma;
vahimə; pis yuxu
nine [nayn] num. doqquz
nineteen [naynti:n] num. on doqquz
ninety [naynti] num. doxsan
no [nou] adv. xeyr; yox; yoxdur; daha ...
yox; pron. heç bir
noble [noubl] adj. mərd; alicənab; soylu;
əsilzadə (şəxs)
nobody [noubadi] pron. heç kəs
nod [nod] v. başı ilə salam vermək;
başı ilə razılıq bildirmək; başı ilə
işarə etmək
noise [noyz] s. səs-küy; hay-küy
noisy [noyzi] adj. səs-küylü
nominate [nomineyt] v. tə'yin etmək;
namizədliyi irəli sürmək
none [nan] pron. heç biri; heç kəs;
heç (yox)
nonsense [nonsens] s. boş söz;
cəfəngiyat; mə'nasız şey
noon [nu:n] s. günorta vaxtı
normal [no:rmal] adj. adi; normal
north [no:rš] s. şimal
nose [nouz] s. burun
not [not] adv. yox; heç; deyil
note [nout] s. qeyd; yazı; dip. nota; v.
qeyd etmək; yazmaq; fikirlərini yazmaq
notebook [noutbuk] s. qeyd dəftəri
nothing [našing] adv. heç nə
notice [noutis] s. bildiriş; bildiriş
vərəqəsi; xəbərdarlıq; müşahidə; kiçik
məqalə; e'lan

notion [noușin] s. təsəvvür; anlayış;
fikir; nöqteyi-nəzər
notorious [nouto:ryes] adj. mə'lum;
qatı; qəddar; adı çıxmış (pisliyə)
nourish [nariș] v. yedirtmək;
yemləmək; bəsləmək (ümid)
novel [novel] s. roman; novella
novelty [novelti] s. yenilik; təzəlik; yeni
(çıxmış); yeni növ mal
now [nau] adv. indi; hal-hazırda
nowhere [nouweer] adv. heç yerə; heç
yerdə
nude [nyu:d] adj. çılpaq; s. çılpaq
qadın fiquru (bədii təsvirdə)
nuisance [nyu:sns] s. pis hadisə; pis
xəbər; ovqattəlxlik; dilxorluq; zəhlətökən
(adam)
numb [nam] adj. lal olmuş; dili
tutulmuş; geyimiş; donub qalmış; mat
qalmış
number [namber] s. miqdar; say; nömrə;
v. nömrələmək; saymaq; sayca... təşkil
etmək
nurse [nö:rs] s. dayə; xəstəyə baxan
(qadın); v. dayəlik etmək; xəstəyə baxmaq
nut [nat] s. qoz
nutritious [nyutrișes] adj. qidalı

O

oak [ouk] s. palıd
oar [o:r] s. avar; v. avar çəkmək
oath [ouš] s. and; and içmə
obedient [obi:dyent] adj. sözəbaxan;
itaətkar; müti
obey [obey] v. sözə baxmaq; itaət etmək;
əmri yerinə yetirmək; tabe olmaq
object [obcikt] s. əşya; şey; obyekt
(müxtəlif mə'nada); məqsəd; gram.
tamamlıq; v. e'tiraz etmək

objection [abcekşin] s. e'tiraz
objective [obcektiv] s. məqsəd; *gram.*
vasitəli hal; adj. obyektiv
obligation [obligeyşin] s. öhdəlik;
təəhhüd; vəzifə; borc
obscure [obskyuer] adj. qeyri-mə'lum;
anlaşılmaz; tutqun; qaranlıq; sönük
observe [abzö:rv] v. müşahidə etmək;
nəzarət etmək; riayət etmək; əməl etmək;
oyrənmək (müşahidə etməklə)
obstacle [obstaekl] s. maneə; əngəl
obstinate [obstinit] v. adj. tərs; inadkar
obstruct [abstrakt] v. yolu kəsmək;
(yolda) maneə törətmək
obtain [obteyn] v. əldə etmək; (priz)
almaq; nail olmaq
obvious [obvyes] adj. açıq-aşkar;
aydın
occasion [aekeyjin] s. imkan;
münasibət; səbəb; əsas; təsadüf
occasional [aekeyjenl] adj. təsadüfi
occupation [okyupeyşin] s.
məşğuliyyət; peşə; işğal
occur [aekü:r] v. rast gəlmək (hadisə
haqqında); baş vermək; ağla gəlmək
ocean [ouşen] s. okean
October [oktouber] s. oktyabr
odd [od] adj. tək (rəqəm); qəribə; qeyri-
adi; təsadüfi
odor [ouder] s. ətir
of [ov] prep. ismin yiyəlik halını
yaratmaq üçün istifadə edilən söz önü
off [of] adv. uzaqlaşdırma mə'nasında:
I must be off   mən getməliyəm; məsafə
mə'nasında: **a long way off**   xeyli uzaq,
uzaqda; kəsilmək, dayandırmaq
mə'nasında: **break off the negotiation**
danışıqları kəsmək; söndürmək
mə'nasında: **switch off the light**   işığı
söndürmək; soyunmaq mə'nasında: **take
off your coat**   paltonuzu çıxardın
offend [ofend] v. incitmək; küsdürmək;

təhqir etmək; pozmaq (qanunu)
offensive [ofensiv] adj. təhqiramiz;
çox pis; çirkin; iyrənc; hücum xarakterli;
s. hücum
offer [ofer] s. təklif; v. təklif etmək
office [ofis] s. vəzifə; iş; kontor;
idarə; müəssisə; nazirlik
officer [ofiser] s. zabit; mə'mur;
hökümət qulluqçusu; vəzifəli şəxs
official [ofişel] adj. xidməti; rəsmi;
s. vəzifəli şəxs; məs'ul işçi
often [o:fn] adv. tez-tez; dəfələrlə
oil [oyl] s. yağ (bitki); neft; v.
yağlamaq
ointment [oyntment] s. məlhəm; sürtmə
dərmanı
O.K. [oukey] int. oldu!; yaxşı!
old [ould] adj. qoca; köhnə; köhnəlmiş
omit [oumit] v. buraxmaq; ötürmək
on [on] prep. üstünə; üstündə; üzərinə;
üzərində; -da; -də
once [wans] adv. bir dəfə; nə vaxtsa
one [wan] num. bir; tək
oneself [wanself] pron. özü; özünü;
özünə
onion [anyen] s. soğan
only [ounli] adj. yeganə; adv. yalnız;
təkcə
open [oupen] adj. açıq; v. açmaq;
açılmaq
opening [oupning] s. açıqlıq; dəlik;
başlanqıc; açılış (sərginin, iclasın);
adj. giriş (söz); ilk (gün)
opera [opera] s. opera
operate [opereyt] v. işləmək; hərəkət
etmək; idarə etmək; cərrahiyyə əməliyyatı
aparmaq
opinion [opinyen] s. rə'y; fikir
opportunity [opaertyu:niti] s. imkan;
münasib vaxt
opposite [opaezit] adj. zidd; təzadlı;
qarşıdakı; adv. üzbəüz; əksinə; s. əks

oppress   paddle

oppress [opres] v. zülm etmək; təzyiq göstərmək
or [o:r] conj. ya; yaxud
oral [o:ral] adj. şifahi
orange [orinc] s. portağal; adj. portağal rəngi
orchard [o:rçerd] s. meyvə bağı
orchestra [o:rkistra] s. orkestr
order [o:rder] s. qayda; səliqə; sifariş; əmr; orden; v. əmr etmək; əmr vermək; sifariş vermək
ordinary [o:rdnri] adj. adi; həmişəki
organ [o:rgan] s. orqan (müxtəlif mə'nada); orqan (müsiqi aləti)
organize [o:rganayz] v. təşkil etmək
origin [oricin] s. mənbə; başlanğıc
original [oricinel] adj. ilk; əsil; orijinal; qəribə; s. əsil; orijinal; ilk mənbə
ornament [o:rnament] s. bəzək; ornament; v. bəzəmək; zinət vermək
orphan [o:rfen] s. yetim
other [ažer] pron. digər; o biri
otherwise [ažerwayz] adv. əks təqdirdə; başqa cür
our [aur] pron. bizim
ourselves [auerselvz] pron. özümüz; özümüzə; özümüzü
out [aut] adv. -dan; -dən; kənara; bayıra
outcome [autkam] s. nəticə
outer [auter] adj. bayır; kənar; xarici; zahiri
outfit [autfit] s. təchizat; ləvazimat; rəsmi geyim
outline [autlayn] s. kontur; cizgi; eskiz; qaralama şəkil; v. konturunu çəkmək; qaralama çəkmək
outlook [autluk] s. görünüş; mənzərə; perspektiv
outrageous [autreyces] adj. zalım; qəddar; biabırçı; yaramaz
outside [autsayd] s. bayır tərəf; xarici görkəm; adj. bayır; xaric
outskirts [autskö:rts] s. şəhər kənarı; meşə kənarı
outstanding [autstanding] adj. görkəmli; tanınmış
oval [ouvel] s. oval; adj. oval şəkilli
oven [avn] s. soba
over [ouver] prep. üstünə; üzərinə; üstündən; üzərindən; o tayında; o tərəfində; adv. artıq; çox
overcome [ouverkam] v. qalib gəlmək; üstün gəlmək; öhdəsindən gəlmək; aradan götürmək
overlook [ouverluk] v. görməmək; nəzərdən qaçırmaq; əhəmiyyət verməmək; barmaqarası baxmaq
overseas [ouversi:z] adv. o tayda; xaricdə; adj. o taydakı; xaricdəki; xarici
overwhelm [ouverwelm] v. yağdırmaq (sual və s.); sarsıtmaq
owe [ou] v. borclu olmaq
owl [aul] s. bayquş
own [oun] v. malik olmaq; boynuna almaq; e'tiraf etmək; adj. öz; özünün; doğma
owner [ouner] s. sahib; sahibkar; malik olan (adam)
ox [oks] s. (pl. oxen) öküz
oxygen [oksicen] s. oksigen

P

pace [peys] s. addım; v. addımlamaq; gəzişmək
pack [pək] s. topa; dəstə; tay; yük; v. qablaşdırmaq; yığıb bağlamaq
package [pəkic] s. bağlama; paket
packet [pəkit] s. paçka; dəstə; bağlama
pact [paekt] s. pakt; saziş; müqavilə
pad [pəd] s. yumşaq döşəkçə; balış
paddle [pədl] s. qısa avar; v. tək avarla

66

avar çəkmək; suyu şappıldatmaq;
ayaqlarını sürüyə-sürüyə gəzmək
page [peyc] s. səhifə
pain [peyn] s. ağrı; əziyyət; iztirab
paint [peynt] s. rəng; v. rəngləmək;
(əsəri) rənglə işləmək
pair [peer] s. cüt; ər-arvad
palace [pəlis] s. saray
pale [peyl] adj. solğun; zəif; sönük
(işıq; rəng); v. solmaq; zəifləmək (işıq,
rəng haqqında)
palm [pa:m] s. ovuc; palma
pamphlet [pəmflit] s. pamflet; həcv
pancake [pənkeyk] s. fəs əli; nazik kökə
panic [pənik] s. çaxnaşma; təlaş;
vahimə
pants [pənts] s. şalvar
paper [peyper] s. kağ ız; adj. kağız;
v. kağız çəkmək
parade [paereyd] s. parad; rəsm-keçid;
v. paradda iştirak etmək
paradise [pəraedays] s. cənnət
paralyze [pəraelayz] v. iflic etmək;
paralizə etmək
parcel [pa: rsl] s. paket; bağlama
pardon [pa:rdn] s. bağ ışlama; əfv
etmə; v. əfv etmək; bağışlamaq;
günahından keçmək
parents [paerents] s. pl. valideynlər
park [pa:rk] s. park; v. maşını
müəyyən edilmiş dayanacaqda saxlamaq
parliament [pa:rliment] s. parlament
parrot [pəret] s. tutuquşu
parsley [pa:rsli] s. cəfəri
part [pa:rt] s. hissə; pay; iştirak; rol
(teatrda); v. bölmək; bölünmək; ayrılmaq
partial [pa:rşel] adj. natamam
participate [pa:rtisipeyt] v. iştirak
etmək
particular [paertikyuler] adj. xüsusi;
ayrı; fövqəl'adə; spesifik; özünəməxsus;
müəyyən
partner [pa:rtner] s. ortaq; şərik;

yoldaş
party [pa:rti] s. partiya; qrup; dəstə;
ziyafət; qonaqlıq; law tərəf
pass [pa:s] v. keçmək (yanından);
ötüb keçmək; imtahan vermək;
ötürmək; s. keçid; aşırım; icazə
vərəqəsi; ötürmə; pas (futbolda)
passage [pəsic] s. keçid; dəhliz;
koridor; fəsil (kitabda)
passenger [pəsincer] s. s ərnişin
passion [pəşin] s. ehtiras; böyük
həvəs; şövq; coşğunluq; qızğınlıq;
qəzəb; qeyz
passport [pa:spo:rt] s. pasport
past [pa:st] adj. keçmiş; ötən; gram.
keçmiş; s. keçmiş; keçən günlər; adv.
yanından
paste [peyst] s. mayal ı xəmir; pasta;
yapışqan; v. yapışdırmaq
patch [pəç] s. yamaq; ləkə; v.
yamamaq
path [pa:š] s. cığır; yol
pathetic [paešetik] adj. tə'sirli;
həyəcana gətirən; riqqətə gətirən
patient [peyşent] s. pasient; xəstə
(həkimin yanına gələn); adj. səbirli;
dözümlü
patriot [peytriet] s. vətənpərvər
patron [peytren] s. patron; müəssis ə
başçısı; hami; himayədar
pattern [pətern] s. nümunə; model;
ülgü; biçim; naxış (parçada)
pause [po:z] s. pauza; tənəffüs; v.
dayanmaq; fasilə etmək
pavement [peyvment] s. s əki
paw [po:] s. pəncə
pawn [po:n] s. chess piyada; v. girov
qoymaq
pay [pey] v. (paid; paid) ödəmək; pulunu
vermək; s. muzd; haqq; maaş
payment [peyment] s. ödəmə; ödəniş
pea [pi:] s. noxud
peace [pi:s] s. sülh; sakitlik; dinclik

peaceful [pi:sful] adj. sakit; sülhsevər
peach [pi:ç] s. şaftalı
peacock [pi:kok] s. tovuz quşu
peak [pi:k] s. zirvə
peanut [pi:nat] s. araxis; yerf ındığı
pear [peer] s. armud
pearl [pe:rl] s. mirvari; sədəf
peasant [pezent] adj. kəndli
peck [pek] v. dimdikləmək
peculiar [pikyu:lyer] adj. qeyri-adi;
qəribə; ayrı; xüsusi
pedal [pedl] s. pedal
pedestrian [pidestryen] s. piyada
peel [pi:l] s. qabıq; v. soymaq
(qabığını); qabıq vermək
peg [peg] s. paya; asılqan; paltarasan
pen [pen] s. qələm; qələmucu
penalty [penlti] s. cəza; cərimə
pencil [pensl] s. karandaş
penetrate [penitreyt] v. içərilərə
keçmək; nüfuz etmək
pension [penşin] s. təqaüd; pensiya
people [pi:pl] s. xalq; millət; adamlar;
əhali; qohumlar
pepper [peper] s. istiot
perceive [persi:v] v. qavramaq;
mənimsəmək; dərk etmək; duymaq; hiss
etmək
per cent [persent] s. faiz
perception [persepşin] s. qavrama;
dərk etmə
perfect [pö:rfikt] adj. kamil;
mükəmməl; ideal; bitmiş; tam; v.
təkmilləşdirmək; yaxşılaşdırmaq;
tamamlamaq
perform [perfo:rm] v. yerinə yetirmək;
ifa etmək; oynamaq (rolu)
performance [perfo:rmens] s. tamaşa
perfume [pe:rfyu:m] s. ətir; v. ətir
vurmaq
perhaps [pöhaeps] adv. bəlkə; ola bilsin
ki
period [piried] s. dövr; period

perish [periş] v. məhv olmaq
permanent [pö:rmaenent] adj. daimi;
arası kəsilməyən
permission [permişin] s. icazə
permit [permit] s. icazə vərəqəsi; v.
icazə vermək
perpendicular [pe:rpendikyuler] s.
perpendikulyar
perpetual [perpetyuel] adj. əbədi;
daimi
persecute [pe:rsikyu:t] v. tə'qib etmək
persist [persist] v. inad etmək; tə'kid
etmək
person [pö:rsn] s. şəxs; adam
personal [pö:rsenel] adj. şəxsi
personality [pö:rsaenəliti] s.
şəxsiyyət
perspire [pe:rspayer] v. tərləmək
persuade [pe:rsweyd] v. inand ırmaq;
razı salmaq; yola gətirmək
pest [pest] s. zərərverici; parazit; bəla
pet [pet] s. ərköyün uşaq; v. ərköyün
böyütmək; nazlamaq; korlamaq
petal [petl] s. ləçək (gülün)
petition [pitişin] s. ərizə (müştərək
ərizə)
petroleum [pitroulyem] s. neft; ağ neft
petty [peti] adj. kiçik; x ırda;
əhəmiyyətsiz
pharmacy [fa:rmesi] s. aptek
phase [feyz] s. faza; dövr; mərhələ
philosopher [filosaefer] s. filosof
philosophy [filosaefi] s. fəls əfə
phone [foun] s. telefon
photograph [foutaegra:f] s. fotoşəkil;
v. fotoşəklini çəkmək
phrase [freyz] s. fraza; ifadə; cümlə
physical [fizikel] adj. fiziki; maddi;
cismani
physician [fizişin] s. həkim; doktor
piano [pyaenou] s. piano
pick [pik] v. dərmək; y ığmaq (gül;
meyvə); qurdalamaq; seçmək

picture [pikçer] s. şəkil; illüstrasiya; portret
pie [pay] s. piroq
piece [pi:s] s. tikə; hissə; pyes; əsər
pierce [piers] v. deşmək; dəlib keçmək; dərinə işləmək
pig [pig] s. donuz
pigeon [picin] s. göyərçin
pile [payl] s. yığın; topa; qalaq; v. qalamaq; üst-üstə yığmaq
pill [pil] s. həb
pillar [piler] s. sütun
pillow [pilou] s. balış; yastıq
pillowcase [piloukeys] s. balışüzü
pin [pin] s. sancaq; v. sancaqlamaq; sancaq taxmaq
pinch [pinç] v. çimdikləmək; sıxıb əzmək; s. çimdik
pine [payn] s. şam ağacı; v. bərk darıxmaq; qüssələnmək; ərimək (qüssədən)
pineapple [paynaepl] s. ananas
pink [pink] adj. çəhrayı; s. qərənfil
pious [payes] adj. dindar; allaha inanan
pipe [payp] s. boru; çubuq (tənbəki çubuqu); tütək
pit [pit] s. çala; çuxur; şaxta; karyer; karxana; theat. parterin arxa cərgələri
pity [piti] s. rəhm; mərhəmət; təəssüf; v. yazığı gəlmək; acımaq (birinin halına)
place [pleys] s. yer; v. qoymaq; yerləşdirmək
plain [pleyn] adj. aydın; adi; kifir; s. düzənlik
plan [plaen] s. plan; layihə; sxem; niyyət; fikir; v. plan qurmaq; nəzərdə tutmaq
plane [pleyn] s. təyyarə; səth; düz sahə; rəndə; v. rəndələmək; yonmaq
planet [plaenit] s. planet
plank [plaenk] s. taxta; lövhə
plant [pla:nt] s. bitki; zavod; fabrik; v. əkmək
plaster [pla:ster] s. plastır; mala;

gips; v. malalamaq
plastic [pləstik] adj. plastik; s. plastmassa; plastik kütlə
plate [pleyt] s. boşqab; kiçik lövhə; mus. plastinka; val
play [pley] v. oynamaq; çalmaq (musiqi); s. oyun; pyes
pleasant [pleznt] adj. xoşagələn; xoş; gözəl
please [pli:z] v. xoşa gəlmək; razı salmaq; zövq vermək
pleasure [plejer] s. həzz; ləzzət; keyf
plenty [plenti] s. bolluq; çoxluq
plot [plot] s. qəsd; fabula; mövzu; məzmun; torpaq sahəsi; v. niyyətində olmaq; fikirləşmək; qəsd hazırlamaq
plough [plau] s. kotan; v. şumlamaq
plum [plam] s. gavalı
plump [plamp] adj. kök; gombul
plunge [planc] v. suya girmək; baş vurmaq; suya salmaq; s. suya salma
plus [plas] s. plyus; üstəgəlmə; cəm işarəsi; müsbət kəmiyyət
pocket [pokit] s. cib; v. cibinə qoymaq; mənimsəmək; oğurlamaq
poem [pouim] s. poema; şe'r
poetry [pouitri] s. poeziya; şe'rlər
point [point] s. nöqtə; bənd; məsələ; uc; v. göstərmək (barmaqla); işarə etmək
poison [poyzn] s. zəhər; v. zəhərləmək
pole [poul] s. uzun ağac; sütun; qütb
police [paeli:s] s. polis
policeman [paeli:smen] s. polis işçisi
policy [polisi] s. siyasət
polish [poliş] v. pardaxlamaq; cilalamaq; parıldatmaq; s. pardaxlama; cilalama; parıltı; cila
polite [paelayt] adj. nəzakətli; ədəbli; gülərüz; iltifatlı
political [paelitikel] adj. siyasi
politics [politiks] s. siyasət
pond [pond] s. göl; kiçik göl; nohur
pool [pu:l] s. gölməçə; nohur; hovuz

69

poor [puer] adj. kasıb; yoxsul; yazıq; zavallı; pis; keyfiyyətsiz

pope [poup] s. papa (Romada katolik kilsəsinin başçısı)

poppy [popi] s. xaş-xaş; lalə

popular [popyuler] adj. xalq; tanınmış; geniş yayılmış; hamıya mə'lum olan; sevimli

population [popyuleyşin] s. əhali; xalq

porridge [poric] s. yulaf s ıyığı

port [po:rt] s. liman; dəniz limanı

porter [po:rter] s. hambal; qap ıçı

portion [po:rşin] s. pay; hissə

portrait [po:rtrit] s. portret

position [paezişin] s. vəziyyət; yer; yerləşmə; mövqə

positive [pozitiv] adj. müsbət; əmin; arxayın; qəti; möhkəm

possess [paezes] v. malik olmaq; sahib olmaq; yiyələnmək

possession [paezişin] s. mülkiyyət; sahib olma; yiyələnmə

possibility [posaebiliti] s. ehtimal; mümkünlük; imkan; şərait

possible [posibl] adj. mümkün olan

post [poust] s. sütun; post (növbətçi yeri); vəzifə; mənsəb; poçta; v. e'lan asmaq; poçta ilə göndərmək

postcard [poustka:rd] s. poçta ilə göndərilən şəkil və markalı açıq məktub

postman [poustmən] s. poçtalyon

post office [poustofis] s. poçt idarəsi

postpone [poustpoun] v. tə'xirə salmaq; başqa vaxta keçirmək

pot [pot] s. güvəc; bardaq; küpə; dibçək

potato [poteytou] s. kartof

poultry [poultri] s. ev quşları

pound [paund] s. funt (çəki vahidi, 453,6 q); girvənkə; funt sterlinq (İngiltərədə əsas pul vahidi); v. döymək (həvəngdə);

əzmək; üyütmək; döyəcləmək

pour [po:r] v. tökmək (maye haqqında)

poverty [poverti] s. yoxsulluq

powder [pauder] s. toz (yuyucu); pudra; kirşan; barıt; v. əzib toz halına salmaq; üyütmək; pudra vurmaq

power [pauer] s. güc; qüvvə; qüdrət; hakimiyyət; dövlət

powerful [pauerful] adj. qüdrətli; qüvvətli

practical [praektikel] adj. praktik; təcrübi; əməli; əlverişli; sərfəli

practice [prəktis] s. təcrübə; tə'lim

praise [preyz] v. tə'rif etmək; s. tə'rif

pray [prey] v. yalvarmaq; dua etmək

prayer [preyer] s. dua; xahiş; yalvarış; dua edən adam

preach [pri:ç] v. və'z etmək; moizə etmək; təbliğ etmək; yaymaq

precarious [prikeeries] adj. təsadüfi; e'tibarsız; təhlükəli

precaution [priko:şin] s. ehtiyat; ehtiyat tədbiri

precede [pri:si:d] v. əvvəl gəlmək; qabaqca baş vermək; üstün olmaq (vəzifədə)

precise [prisayz] adj. dəqiq; ayd ın; müəyyən olunmuş

precision [prisijin] s. dəqiqlik; sərrastlıq

predict [pridikt] v. qabaqcadan xəbər vermək; gələcəkdən xəbər vermək

prefer [prifö:r] v. üstün tutmaq; üstünlük vermək

preference [preferens] s. üstünlük; üstünlük vermə

pregnant [pregnaent] adj. hamilə; ikicanlı; törədə bilən; doğura bilən; səbəb ola bilən

prejudice [precudis] s. qabaqcadan yaranmış mənfi rə'y; mövhumat; xurafat; zərər; v. qabaqcadan inandırmaq; beyninə yeritmək; inandırmaq (yanlış fikir

yaratmaq); zərər vurmaq
prepare [pripeer] v. hazırlamaq; hazırlaşmaq
prescription [priskripşin] s. göstəriş; sərəncam; nüsxə; resept
presence [prezns] s. olma; iştirak; qonşuluq; yaxınlıq
present [preznt] s. indiki zaman; hədiyyə; adj. indiki; hazırkı; iştirak edən; olan; [prizent] v. təqdim etmək; hədiyyə vermək; bağışlamaq
preserve [prizö:rv] v. qoruyub saxlamaq; saxlamaq; mühafizə etmək; konservləşdirmək
preside [prizayd] v. sədrlik etmək
president [prezident] s. sədr; prezident
press [pres] s. press; məngənə; dövri mətbuat (qəzet, jurnal); v. sıxmaq; basmaq; ütüləmək; tə'kid etmək
pressure [preşaer] s. təzyiq; sıxılma
pretend [pritend] v. yalandan özünü ... göstərmək; hiylə etmək; bəhanə eləmək
pretty [priti] adj. göyçək; yaraşıqlı; adv. yaman; bəs qədər
prevail [priveyl] v. üstünlük təşkil etmək; üstün olmaq; hakim olmaq; üstün gəlmək; qalib gəlmək
prevent [privent] v. qarşısını almaq; mane olmaq; yol verməmək
previous [pri:vyes] adj. əvvəlki; əvvəl gələn; keçən
prey [prey] s. qənimət; qurban
price [prays] s. qiymət
pride [prayd] s. iftixar; vüqar; məğrurluq
priest [pri:st] s. keşiş; kahin
prime [praym] adj. baş; əsas; mühüm; ə'la
primitive [primitiv] adj. primitiv; ən sadə
prince [prins] s. prins; şahzadə
princess [prinses] s. şahzadə qız
principal [prinsaepl] s. başçı; rəis;

məktəb direktoru; adj. əsas; baş; mühüm
principle [prinsaepl] s. prinsip; qanun; əqidə; nöqteyi-nəzər
print [print] s. ottisk; şəkil; çap; şrift; v. çap etmək
priority [prayoriti] s. birincilik
prison [prizn] s. dustaqxana
prisoner [prizner] s. dustaq; əsir
private [prayvit] adj. şəxsi; s. sıravi (əskər)
privilege [privilic] s. imtiyaz; üstünlük
prize [prayz] s. mükafat; priz; uduş; gözlənilməz səadət; v. yüksək qiymətləndirmək; qiymət qoymaq
problem [problem] s. problem; məsələ
proceed [praesi:d] v. davam etmək; baş vermək
process [prouses] s. proses; ; mərhələ; məhkəmə prosesi
proclaim [praekleym] v. e'lan etmək; təntənə ilə bildirmək; bəyan etmək; qanundan kənar e'lan etmək
procure [praekyuer] v. axtarıb tapmaq; əldə etmək; tə'min etmək
produce [praedyu:s] v. istehsal etmək; təqdim etmək; göstərmək; [prodyu:s] s. məhsul; hasilat; nəticə
product [prodakt] s. məhsul; nəticə; hasilat
profession [praefeşin] s. peşə; sənət; ixtisas
professional [praefeşenl] s. mütəxəssis; adj. peşəkar; ixtisaslı
professor [praefeser] s. professor
profit [profit] s. xeyir; mənfəət; gəlir; v. xeyir vermək; xeyir götürmək
profitable [profitaebl] adj. xeyirli; mənfəətli; gəlirli
profound [profaund] adj. dərin; müdrik
program [prougraem] s. proqramm; afişa; plan
progress [prougres] s. proqres;

irəliləyiş; inkişaf; [praegres] v.
irəliləmək; inkişaf etmək
prohibit [prohibit] v. qadağan etmək
project [procekt] s. proyekt; layihə; v.
layihələşdirmək
prolong [prouloŋg] v. vaxtını uzatmaq
prominent [prominent] adj. görkəmli;
tanınmış; görünən; qabağa çıxan
promise [promis] s. və'd; v. və'd etmək;
söz vermək; ümid vermək
promote [promout] v. irəli çəkmək
(vəzifədə); kömək etmək; yuxarı sinfə
keçirmək (məktəbdə)
promotion [praemouşin] s. irəli
çəkilmə (vəzifədə); kömək; yardım
prompt [prompt] adj. çevik; cəld; adv.
əlüstü; dərhal; v. təhrik etmək; yadına
salmaq; gizlicə demək (pıçıltı ilə)
pronounce [praenauns] v. tələffüz
etmək; bəyan etmək; e'lan etmək
pronunciation [pranansieyşin] s.
tələffüz; e'lan etmə
proof [pru:f] s. sübut; dəlil; sınaq;
korrektura
proper [proper] adj. məxsus; xas olan;
lazım gələn; lazımi; düzgün
property [properti] s. xüsusi
mülkiyyət; şəxsi əmlak; xüsusiyyət
prophet [profit] s. peyğəmbər
proportion [praepo:rşin] s. nisbət;
uyğunluq; mütənasiblik
proposal [praepouzel] s. təklif
propose [praepouz] v. təklif etmək;
təklif irəli sürmək; evlənməyi təklif etmək
proprietor [praeprayeter] s. sahibkar;
mülkiyyətçi
prose [prouz] s. nəsr; nəsr əsəri
prosecute [prosikyu:t] v. aparmaq (iş);
yerinə etirmək; məhkəmə tərəfindən tə'qib
etmək
prospect [prospekt] s. perspektiv;
görünüş; v. tədqiq etmək (yer qatlarını)
prosper [prosper] v. çiçəklənmək

prosperity [prosperiti] s.
çiçəklənmə; firavan həyat
protect [protekt] v. müdafiə etmək;
himayədarlıq etmək
protection [praetekşin] s. müdafiə;
himayə; himayədarlıq
protest [protest] v. e'tiraz etmək
proud [praud] adj. məğrur
prove [pru:v] v. sübut etmək; aşkara
çıxarmaq; mə'lum olmaq
proverb [provö:rb] s. atalar sözü;
zərb-məsəl
provide [praevayd] v. təchiz etmək;
tə'min etmək; tədbir görmək (qabaqcadan)
provision [provijin] s. təchizat;
tə'minat; şərt (müqavilədə); *pl.* azuqə;
ərzaq
provoke [praevouk] v. səbəb olmaq;
təhrik etmək; sövq etmək
public [pablik] s. adamlar;
tamaşaçılar; adj. açıq; ümumi; ictimai;
dövlət
publish [pabliş] v. nəşr etmək; dərc
etmək
pull [pul] v. dartmaq; çəkmək (tətiyi)
pulse [pals] s. nəbz; v. döyünmək
(nəbz haqqında)
pump [pamp] s. nasos; v. çəkmək
(nasosla)
pumpkin [pampkin] s. balqabaq
punch [panç] s. yumruq; punş (spirtli
içgi); v. deşmək; deşik açmaq;
yumruqlamaq; yumruq vurmaq
punctual [panktyuel] adj. son dərəcə
dəqiq
punish [paniş] v. cəza vermək
pupil [pyu:pl] s. şagird; gözün giləsi
puppy [papi] s. küçük
pure [pyuer] adj. təmiz; qatışıqsız;
xalis; təmiz; saf; əsl; sırf
purge [pö:rc] s. təmizləmə
purple [pö:rpl] adj. tünd qırmızı;
moruğu; bənövşəyi

purpose [pö:rpes] s. məqsəd; niyyət
purse [pö:rs] s. pul kisəsi; pul
pursue [paersyu:] v. tə'qib etmək;
izləmək; güdmək (məqsəd); yeritmək
pursuit [paersyu:t] s. tə'qib etmə;
izləmə; tə'qib; məşğələ
push [puş] v. itələmək; dürtmələk;
itələyib keçmək; soxulmaq; s. zərbə; təkan;
dürtmə; təzyiq
put [put] v. (put; put) qoymaq;
yerləşdirmək
puzzle [pazl] s. məsələ; tapmaca; v.
dolaşdırmaq; çaşdırmaq; çətinə
salmaq
pyramid [piraemid] s. piramida; ehram

Q

quadrangle [kwodrəngl] s. dördbucaq
quality [kwoliti] s. keyfiyyət;
mə'ziyyət; ləyaqət; dəyər; xüsusiyyət
quantity [kwontiti] s. kəmiyyət; miqdar
quarrel [kwo:rel] s. mübahis ə;
savaşma; küsüşmə; v. savaşmaq;
küsüşmək
quarter [kwo:ter] s. rüb; çərək;
dörddə bir; 15 dəqiqə; kvartal; məhəllə; pl.
mənzil; qazarmalar; v. yerləşdirmək
(mənzildə)
queen [kwi:n] s. kraliçə; *chess* ferz;
vəzir
queer [kwir] adj. qəribə; əcaib; qeyri-adi
quench [kwenç] v. yat ırtmaq
(susuzluğu); sakitləşdirmək; söndürmək
quest [kwest] s. axtarış
question [kwesçin] s. sual; məsələ;
problem; v. soruşmaq; sual vermək;
dindirmək; istintaq etmək; şübhə altına
almaq
questionnaire [kwesçaeneer] s.

sorğu vərəqəsi; anket
quick [kwik] adj. tez; cəld
quiet [kwayaet] s. sakitlik; adj. sakit;
dinc; v. sakitləşmək; sakitləşdirmək
quilt [kwilt] s. yorğan (s ırınmış);
v. sırımaq (yorğan)
quit [kwit] v. tərk etmək; at ıb getmək
quite [kwayt] adv. tamamilə;
büsbütün; əsla
quotation [kwouteyşin] s. sitat

R

rabbit [rəbit] s. ev dovşan ı
race [reys] s. irq; qovma; qovulma;
tələsmə; qaçış yarışı; avtomobil
yarışı
racket [raekit] s. zorak ılıq; şantaj;
hədə-qorxu ilə alma (pul); reket; raket
(tennis oyunu üçün)
radiate [reydieyt] v. istilik/iş ıq
buraxmaq; parlaq işıq saçmaq
radiator [reydieyter] s. radiator
radical [raedikel] adj. radikal; əsaslı;
kökündən; s. radikal (sol burjua
partiyaları tərəfdarı); *math.* radikal; kök
radio [reydyou] s. radio
radish [raediş] s. q ırmızı turp
rag [rəg] s. əski; cır-cındır
rage [reyc] s. qəzəb; qeyz; v. coşmaq
(qəzəbdən); bərk qəzəblənmək;
şiddətlənmək (tufan, epidemiya)
ragged [raegid] adj. c ırılıb
köhnəlmiş; cırıq-cırıq olmuş; cır-
cındır geymiş
raid [reyd] s. hücum; basqın
rail [reyl] s. məhəccər; sürah ı;
köndələn tir; rels
railroad [reylroud] s. dəmir yolu
rain [reyn] s. yağ ış

rainbow [reynbou] s. göy qurşağı
raincoat [reynkout] s. plaş;
yağmurluq
raise [reyz] v. qaldırmaq; böyütmək;
tərbiyə etmək; yetişdirmək; acıtmaq
(xəmiri); qaldırma; artırma (maaş və s.)
raisin [reyzin] s. kişmiş; mövüc
rake [reyk] s. dırmıq; çəng; balaca
kürək; v. dırmıqlamaq; kürəmək
ram [rəm] s. qoyun (qoç)
range [reync] s. dağ silsiləsi; vüs'ət;
genişlik; miqyas; hədd; mətbəx plitəsi; v.
uzanıb getmək; cərgəyə düz(ül)mək
rank [rənk] s. cərgə; sıra; rütbə; dərəcə
ransom [raensem] s. girovu geri almaq
üçün pul; v. pul verib azad etmək; pul
verib girovu geri almaq
rapid [raepid] adj. tez; cəld
rare [reer] adj. nadir; qeyri-adi; seyrək
rascal [ra:skael] s. fırıldaqçı
rash [raeş] s. tələsik; səpki; adj.
ehtiyatsız
raspberry [ra:zberi] s. moruq
rat [raet] s. siçovul
rate [reyt] s. norma; ölçü; qiymət;
maaş dərəcəsi; aylıq maaş; sür'ət; temp;
vergi norması; v. qiymətləndirmək; qiymət
qoymaq; ölçünü müəyyən etmək
rather [ra:žer] adv. çox; daha çox;
daha doğrusu; daha yaxşısı; yaxşı
olardı ki
ration [raeşin] s. rasion; pay; ərzaq
payı; ərzaq payı
rational [raeşinl] adj. ağıllı;
səmərəli; məntiqi
rattle [rətl] v. şaqqıldamaq;
guruldamaq; gumbuldamaq; s. şaqqıltı;
gurultu; şax-şax; şaqqıldaq
raven [reyvn] s. quzğun
raw [ro:] adj. çiy; bişməmiş; xam;
təcrübəsiz
ray [rey] s. şüa
razor [reyzer] s. ülgüc

reach [ri:ç] v. çatmaq; yetişmək; əli
çatmaq; çatdırmaq; əl uzatmaq;
genişlənmək; uzanıb getmək (sahə
haqqında
read [ri:d] v. (read; read) oxumaq (kitab)
ready [redi] adj. hazır
real [riel] adj. əsl; həqiqi
realistic [rielistik] adj. real; realist
reality [riaeliti] s. gerçəklik; varlıq;
həyat; həqiqət; reallıq
realize [ri:elayz] v. həyata keçirmək;
başa düşmək; dərk etmək
really [rieli] adv. əslində; doğrudan
da; həqiqətən
rear [rier] s. arxa; arxa tərəf; adj. arxa;
v. qaldırmaq (başı, səsi); böyütmək;
tərbiyələndirmək; yetişdirmək
reason [ri:zn] s. əsas; səbəb; ağıl;
idrak; şüur; v. düşünmək; mühakimə
etmək
reasonable [ri:znabl] adj. ağıllı;
münasib (qiymət)
rebel [rebel] s. üsyançı; qiyamçı; v.
üsyan etmək; mübarizəyə qalxmaq
recall [riko:l] v. geri çağırmaq
(nümayəndəni, səfiri); ləğv etmək; yada
salmaq; s. geri çağrılma
receipt [risi:t] s. qəbul etmə; alma;
qəbz
receive [risi:v] v. almaq; qəbul etmək
(qonaq)
recent [ri:snt] adj. təzə; bu yaxında
baş vermiş
reception [risepşin] s. qəbul etmə;
alma; qəbul (qonaqlıq); mənimsəmə;
qavrama
reckless [reklis] adj. çox qoçaq;
ehtiyatsız; diqqət yetirməyən
reckon [reken] v. hesab eləmək; zənn
etmək
recognize [rekaegnayz] v. tanımaq
recollect [rekaelekt] v. xat ırlamaq
recommend [rekaemend] v. məsləhət

görmək; tövsiyə etmək
recommendation [rekaemendeyşin] s.
zəmanət; yaxşı rə'y; tövsiyə
reconcile [rekaensayl] v.
barışdırmaq
record [riko:rd] v. qeyd etmək;
qeydiyyatdan keçirmək; siyahıya almaq;
lentə yazmaq (maqnitofonda); [reko:rd] s.
qeyd; yazı; protokol; qramofon valı; lent
yazısı; rekord (ən yüksək nailiyyət)
recover [rikaver] v. təkrar əldə etmək;
geri almaq; yenidən qazanmaq; sağalmaq;
yaxşılaşmaq
red [red] adj. qırmızı
reduce [ridyu:s] v. azaltmaq; ixtisar
etmək; aşağı salmaq; endirmək; aşağı
vəzifəyə keçirmək
reed [ri:d] s. qamış; qarğı
reel [ri:l] s. qarqara; makara; müxtəlif
maşınların silindr şəkilli hissəsi; v.
yırğalanmaq; səndələmək; gicəlmək;
fırlanmaq; dolanmaq
refer [rifö:r] v. istinad etmək;
əsaslanmaq; göndərmək; müraciət etmək;
aid olmaq; həvalə etmək
reference [refrens] s. mə'lumat;
arayış; əsaslanma
refine [rifayn] v. təmizləmək;
saflaşdırmaq; təkmilləşdirmək
reflect [riflekt] v. əks olunmaq; əks
etdirmək; düşünmək; götür-qoy etmək
reform [rifo:rm] v. islahat yolu ilə
dəyişmək; islah etmək; düzəltmək;
düzəlmək; s. islahat; reforma
refrain [rifreyn] v. özünü saxlamaq;
s. nəqarat
refresh [rifreş] v. təzələmək;
canlandırmaq; qarnını bərkitmək
refreshment [rifreşment] s.
möhkəmlətmə; bərpa etmə (orqanizmi,
qüvvəni); sərinləşdirici bir şey; pl.
yemək-içmək
refrigerator [rifricereyter] s.

soyuducu; refrijerator
refugee [refyuci:] s. qaçq ın; mühacir
refuse [rifyu:z] v. rədd etmək;
boynundan atmaq; boyun qaçırmaq; inkar
etmək
regard [riga:rd] v. baxmaq;
hesablaşmaq; saymaq (bir kəsi); aid
olmaq; s. hörmət; diqqət; qayğı; nəzər
region [ri:cen] s. ölkə; vilayət; rayon
(ölkənin); sahə; ətraf
register [recister] v. jurnal (qeydiyyat
aparmaq üçün); v. qeydiyyatdan
keçirmək; siyahıya almaq
regret [rigret] v. təəssüf etmək;
peşman olmaq; s. peşmanlıq; təəssüf
hissi
regular [regyuler] adj. düz; müntəzəm
regulation [regyuleyşin] s.
tənzimləmə; nizama salma; pl. tə'limat
rehearse [rihe:rs] v. məşq etmək
reign [reyn] v. hökmranl ıq etmək;
hökm sürmək; s. hökmranlıq
reject [ricekt] v. rədd etmək; qəbul
etməmək; püskürmək
rejoice [ricoys] v. sevinmək;
şadlanmaq; bayram etmək
relation [rileyşin] s. əlaqə;
bağlılıq; münasibət; qohum
relationship [rileyşinşip] s.
qohumluq; qarşılıqlı münasibət; əlaqə
relative [relaetiv] adj. müqayis əli;
nisbi; s. qohum
relax [rilaeks] v. zəifləmək; azaltmaq
(gərginliyi); dincəlmək; fasilə etmək
release [rili:z] v. azad etmək
(dustaqlıqdan); azad etmək (işdən,
qayğıdan); buraxmaq (çapdan); s. azad
olunma
reliable [rilayaebl] adj. e'tibarl ı; bel
bağlanıla bilən
reliance [rilayens] s. e'tibar; inam
relief [rili:f] s. yüngüllük; kömək;
müavinət; maddi yardım

relieve [rili:v] v. yüngülləşdirmək (dərdi və s.); azaltmaq (gərginliyi); yardım etmək; azad etmək; dəyişmək (növbəni)

religion [rilicin] s. din

religious [rilices] adj. dini; dindar

reluctant [rilaktent] adj. könülsüz; rəğbəti olmayan; könlü olmayan

rely [rilay] v. e'tibar etmək; inanmaq; bel bağlamaq

remain [rimeyn] v. qalmaq

remark [rima:rk] v. qeyd etmək; mülahizə yürütmək; fikir demək; s. qeyd; mülahizə; fikir

remarkable [rima:rkaebl] adj. yaxş ı; diqqətəlayiq; görkəmli

remedy [remidi] s. çarə; dərman; v. sağaltmaq; düzəltmək

remember [rimember] v. yadda saxlamaq; yada salmaq

remind [rimaynd] v. yad ına salmaq; xatırlatmaq

remnant [remnent] s. qal ıq

remorse [rimo:rs] s. vicdan əzabı; peşmanlıq

remote [rimout] adj. uzaq; uzaqda yerləşən; tənha; tək

remove [rimu:v] v. köçmək; aradan götürmək; təmizləmək

renew [rinyu:] v. təzələmək; bərpa etmək

rent [rent] s. icarə haqq ı; ev kirayəsi; v. girə götürmək; icarəyə götürmək; kirayəyə vermək; icarəyə vermək

repair [ripeer] s. tə'mir; v. tə'mir etmək; düzəltmək

repeat [ripi:t] v. təkrar etmək

repent [ripent] v. peşman olmaq; təəssüf etmək

repetition [repitişin] s. təkrar

replace [ripleys] v. yerinə qoymaq; qaytarmaq; əvəz etmək

reply [riplay] v. cavab vermək; s. cavab

report [ripo:rt] s. mə'lumat; xəbər; raport; hesabat; v. mə'lumat vermək;

hesabat vermək

represent [reprizent] v. təcəssüm etdirmək; obrazını yaratmaq; oynamaq (rolu); təmsil etmək; ifadə etmək

representative [reprizentaetiv] s. nümayəndə; adj. nümayəndələr; təmsil edən

reproach [riprouç] s. məzəmmət; danlaq; v. danlamaq; məzəmmət etmək

reptile [reptayl] s. sürünən heyvan

republic [ripablic] s. respublika

repulsive [ripalsiv] adj. iyrənc; mənfur; nifrət doğuran

reputation [repyuteyşin] s. ad (yaxşı); hörmət; şöhrət

request [rikwest] s. xahiş; sorğu; tələbnamə; v. xahiş etmək; sorğu vermək

require [rikwayer] v. ehtiyac ı olmaq; tələb etmək

rescue [reskyu:] v. xilas etmək; s. xilas edilmə; azad edilmə

research [risö:rç] s. tədqiqat; elmi iş

resemble [rizembl] v. oxşamaq; oxşarı olmaq; yada salmaq (oxşarlığı ilə)

resent [rizent] v. incimək; özündən çıxmaq; hiddətlənmək

reservation [rezerveyşin] s. qeydşərt; ehtiyatda saxlama; rezervaciya (Şimali Amerikada hindlilər üçün ayrılmış sahələr)

reserve [rizö:rv] v. ehtiyatda saxlamaq; mühafizə edib saxlamaq; s. ehtiyat; rezerv

residence [rezidaens] s. yaşayış yeri; rezidensiya

resign [rizayn] v. iste'faya ç ıxmaq

resist [rizist] v. müqavimət göstərmək

resolute [rezaelu:t] adj. qəti; dönməz; möhkəm

resolve [rizolv] s. qərara gəlmək; qərar qəbul etmək

resort [rizo:rt] v. əl atmaq; müraciət etmək; s. sığınacaq; pənah gətirilən yer

respect [rispekt] s. hörmət; ehtiram; hörmət etmək

respectable [rispektaebl] adj. hörmətli; mö'təbər; nüfuzlu

respective [rispektiv] adj. uyğun gələn; müvafiq

respond [rispond] v. cavab vermək

rest [rest] s. istirahət; dinclik; dayaq (kömək); söykənəcək; v. istirahət etmək; dincəlmək; söykənmək

restaurant [restaero:n] s. restoran

restless [restlis] adj. narahat; dincliyi olmayan

restore [risto:r] v. bərpa etmək; qaytarmaq (yerinə)

result [rizalt] s. nəticə; v. qurtarmaq; nəticələnmək

resume [rizyu:m] v. yenidən başlamaq; təzələmək

retain [riteyn] v. tutub saxlamaq

retire [ritayer] v. uzaqlaşmaq; iste'faya çıxmaq; yatmağa getmək

retreat [ritri:t] v. geri çəkilmək; s. geri çəkilmə; sığınacaq

return [ritö:rn] v. qayıtmaq; qaytarmaq; əvəzini vermək; cavab vermək; cavab qaytarmaq; s. qayıtma; qaytarma; gəlir

reveal [rivi:l] v. üstünü açmaq; aşkar etmək; ifşa etmək

revenge [rivenc] s. intiqam; v. intiqam almaq

reverse [rivö:rs] adj. əks; tərs; çevrilmiş; v. çevirmək; döndərmək; istiqamətini dəyişdirmək (hərəkətin); s. əkslik; ziddiyyət; uğursuzluq

review [rivyu:] s. icmal; xülasə; jurnal; rə'y; v. baxmaq; gözdən keçirmək; rə'y yazmaq

revise [rivayz] v. düzəltmək; düzəliş etmək; təkrar yoxlamaq

revolt [rivoult] v. üsyan etmək; üsyan; qiyam

revolution [revaelu:şin] s. inqilab; fazalanma; dövr etmə; dövrə

reward [riwo:rd] s. mükafat; v. mükafatlandırmaq

rhyme [raym] s. qafiyə; v. qafiyə tapmaq; şe'r yazmaq

rib [rib] s. qabırğa; til

ribbon [ribaen] s. lent; bafta

rice [rays] s. düyü

rich [riç] adj. zəngin; məhsuldar; yağlı (yemək)

rid [rid] v. (rid; ridded) azad etmək; xilas etmək; qurtarmaq (təhlükəli vəziyyətdən)

riddle [ridl] s. tapmaca

ride [rayd] v. (rode; ridden) at sürmək; miniklə getmək; s. miniklə getmə; gəzinti (maşında)

ridiculous [ridikyulaes] adj. gülməli; yöndəmsiz

rifle [rayfl] s. tüfəng

right [rayt] adj. düz; haqlı; sağ (əl); düz (bucaq); s. hüquq; sağ tərəf; adv. düz; sağa

rigid [ricid] adj. donmuş; donub qalmış; bükülməyən; sərt; dönməz

rim [rim] s. çərçivə; halqa

rind [raynd] s. qabıq

ring I [ring] s. halqa; üzük; rinq (boksda)

ring II [ring] v. (rang; rung) zəng çalmaq; səslənmək; s. zəng səsi; zəng

rinse [rins] v. yaxalamaq (paltarı)

riot [rayot] s. qiyam; hərki-hərkilik; qarışıqlıq

ripe [rayp] adj. yetişmiş

rise [rayz] v. (rose; risen) durmaq; qalxmaq; çıxmaq (günəş); üsyan etmək; artmaq; s. qalxma; dırmaşma; başlanğıc; çıxma; doğma (günəşin); artırılma (əmək haqqının)

risk [risk] s. risk; v. risk etmək

rival [rayvel] s. rəqib

river [river] s. çay

road [roud] s. yol

roam [roum] v. dolaşmaq; gəzib dolaşmaq; səyahət etmək

roar [ro:r] v. bağırmaq; nərildəmək; s. bağırtı; nə'rə; qəhqəhə

roast [roust] v. qızarmaq; qızartmaq; adj. qızarmış; s. qovurma

rob [rob] v. soymaq; çapmaq; oğurluq etmək

rock [rok] s. qaya; daş; v. yellənmək; yellətmək; lay-lay çalıb yatırtmaq

rocket [rokit] s. raket

rod [rod] s. tilov; çubuq

roll [roul] v. diyirlənmək; gillənmək; yumurlanmaq; burulmaq; yaymaq (xəmiri); s. bağlama; siyahı; lülə; rulon; kiçik bulka

romance [roumans] s. eşq hekayə; romantika

romantic [roumantik] adj. romantik

roof [ru:f] s. dam

room [rum] s. otaq; yer

root [ru:t] s. kök (bitgilərin)

rope [roup] s. kəndir; qalın ip; kanat

rose [rouz] s. qızıl gül

rot [rot] v. çürümək; s. çürüntü; çürümə

rotten [rotn] adj. çürük; iyrənc

rough [raf] adj. kobud; nahamar; daşlı (yol); coşğun (dəniz); sərt (iqlim)

round [raund] adj. dəyirmi; s. dövrə; raund; tur; adv. ətrafına; dövrəsində

route [ru:t] s. marşrut; yol

row [rou] s. cərgə; sıra; v. avar çəkmək

royal [royael] adj. kral; krala məxsus

rub [rab] v. sürtmək; sürtünmək; sürtüb təmizləmək

rubber [raber] s. rezin; kauçuk; pozan; pl. qaloş

rubbish [rabiş] s. zibil; cəfəngiyat; boş şey

rude [ru:d] adj. kobud; nəzakətsiz; ədəbsiz

rug [rag] s. xalça; kiçik xalça

ruin [ruin] s. tələf olma; məhv olma; pl. xarabalıq; v. məhv etmək; dağıtmaq

rule [ru:l] s. qayda; hökmranlıq; v. idarə etmək; hökmranlıq etmək; xətt çəkmək; cızıq çəkmək

ruler [ru:ler] s. hökmdar; başçı; xətkeş

rumour [ru:mer] s. xəbər; şayiə

run [ran] v. (ran; run) qaçmaq; getmək (maşın, qatar və s.); axmaq (su); aparmaq (iş); idarə etmək (maşını); s. qaçış; iş (maşının)

rural [ruerael] adj. kənd

rush [raş] v. sür'ətlə getmək; çaparaq getmək; atılmaq (irəli); cummaq

Russia [raşae] s. Rusiya

rust [rast] s. pas; v. pas atmaq; paslanmaq

ruthless [ru:şlis] adj. rəhmsiz; zalım

rye [ray] s. çovdar

S

sack [saek] s. çuval; torba; işdən çıxarılma; v. işdən çıxarılmaq

sacred [seykrid] adj. müqəddəs; toxunulmaz

sacrifice [səkrifays] s. qurban; qurban kəsmə; v. qurban vermək

sad [səd] adj. kədərli; qəmli

saddle [sədl] s. yəhər; v. yəhərləmək

safe [seyf] adj. sağ-salamat; zərər dəyməmiş; təhlükəsiz; e'tibarlı (yer); s. seyf

safety [seyfti] s. əmniyyət; təhlükəsizlik

sail [seyl] s. yelkən; səyahətə çıxmaq (gəmidə)

sailor [seylor] s. dənizçi; matros

saint [seynt] adj. övliya; müqəddəs
salad [sɔled] s. salat; kahı
salary [sɔlaeri] s. maaş; məvacib
sale [seyl] s. satış
salesman [seylsmaen] s. satıcı
salmon [saemen] s. qızıl balıq
salt [so:lt] s. duz; v. duzlamaq
salute [saelu:t] v. salamlamaq; s.
salamlama; salyut; yaylım atəşi
same [seym] adj. eyni; oxşar
sample [sa:mpl] s. nümunə
sanction [sɔnkşin] s. təsdiq; icazə;
sanksiya; v. icazə vermək; sanksiya vermək
sand [sənd] s. qum
sandwich [saenwic] s. səndviç;
buterbrod
sane [seyn] adj. ağlı başında;
ağıllı
sanitary [sɔnitaeri] adj. sanitar; səhiyyə
tələblərinə uyğun; gigiyena tələblərinə
uyğun
sarcasm [sa:rkəzm] s. sarkazm; acı
istehza
satire [sɔtayae] s. satira; həcv
satisfaction [sɔtisfəkşaen] s. tə'min
olunma; razı salma
satisfactory [sɔtisfəktaeri] adj. kafi;
kifayət edən
satisfy [sɔtisfay] v. razı salmaq;
kifayət etmək; ödəmək
Saturday [sɔtaedi] s. şənbə
sauce [so:s] s. sous
saucepan [so:spaen] s. qazan
saucer [so:sae] s. nəlbəki
sausage [sosic] s. kolbasa; sosiska
save [seyv] v. xilas etmək; qənaət etmək;
qoruyub saxlamaq; prep., conj. müstəsna
olmaqla; -dən başqa
saw [so:] s. mişar; v. mişarlamaq
say [sey] v. (said; said) demək; söyləmək
scale [skeyl] s. balıq pulu; miqyas;
şkala; mus. qamma; tərəzi gözü; pl.
tərəzi

scandal [skəndl] s. qalmaqal; cəncəl;
dedi-qodu; qeybət
scar [ska:r] s. çapıq; yara yeri
scarce [skeers] adj. az tapılan; nadir;
seyrək; qıt
scare [skeer] s. qorxu; hürkü;
qorxutmaq; hürkütmək
scarf [ska:rf] s. şərf; qalstuk
scatter [skətae] v. dağıtmaq;
səpələmək; dağılmaq; səpələnmək
scene [si:n] s. səhnə (pyesdə);
dekorasiya; mənzərə; dava
sceptic [skeptik] s. skeptik; heç nəyə
inanmayan adam; hər şeydən şübhələnən
adam
sceptical [skeptikael] adj. skeptik;
şübhəli
schedule [skedyul] s. cədvəl; qrafik;
plan; v. cədvəl düzəltmək;
proqramlaşdırmaq
scholar [scholaer] s. alim; bilici
school [sku:l] s. məktəb
science [sayaens] s. elm
scissors [sizaez] s. qayçı
scoop [sku:p] s. çalov; kiçik kürək; v.
çalovla götürmək; qazımaq
scope [skoup] s. sahə; meydan; fəaliyyət
sahəsi
score [sko:r] s. hesab (idmanda); iyirmi
(iki onluq); v. uduşları saymaq; hesabda
udmaq
scorn [sko:rn] s. nifrət; həqarət; v. nifrət
etmək; xor baxmaq
scoundrel [skaundrel] s. əclaf; pis
adam; yaramaz adam
scramble [skrəmbl] v. dırmaşmaq;
sarmaşmaq
scratch [skrəç] v. qaşımaq;
qaşınmaq; cırmaqlamaq; siyrilmək; s.
cızılma; cırmaq yeri; sıyrıntı
scream [skri:m] s. çığırtı;
qışqırıq; v. çığırmaq; qışqırmaq;
fəryad etmək

screen [skri:n] s. ekran; pərdə; v. gizlətmək; ört-basdır etmək
screw [skru:] s. vint; burma mıx; v. vintlə bərkitmə
scrupulous [skrupyulaes] adj. xırdaçı; vasvası; vicdanlı
scrutinize [skru:tinayz] v. diqqətlə baxmaq; araşdırmaq; tədqiq etmək
sculpture [skalpçae] s. heykəl
sea [si:] s. dəniz; dərya
seal [si:l] s. suiti; möhür; v. möhür vurmaq; bağlamaq (zərfi)
seam [si:m] s. tikiş (yeri)
search [sö:rç] v. axtarmaq; axtarış aparmaq; araşdırmaq; tədqiq etmək; s. axtarış; tədqiqat
seaside [si:sayd] s. dəniz sahili; dəniz kənarı
season [si:zn] s. fəsil (ilin); mövsüm; zaman; vaxt; v. duzunu vurmaq; istiotunu vurmaq (yeməyin)
seat [si:t] s. oturacaq; stul; iqamətgah; mərkəz; yer; v. oturtmaq; əyləşdirmək
second [sekaend] adj. ikinci; v. təklifə tərəfdar olmaq; s. saniyə; an
second-hand [sekaendhənd] adj. işlənmiş; geyilmiş
secret [si:krit] s. sirr; gizli şey; adj. gizli; sirrli
secretary [sekraetri] s. katib; katibə; nazir
section [sekşin] s. şö'bə; seksiya; bölmə
secure [sikyuer] adj. əmin; e'tibarlı; təhlükəsiz; tə'min olunmuş; v. tə'min etmək; tə'minat vermək; bağlamaq
security [sikyueriti] s. təhlükəsizlik
sediment [sidiment] s. torta; çöküntü; xılt
see [si:] v. (saw; seen) görmək; anlamaq; görüşmək; qavramaq
seed [si:d] s. toxum
seek [si:k] v. (sought; sought)

axtarmaq; cəhd etmək; çalışmaq
seem [si:m] v. görünmək; gəlmək
segment [segment] s. parça; hissə; seqment
seize [si:z] v. yaxalamaq; tutmaq; qamarlamaq; almaq (ələ keçirmək)
seldom [seldaem] adv. hərdən bir; nadir halda
select [silekt] v. seçmək; adj. seçilmiş
selection [silekşin] s. seçmə
self [self] s. özü
selfish [selfiş] adj. xudbin; eqoist
sell [sel] v. (sold; sold) satmaq; satılmaq
send [send] v. (sent; sent) göndərmək
senior [si:nyer] adj. daha yaşlı; böyük
sensation [senseyşin] s. hiss; duyğu; həyəcan; sensasiya
sense [sens] s. hiss; duyğu; anlayış; ağıl; mə'na; v. hiss etmək; duymaq
sensible [sensibl] adj. ağlı başında
sensitive [sensitiv] adj. həssas; duyğulu
sentence [sentens] s. cümlə; hökm
sentiment [sentiment] s. hiss
sentimental [sentimentl] adj. sentimental; həssas
separate [sepaereyt] v. ay ırmaq; təcrid etmək; [seprit] adj. ayrı; təcrid edilmiş
September [septembae] s. sentyabr
sequence [si:kwens] s. ardıcıllıq; sıra qaydası
serious [sieryes] adj. ciddi; zarafat etməyən
servant [sö:rvent] s. xidmətçi; nökər; qulluqçu
serve [sö:rv] v. xidmət etmək; qulluq etmək (yemək zamanı, qonaqlara); orduda xidmət etmək
service [sö:rvis] s. iş; xidmət; qulluq etmə; xidmət etmə; servis; serviz

session [seşin] s. sessiya; iclas; dərs ili
set [set] v. (set; set) qoymaq;
yerləşdirmək; yerinə salmaq (sümüyü);
tənzim etmək; qaydaya salmaq; batmaq
(günəş); yığmaq; s. dəst; komplekt;
qrup; mühit; dairə (adamlar); cihaz; aparat
settle [setl] v. yerləşmək;
yerləşdirmək; məskən salmaq; məskən
etmək; həll etmək; qərara gəlmək
seven [sevn] num. yeddi
seventeen [sevnti:n] num. on yeddi
seventy [sevnti] num. yetmiş
several [sevrael] adj. bir neçə; bə'zi
severe [sivier] adj. şiddətli; sərt; ağır
sew [sou] v. (sewed; sewn) tikmək (tikiş)
sewer [souer] s. dərzi
sex [seks] s. cins; cinsiyyət; seks
sexual [seksyuel] adj. cinsi
shade [şeyd] s. kölgə; kölgəlik; çalar;
v. işıqdan qorunmaq; kölgələmək
shadow [şədou] s. kölgə; v. güdmək;
tə'qib etmək
shake [şeyk] v. (shook; shaken)
titrətmək; əsmək; silkələmək; titrəmək; s.
sarsıntı; titrəmə; titrəyiş
shall [şael] v. gələcək zaman əmələ
gətirən köməkçi fe'l
shallow [şaelou] adj. dayaz; üzdən;
səthi; s. dayazlıq; dayaz yer
shame [şeym] s. eyib; utanma; v.
utandırmaq
shampoo [şaempu:] s. şampun
shape [şeyp] s. şəkil; biçim; forma; v.
müəyyən formaya salmaq
share [şeer] s. pay; hissə; aksiya; v.
bölmək; bölüşmək; payı olmaq; şərik
olmaq; iştirak etmək (bir işdə, alverdə)
shark [şa:rk] s. köpək balığı
sharp [şa:rp] adj. iti; kəsgin; sərt
shave [şeyv] v. (shaved; shaven)
(üzünü) qırxmaq
she [şi:] pron. o (şəxs əvəzliyi, qadın
haqqında)

sheep [şi:p] s. qoyun
sheer [şier] adj. xalis; həqiqi; əsl;
tamam
sheet [şi:t] s. döşəkağı; vərəq;
təbəqə (dəmir)
shelf [şelf] s. (pl. shelves) rəf
shell [şel] s. qabıq; qın; top mərmisi;
v. qabığını təmizləmək; top atəşinə
tutmaq
shelter [şeltae] s. sığınacaq;
daldalanacaq; dam; v. sığınacaq vermək;
sığınmaq; daldalanmaq
shield [şi:ld] s. qalxan; sipər; v.
qorumaq; müdafiə etmək
shift [şift] s. iş növbəsi;
növbələşmə; bir növbədə işləyən işçi
dəstəsi; v. dəyişdirmək; keçirmək
shine [şayn] v. (shone; shone)
parlamaq; işıq saçmaq; parıldatmaq
(sürtməklə)
shiny [şayni] adj. günəşli; parıldayan
ship [şip] s. gəmi; v. gəmi ilə yola
salmaq/göndərmək
shirt [şö:rt] s. köynək
shiver [şivae] v. titrəmək; s. titrəmə;
əsmə
shock [şok] s. zərbə; itələmə; sarsıntı;
mə'nəvi zərbə; v. sarsıtmaq
shoe [şu:] s. ayaqqabı; çəkmə; nal; v.
nallamaq
shoe-lace [şu:leys] s. ayaqqabı
bağı
shoot [şu:t] v. (shot; shot) atmaq
(güllə); öldürmək (güllə ilə); güllələmək;
film çəkmək; s. atışma; atəş
shop [şop] s. dükan; mağaza;
e'malatxana; v. bazarlıq etmək; alış-
veriş etmək
shore [şo:r] s. sahil
short [şo:rt] adj. qısa; qısa boylu; az
(vaxt haqqında)
shortage [şo:rtic] s. qıtlıq; yoxluq
shorts [şo:rts] s. pl. qısa şalvar;

qısa tuman

short-sighted [şo:rtsaytid] adj. uzağı görməyən; bəsirətsiz; gələcəyi görməyən

shoulder [şouldae] s. çiyin; v. çiyinləmək; çiyinləri ilə vura-vura yol çamaq

shout [şaut] s. çığırtı; v. çığırmaq; qışqırmaq

shove [şav] v. itələmək; durtmələmək; dürtmək; s. zərbə; itələmə; təkan

shovel [şavl] s. kürək; bel

show [şou] v. (showed; shown) göstərmək; görünmək; isbat etmək; s. tamaşa; sərgi; nümayiş etdirmə; göstərmə

shower [şauer] s. duş; yağış; leysan; v. leysan yağmaq

shrewd [şru:d] adj. bacarıqlı; fərasətli; ağıllı; fəndgir; dəhşətli (ağrı)

shriek [şri:k] v. cır səslə qışqırmaq; zingildəmək; hay qoparmaq; s. qışqırıq; zingilti

shrink [şrink] v. (shrank; shrunk) sıçramaq; geri çəkilmək; daralmaq (paltar); yığılmaq (parça)

shrug [şrag] v. çəkmək (çiyinlərini)

shut [şat] v. (shut; shut) bağlamaq; bağlatmaq

shy [şay] adj. utancaq; çəkingən

sick [sik] adj. xəstə

sickness [siknis] s. xəstəlik; ürəyi bulanma

side [sayd] s. yan; tərəf; kənar

sidewalk [saydwo:k] s. səki

siege [si:c] s. mühasirə

sieve [siv] s. xəlbir; ələk

sift [sift] v. xəlbirləmək; ələmək; diqqətlə gözdən keçirmək

sigh [say] s. ah; içini çəkmə; v. ah çəkmək; içini çəkmək

sight [sayt] s. mənzərə; görünüş; baxış; görmə qabiliyyəti

sign [sayn] s. əlamət; nişan; iz; işarə; v. imzalamaq; işarə etmək

signal [signl] s. işarə; siqnal; v. siqnal vermək; xəbərdar etmək

signature [signiçae] s. imza

significance [signifikaens] s. əhəmiyyət; əhəmiyyətlilik; mə'na

silence [saylaens] s. sakitlik; səssizlik; v. susdurmaq

silent [saylaent] adj. səssiz

silk [silk] s. ipək

silly [sili] adj. axmaq; dəli; ağılsız

silver [silvaer] s. gümüş

similar [similaer] adj. oxşar; bənzər; kimi

simple [simpl] adj. sadə; asan; yüngül

simplify [simplifay] v. sadələşdirmək; asanlaşdırmaq

sin [sin] s. günah; v. günah etmək

since [sins] adv. -dən bəri; madam ki; indi ki; o vaxtdan bəri

sincere [sinsier] adj. səmimi; qəlbən

sing [sing] v. (sang; sung) mahnı oxumaq; tərənnüm etmək

single [singl] adj. tək; bir; yalqız; yeganə; subay; ərsiz (arvad); tək; v. seçmək; seçib ayırmaq

sink [sink] v. (sank; sunk) batmaq; düşmək; enmək (qiymət); batırmaq (gəmini); s. tas; çanaq

sir [sö:r] s. cənab; ser

sister [sistae] s. bacı

sister-in-law [sisterinlo:] s. bald ız

sit [sit] v. (sat; sat) oturmaq; iclas keçirmək

sitting-room [sitingru:m] s. qonaq otağı

situation [sityueyşin] s. vəziyyət; hal; yer; vəzifə; yer (işdə)

six [siks] num. altı

sixteen [siksti:n] num. on altı

size [sayz] s. həcm; böyüklük; boy; ölçü

82

skate [skeyt] s. konki; v. konki sürmək; sürüşmək

skeleton [skelitn] s. skelet

ski [ski:] s. ayaq xizəyi; v. xizəkdə gəzmək

skill [skil] s. hünər; ustalıq; məharət

skim [skim] v. köpüyünü yığmaq; göz gəzdirmək (kitaba)

skin [skin] s. dəri; qabıq; v. qabığını soymaq

skirt [skö:rt] s. tuman; yubka

skull [skal] s. kəllə

sky [skay] s. səma; göy

skyscraper [skayskreypae] s. göydələn

slab [sləb] s. təbəqə; qalın lay; plitə

slam [sləm] v. gurultu ilə bağlamaq (örtmək); çırpmaq

slang [sləng] s. jarqon

slant [sla:nt] s. əyrilik; meyl; v. əyilmək

slap [sləp] s. şillə; sillə; v. şillələmək; sillə vurmaq

slaughter [slo:tae] s. q ırğın; kəsmə; kəsilmə (heyvan); v. kəsmək; doğramaq; öldürmək

Slav [sla:v] adj. slavyan

slave [sleyv] s. qul; adj. qul

sled [sled] s. kirşə; xizək

sleep [sli:p] v. (slept; slept) yatmaq; yuxulamaq; s. yuxu

sleepy [sli:pi] adj. yuxulu

sleeve [sli:v] s. paltar qolu

slender [slendae] adj. incə belli; zərif

slice [slays] s. dilim; parça

slide [slayd] v. (slid; slid) sürüşmək; s. sancaq; bənd

slight [slayt] adj. xəfif; yüngül

slim [slim] adj. incə; zərif

slip [slip] v. sürüşmək; səhv etmək; çaşmaq; ağzından qaçırmaq; s. ağzından söz qaçırma; xəta; alt qadın paltarı

slipper [slipae] s. şap-şap (ev ayaqqabısı)

slippery [sliperi] adj. sürüşkən

slogan [slougaen] s. şüar

slope [sloup] s. eniş; meyl; v. meyli olmaq; maili olmaq

slot [slot] s. dəlik; yarıq; kəsik (avtomata pul salmaq üçün)

slow [slou] adj. yavaş; ağır; geri (saat haqqında)

slumber [slambae] s. yuxu; mürgü; v. yuxulamaq; mürgüləmək

small [smo:l] adj. kiçik; balaca; az

smart [sma:rt] adj. yaraşıqlı; zərif; ağıllı; çevik; şiddətli; kəskin (ağrı); sızlamaq

smash [sməş] s. parçalama; toqquşma; sarsıdıcı zərbə; v. parça-parça eləmək/olmaq; toqquşmaq

smear [smier] s. ləkə; v. yaxmaq; ləkələmək

smell [smel] v. (smelt; smelled) iyləmək; iyini almaq; s. qoxu; iy

smile [smayl] s. təbəssüm; gülümsəmə; v. gülümsəmək

smoke [smouk] s. duman; tüstü; v. tüstüləmək; siqaret çəkmək; hisə vermək

smooth [smu:š] adj. düz; hamar; rəvan; v. hamarlamaq

smudge [smac] s. çirk; ləkə

smuggle [smagl] v. qaçaqmal gətirmək; qaçaqlıq etmək

snack [snək] s. çərəz; qəlyanaltı

snake [sneyk] s. ilan

snap [snəp] s. şaqqıltı; cəftə; v. qapmaq; dişləmək; tutmaq (dişlə); mırıldamaq; şaqqıldamaq

snare [sneer] s. tələ; v. tələyə salmaq; tələ qurmaq

snatch [snəç] v. qapmaq; qoparmaq; yapışmaq (əl ilə)

sneak [sni:k] s. qorxaq; yaramaz; yaltaq; oğru; xəbərçi

sneeze [sni:z] s. asq ırma; v. asqırmaq

sniff [snif] v. burnunu çəkmək

snore [sno:r] v. xoruldamaq; s. xorultu

snow [snou] s. qar

so [sou] adv. belə; o qədər; o dərəcə; bundan başqa

soak [souk] v. islatmaq; hopmaq; islanmaq; canına keçmək (su)

soap [soup] s. sabun; v. sabunlamaq

soar [so:r] v. yüksəklərdə uçmaq; çox yüksəlmək

sober [soubae] adj. ayıq; sağlam düşüncəli

soccer [sokae] s. futbol

sociable [souşaebl] adj. istiqanlı; mehriban

social [souşael] adj. ictimai; sosial

socialism [souşaelizm] s. sosializm

society [sosayaeti] s. cəmiyyət; ictimaiyyət; şirkət

sock [sok] s. qısa corab

sofa [soufae] s. divan

soft [soft] adj. yumşaq; yavaş (səs)

soil [soyl] s. torpaq; yer; v. çirklətmək; kirləmək

soldier [soulcae] s. əskər; sıravi

sole [soul] s. altlıq (ayaqqabıda); adj. yeganə; təkcə; tənha

solid [solid] adj. bərk; möhkəm; bütöv; əsaslı; s. bərk cisim

solitary [solitaeri] adj. tək; tənha; ayrı

solitude [solityu:d] s. təklik; tənhalıq; tənha yer

solve [solv] v. həll etmək (məsələni)

some [sam] adj. bə'zi; bir neçə; bir az

somebody [sambaedi] pron. birisi; kimsə

somehow [samhau] adv. necəsə

someone [samwan] pron. kimsə; birisi

something [samšin] s. bir şey

sometimes [samtaymz] adv. bə'zən; arabir

somewhere [samwe:r] adv. harasa; bir yerdə; bir yerə

son [san] s. oğul

song [song] s. mahnı; nəğmə

son-in-law [saninlo:] s. kürəkən

soon [su:n] adv. bu yaxında; bir az sonra; tezliklə; erkən

sore [so:r] adj. ağrı verən; yaralı; xəstə; s. ağrı; yara

sorrow [sorou] s. kədər; dərd; qüssə

sorry [sori] adj. kədərləndirilmiş; yazıq; bədbəxt; qüssəli; I am sorry bağışlayın; üzr istəyirəm

sort [so:rt] s. növ; çeşid; cins; sort; v. növlərə ayırmaq; çeşidləmək; sortlara ayırmaq

soul [soul] s. ruh; can; insan

sound [saund] s. səs; v. səslənmək; dərinliyi ölçmək

soup [su:p] s. şorba

sour [sauer] adj. turş

source [so:rs] s. mənbə; mə'xəz; qaynaq

south [sauš] s. cənub; adj. cənubi

sovereignty [sovraenti] s. suverenlik

sow [sou] v. (sou; soud; soun) əkmək (əkin); səpmək (toxum)

space [speys] s. sahə; yer; meydan; kosmos

spacious [speyşaes] adj. geniş; əngin; tutumlu

spade [speyd] s. kürək; bel

spare [speer] v. əsirgəmək; heyfi gəlmək; sərf etmək (vaxt, pul); qorumaq; hifz etmək; adj. artıq; boş; ehtiyat

spark [spa:rk] s. iş ıq; parıltı; qığılcım

sparrow [sporou] s. sərçə

speak [spi:k] v. (spoke; spoken) danışmaq; söhbət etmək

speaker [spi:kaer] s. natiq; spiker (İngiltərə və ABŞ Parlamentində palatanın sədri)

special [speşael] adj. xüsusi; məxsus

specialist [speşaelist] s. mütəxəssis

specialize [speşaelayz] v. ixtisaslaşmaq; ixtisasa sahib olmaq

specific [spisifik] adj. xüsusi; spesifik

specimen [spesimin] s. nümunə
spectacle [spɛktækl] s. tamaşa
spectacles [spɛktæklz] s. *pl.* gözlük
spectator [spɛktɛytæc] s. tamaşaçı
speech [spi:ç] s. danışıq; nitq
speed [spi:d] v. (sped; sped) tez getmək; tələsmək; s. sür'ət
spell [spel] v. (spelt; spelt) sözü hərflərlə demək və ya yazmaq
spend [spend] v. (spent; spent) xərcləmək; sərf etmək; keçirmək (vaxt)
sphere [sfier] s. şar; kürə; sahə; fəaliyyət sahəsi
spider [spaydae] s. hörümçək
spill [spil] v. (spilled; spilt) tökmək (maye); tökülmək; dağılmaq (maye); çalxalanmaq
spin [spin] v. (spun; spun) əyirmək; hörmək (hörümçək toru); fırlanmaq; hərlənmək
spinach [spinic] s. ispanaq
spine [spayn] s. *anat.* onurğa; onurğa sütunu
spirit [spirit] s. ruh; cin; pəri; cəsarət; zirəklik
spiritual [spiriçuel] adj. ruhi; mə'nəvi
spit [spit] v. (spat; spat) tüpürmək; fınxırmaq
spiteful [spaytful] adj. qərəzli; kinli
splash [spləş] v. su sıçratmaq; şappıldatmaq (suyu)
splendid [splendid] adj. parlaq; gözəl; cəlallı; dəbdəbəli
split [split] v. (split; split) yarmaq; bölmək; çatlamaq; s. yarıq; çatlaq; parçalanma
spoil [spoyl] v. (spoilt; spoiled) korlanmaq; korlamaq
sponge [spanc] s. süngər; bulud; v. süngər ilə yumaq; başqasının hesabına yaşamaq
sponsor [sponsae] s. hami; qəyyum;

zamin olan adam; v. himayə etmək; zəmanət vermək; təşkil etmək (konsert)
spontaneous [spontɛynaes] adj. qeyriiradi; biixtiyar; bilavasitə
spoon [spu:n] s. qaşıq
sport [spo:rt] s. sport; idman; əyləncə; ov
spot [spot] s. nöqtə; yer; ləkə
spout [spaut] s. lülək (çaydanda); navalça
spread [spred] v. (spread; spread) yaymaq; yayılmaq; sürtmək; salmaq (süfrə; xalça); sərmək; yaxmaq (yağ); s. yayılma; dağılma; örtük
spring [sprin] v. (sprang; sprung) sıçramaq; atılmaq; s. bulaq; sıçrayış; bahar
sprinkle [sprinkl] v. sıçratmaq; çiləmək
sprint [sprint] s. qısa məsafəyə qaçış
spy [spay] s. casus; xəfiyyə; v. tə'qib etmək; casusluq etmək
squander [skwondae] v. israf etmək; sovurmaq
square [skweer] s. meydan; kvadrat; adj. dördbucaqlı
squeak [skwi:k] s. ciyilti; civilti; cırıltı; v. ciyildəmək; cırıldamaq
squeeze [skwi:z] s. basabas; basırıq; sıxma; sıxılma; v. sıxmaq; əzmək; soxulmaq; itələyə-itələyə keçmək
squirrel [skwi:rael] s. sincab
stab [stəb] v. bıçaqlamaq; s. bıçaq zərbəsi
stability [staebiliti] s. sabitlik; möhkəmlik
stable [steybl] s. tövlə (at üçün); adj. sabit; möhkəm
stack [staek] s. taya; topa; qalaq; v. bir yerə yığmaq
stadium [steydyaem] s. stadion
staff [sta:f] s. hey'ət; kadrlar; ştat;

ştab

stage [steyc] s. səhnə; mərhələ; faza; v. səhnələşdirmək; tamaşaya qoymaq

stagnant [stəgnaent] adj. durğun

stain [steyn] s. ləkə; rəng; v. ləkələmək; rəngləmək

stair [steer] s. pillə

staircase [steerkeys] s. pilləkən

stake [steyk] s. dirək; qumarda ortaya qoyulan pul

stall [sto:l] s. burdaq; köşk; balaca dükan; parterdə kreslo

stand [stənd] v. (stood; stood) dözmək; durmaq; dayanmaq; s. duruş; durma; ayaq üstə durma

standard [stəndaerd] s. standart; səviyyə; örnək; model; orta dərəcə; bayraq

star [sta:r] s. ulduz; v. baş rolda oynamaq

starch [sta:rç] s. nişasta; v. nişastalamaq

stare [steer] v. dik baxmaq; uzun müddət baxmaq; gözlərini zilləmək; gözlərini bərəltmək

start [sta:rt] v. başlamaq; hərəkət etmək; yola çıxmaq; işə salmaq (maşını); diksinmək; s. start; başlanğıc hərəkət; yola düşmə; işə düşmə

starve [sta:rv] v. aclıq çəkmək; aclıqdan ölmək; həsrət çəkmək

state [steyt] s. dövlət; ştat; vəziyyət; hal; v. bəyan etmək; söyləmək; ifadə etmək

statement [steytment] s. bəyanat

station [steyşin] s. vağzal; stansiya; ictimai vəziyyət

stationary [steyşnaeri] adj. sabit; dəyişməz

stationery [steyşnaeri] s. dəftərxana ləvazimatı

statue [stətyu:] s. heykəl; abidə

stay [stey] v. bir yerdə qalmaq/yaşamaq; dayanmaq; s. qalma;

dayanma; qalma müddəti

steady [stedi] adj. daimi; müntəzəm; sarsılmaz; möhkəm; v. sarsılmaz/dəyişməz olmaq

steak [steyk] s. ət tikəsi; bifşteks

steal [sti:l] v. (stole; stolen) oğurlamaq; oğrun-oğrun iş görmək

steam [sti:m] s. buxar; v. buxar buraxmaq/azaltmaq

steamer [sti:mae] s. paroxod; gəmi

steel [sti:l] s. polad

steep [sti:p] adj. dik; sıldırım; dimdik

steer [stier] v. idarə etmək; sürmək (maşını); yönəltmək

steering wheel [stierinwi:l] s. şturval; sükan

stem [stem] s. gövdə; kök; saplaq (bitkidə)

step [step] s. addım; ayaq səsi; v. tapdalamaq; addım atmaq/basmaq

stepfather [stepfa:žae] s. ögey ata

stepmother [stepmažae] s. ögey ana

stick [stik] v. (stuck; stuck) yapışdırmaq; batırmaq; keçirmək (ucunu); s. dəyənək; əl ağacı; çubuq

sticky [stiki] adj. yapışqanlı

stiff [stif] adj. elastik olmayan; daşa dönmüş; donmuş

still [stil] adj. sakit; durğun; v. sakitləşdirmək; adv. hələ; hələ də

stimulate [stimyuleyt] v. təhrik etmək; oyatmaq (həvəs)

sting [sting] s. neştər; iynə; v. sancmaq; incitmək; yandırmaq

stir [stö:r] s. hərəkət; tərpəniş; narahatlıq; həyəcan; v. hərəkət etmək; təhrik etmək; fəaliyyətə gətirmək

stock [stok] s. gövdə; dayaq; tüfəngin qundağı; kök; nəsil; ailə; aksiya; ehtiyat (mal, ərzaq); v. təchiz etmək; ehtiyat toplamaq

stocking [stokin] s. (uzun) corab

stomach [stamaek] s. mə'də; qarın

stone [stoun] s. daş; çəyirdək; v. daşlamaq; daşla tikmək; tumunu çıxarmaq (meyvənin)

stool [stu:l] s. kətil; taburet

stop [stop] s. dayanacaq; pauza; v. saxlamaq; dayanmaq; kəsmək; ma'ne olmaq; tıxamaq

store [sto:r] s. ehtiyat; anbar; mağaza; pl. univermaq; v. ehtiyat görmək; saxlamaq

storm [sto:rm] s. fırtına; hücum; v. hücumla almaq

story [sto:ri] s. hekayə; nağıl

stove [stouv] s. soba

straight [streyt] adj. düz; dürüst; təmiz; səmimi

strain [streyn] v. gərginləşdirmək; gərmək; gərilmək; dartıb uzatmaq; süzmək; süzülmək; s. gərginlik; dartılma; qarılma

strange [streync] adj. əcaib; qəribə

stranger [streyncae] s. gəlmə; yad adam

strangle [strəngl] v. boğmaq; boğulmaq; təngnəfəs olmaq

strap [strəp] s. qayış; v. qayışla bağlamaq

strategy [strətici] s. strategiya

straw [stro:] s. saman; saman çöpü

strawberry [stro:baeri] s. çiyələk

stray [strey] v. yolunu azmaq; azmaq; ayrı düşmək (dəstədən, sürüdən); adj. yolunu azmış; evsiz

streak [stri:k] s. zolaq; damar; v. zolaq çəkmək; zolaqlamaq; cızıq-cızıq eləmək; cızmaq

stream [stri:m] s. sel; çay; ax ın; v. axmaq; süzülmək (işıq)

street [stri:t] s. küçə

strength [strenš] s. qüvvət; güc; möhkəmlik

stress [stres] s. təzyiq; gərginlik; vurğu; v. xüsusilə qeyd etmək; vurğu qoymaq

stretch [streç] s. uzanma; sahə; məsafə; v. uzatmaq; uzanmaq (yol, yer); dartıb uzatmaq

stretcher [streçae] s. xərək

strike [strayk] v. (struck; stricken) vurmaq; çırpmaq; vurmaq (saat); tə'til etmək; s. tə'til

string [strin] s. qaytan; ip; tel; lif; sim; sap (muncuq); v. simləri çəkmək; düyünləmək

strip [strip] v. soymaq; siyirmək; soyunmaq; s. lent; ensiz uzun parça; zolaq

striped [straypt] adj. zolaqlı; milmil

strive [strayv] v. (strove; striven) çarpışmaq; vuruşmaq; cəhd etmək

stroke [strouk] s. zərbə (hälledici); bəxti gətirmə; v. tumarlamaq

stroll [stroul] v. gəzişmək; gəzib dolaşmaq; s. gəzinti

strong [strong] adj. güclü; qüvvətli; möhkəm

structure [strakçae] s. quruluş; struktur; bina; tikili

stubborn [stabaen] adj. tərs; inadc ıl

student [styu:daent] s. tələbə; tədqiqatçı

study [stadi] s. təhsil; oxuma; tədqiqat; kabinet; v. təhsil almaq; oxumaq; tədqiq etmək; öyrənmək

stuff [staf] s. material şey; boş şey; mə'nasız şey; parça; v. hava doldurmaq (topa); içini doldurmaq (toyuğun)

stumble [stambl] v. ilişmək (ayağı); dolaşmaq (dili); səhv etmək; s. ilişmə; dolaşma; səhv; xəta

stun [stan] v. sarsıtmaq; çaşdırmaq; vurub gicəllətmək; karıxdırmaq

stupid [styu:pid] adj. ağılsız; s. zırrama

sturdy [stae:di] adj. güclü; sağlam; qüvvətli

style [stayl] s. üslub; üsul; tərz; moda

subdue [saebdyu:] v. tabe etmək;

məğlub etmək

subject [sabcikt] s. məs ələ; mövzu; fənn; təbəə; mübtəda; v. itaət altında saxlamaq; mə'ruz qoymaq

submarine [sabmaeri:n] adj. sualt ı ; sualtı qayıq

submit [saebmit] v. təslim olmaq; tabe olmaq; təqdim etmək (müzakirəyə); irəli sürmək (təklif)

subscribe [saebskrayb] v. abunə olmaq; imzalamaq

subsidiary [saebsidyeri] adj. yardımçı; ikinci dərəcəli

substance [sabstaens] s. maddə; materiya; substansiya; mahiyyət

substantial [sabstənşael] adj. real; əsaslı; mühüm; möhkəm

substitute [sabstityu:t] s. əvəzedici; əvəz; müavin

subtle [satl] adj. incə; güclə sezilən; zərif

subtract [sabtrəkt] v. *math.* çıxmaq

suburb [sabae:b] s. şəhər kənarı; kənar məhəllə

subway [sabwey] s. tunel; yeraltı keçid; *amer.* metro; yeraltı dəmir yolu

succeed [saeksi:d] v. müvəffəq olmaq; bacarmaq; birinin işini davam etdirmək; məqsədinə çatmaq

success [saekses] s. müvəffəqiyyət; uğur

successful [saeksesful] adj. uğurlu; müvəffəqiyyətli

such [saç] adj. belə; bu kimi; beləliklə; o qədər

suck [sak] s. əmmə; v. əmmək

sudden [sadn] adj. qəfil; ani; gözlənilməz

suddenly [sadnli] adv. birdən-birə; qəflətən

sue [syu:] v. kimsəyə qarşı iş qaldırmaq (məhkəmədə); xahiş etmək

suffer [safae] v. əzab çəkmək;

dözmək

sufficient [saefişent] adj. kifayət qədər; kafi; bəs

suffocate [safaekeyt] v. boğmaq; boğulmaq

sugar [şugae] s. qənd; şəkər

suggest [saecest] v. təklif etmək; məsləhət görmək; bildirmək

suggestion [saecesçin] s. təklif

suicide [su:isayd] s. intihar; özünə qəsd etmə; özünə qəsd edən; intihar edən

suit [syu:t] s. kostyum (kişi üçun); ərizə; iddia; tələb; v. uyğun gəlmək; münasib olmaq; yaramaq; yaraşmaq

suitable [syu:taebl] adj. uyğun; əlverişli

suitcase [syu:tkeys] s. çamadan

sum [sam] s. məbləğ; hasil; miqdar; v. toplamaq; yekunlaşdırmaq

summary [samaeri] s. xülas ə

summer [samae] s. yay (fəsil)

summon [samaen] v. çağ ırmaq (məhkəməyə və s.)

sun [san] s. günəş; v. özünü günə vermək; gündə qurutmaq

Sunday [sandi] s. bazar günü

sunny [sani] adj. günəşli; iş ıqlı; şən; fərəhli; xoşbəxt

sunrise [sanrayz] s. günəşin doğması; günün çıxması

sunset [sanset] s. günəşin batması ı; qurub

sunshine [sanşayn] s. günəş işığı; günəşli hava

superb [syupae:b] adj. möhtəşəm; mükəmməl; ə'la keyfiyyətli

superficial [su:perfişael] adj. s əthi; üzdən; yüngül (yara)

superior [su:pieryae] adj. üstün; daha yaxşı; böyük (vəzifəcə)

superstition [su:perstişin] s. mövhumat; dini xurafat

supervise [su:paervayz] v. nəzarət

etmək; idarə etmək; rəhbərlik etmək
supper [sapae] s. şam yeməyi
supple [sapl] adj. əyilən; yumşaq; tez
yola gələn
supply [saeplay] v. tə'min etmək; təchiz
etmək; s. *pl.* ehtiyat; *pl.* təchizat
support [saepo:rt] s. dayaq; arxa;
yardım; v. müdafiə etmək; arxa olmaq;
tərəfdar olmaq
suppose [saepouz] v. fərz etmək; zənn
etmək
suppress [saepres] v. dağıtmaq;
yatırmaq; boğmaq (üsyanı); qadağan
etmək (qəzeti); müsadirə etmək (kitabı);
gizlətmək (həqiqəti)
supreme [syupri:m] adj. ali; yüksək
sure [şuae] adj. əmin; arxayın;
şübhəsiz; adv. şübhəsiz; mütləq
surface [sö:rfis] s. üz; səth; zahir
surgery [sö:rcaeri] s. cərrahlıq;
cərrahın qəbul otağı
surname [sö: neym] s. familiya; soyadı
surpass [sae:rpa:s] v. üstün olmaq;
geridə buraxmaq
surplus [sae:plas] adj. artıq; izafi;
çoxlu
surprise [saeprayz] v. heyrətləndirmək;
təəccübləndirmək; çaşdırmaq; s. heyrət;
təəccüb; sürpriz
surrender [saerendae] s. təslim olma; v.
təslim etmək; təslim olmaq
surround [saeraund] v. əhatəyə almaq
surroundings [saeraundings] s. *pl.*
ətraf; ətraf mühit
survive [saervayv] v. çox yaşamaq
(kimsədən); sağ qalmaq
suspect [saspekt] s. şübhə altında
olan adam; [saespekt] v. şübhələnmək
suspicion [saespişin] s. şübhə
suspicious [saespişes] adj. şübhəli;
şübhədoğuran
swallow [swolou] v. udmaq; s. udum;
qaranquş

swamp [swomp] s. bataqlıq
swan [swon] s. qu quşu
swarm [swo:rm] s. sürü; dəstə; yığın;
v. qaynaşmaq; toplaşmaq
sway [swey] v. sallanmaq; yellənmək;
tə'sir etmək
swear [sweer] v. (swore; sworn) v. and
içmək; söyüş söymək
sweat [swet] s. tər; v. tərləmək
sweep [swi:p] v. (swept; swept)
süpürmək; təmizləmək; sür'ətlə keçib
getmək; məhv etmək; yox etmək
sweet [swi:t] adj. şirin; şəkərli; əziz;
xoş; incə
sweetheart [swi:tha:rt] s. sevgili;
əzizim (müraciət kimi)
swell [swel] v. (swelled; swollen)
şişmək; qabarmaq; şişirtmək;
qabartmaq
swift [swift] adj. cəld; iti
swim [swim] v. (swam; swum) üzmək;
üzüb keçmək
swine [swayn] s. donuz
swing [swing] v. (swung; swung) v.
sallanmaq; yellənmək; asılmaq; asılı
qalmaq; s. sallanma; yellənmə
switch [swiç] s. elektrik düyməsi; v.
başqa cəhətə çevirmək; **switch off**
söndürmək (işığı); **switch on**
yandırmaq (işığı)
sword [so:rd] s. qılınc
symbol [simbael] s. rəmz; simvol
symptom [simptaem] s. əlamət; simptom
system [sistim] s. quruluş; sistem

T

table [teybl] s. masa; stol
tablecloth [teyblkloš] s. süfrə
tablespoon [teyblspu:n] s. xörək

qaşığı
tablet [təblit] s. həb
tail [teyl] s. quyruq
tailor [teylae] s. dərzi (kişi)
take [teyk] v. (took; taken) götürmək;
qəbul etmək
tale [teyl] s. hekayə; nağıl
talent [təlaent] s. qabiliyyət; iste'dad;
talant
talk [to:k] v. danışmaq; söhbət etmək;
s. danışıq; söhbət
tame [teym] v. əhliləşdirmək; ələ
öyrətmək
tan [tən] s. gündən qaralma
tangerine [təncaeri:n] s. naringi;
mandarin
tangle [təngl] s. qarışıqlıq; v.
dolaşdırmaq; çaşıb qalmaq
tank [tənk] s. tank
tap [təp] s. kran (su, qaz üçün);
tıqqıltı; v. tıqqıldatmaq; şappıldatmaq
tape [teyp] s. şərid; lent (maqnitofon,
teleqraf)
tape-recorder [teypriko:dae] s.
maqnitofon
target [ta:rgit] s. hədəf; nişangah
task [ta:sk] s. tapşırıq; vəzifə
taste [teyst] s. dad; ləzzət; zövq; v.
dadına baxmaq; dadmaq
tax [taks] s. vergi; rüsum; gömrük; v.
vergi qoymaq
taxi [təksi] s. taksi
tea [ti:] s. çay (içki)
teach [ti:ç] v. (taught; taught)
öyrətmək; oxutmaq; dərs vermək
teacher [ti:çae] s. müəllim
teapot [ti:pot] s. dəm çaydanı
tear I [tier] s. göz yaşı
tear II [teer] v. (tore; torn) yırtmaq;
cırmaq; s. yırtıq; cırıq
tease [ti:z] v. sürtüşmək;
acıqlandırmaq; sataşmaq; s. dalaşqan;
sataşqan; öcəşkən

technique [tekni:k] s. texnika
tedious [ti:dyaes] adj. cansıxıcı;
usandırıcı
teenager [ti:neycae] s. on üçdən on
doqquz yaşına qədər olan gənc;
yeniyetmə
telephone [telifoun] s. telefon; v.
telefon etmək; zəng etmək (telefonda)
television [telivijin] s. televiziya
tell [tel] v. (told; told) demək;
söyləmək; bildirmək
temper [tempae] s. xasiyyət; ovqat;
əhval-ruhiyyə
temperature [tempriçae] s. hərarət
dərəcəsi; istilik; temperatur
temple [templ] s. mə'bəd; gicgah
temporary [tempaeraeri] adj. keçici;
müvəqqəti
tempt [tempt] v. başdan çıxarmağa
çalışmaq; sövq etmək; şırnikləndirmək;
doğru yoldan azdırmaq
temptation [tempteyşin] s. pis yola
təhrik etmə; yoldan çıxarma; nəfs; həvəs;
tamah
tend [tend] v. meyl etmək;
istiqamətlənmək; meyli olmaq
tendency [tendaensi] s. təmayül; meyl;
canatma
tender [tendae] adj. zərif; incə; nazik;
zəif
tennis [tenis] s. tennis
tense [tens] s. gram. zaman; adj. tarım
çəkilmiş; gərgin
tension [tenşin] s. gərginlik
tent [tent] s. çadır
term [tö:rm] s. termin; müddət; semestr;
pl. şərtlər; pl. münasibətlər
terminate [tae:rmineyt] v. tükənmək;
qurtarmaq
terrible [teribl] adj. dəhşətli; qorxunc
terrific [terifik] adj. qorxunc;
müdhiş
terrify [terifay] v. qorxutmaq;

dəhşətə gətirmək

territory [teritae:ri] s. ərazi; torpaq; sahə; yer

terror [teraer] s. dəhşət; qorxu; terror

test [test] s. sınaq; test; yoxlama; v. yoxlamaq; imtahan etmək; sınaqdan çıxarmaq

testify [testifay] v. şahidlik etmək; təsdiq etmək

testimony [testimouni] s. şahidlik; ifadə (məhkəmədə); sübut

than [žən] conj. müqayisə üçün işlədilən ədat; ... daha; -dan (-dən)

thank [šənk] v. təşəkkür etmək; s. pl. təşəkkürlər; şükür

thank you [šənkyu:] exp.: sağ olun; təşəkkür edirəm

thank you very much [šənkyu:verimaç] exp.: çox sağ olun

that [žət] pron. o (işarə əvəzliyi); conj. ki

thaw [šo:] s. ərimə; v. ərimək

theater [šietae] s. teatr

theft [šeft] s. oğurluq

their [žeer] pron. onların; onlarınkı

theme [ši:m] s. tema; mövzu

then [žen] adv. onda; ondan sonra; o zaman; o halda; bu halda

there [žeer] adv. ora; orada; oraya

therefore [žeefo:r] adv. onun üçün; ona görə də

these [ži:z] pron. pl. bunlar

they [žey] pron. pl. onlar

thick [šik] adj. qalın; sıx; qatı

thief [ši:f] s. oğru; (pl. thieves)

thigh [šay] s. bud; omba

thin [šin] adj. nazik; arıq; zəif; seyrək

thing [šin] s. şey; əşya; iş; fakt

think [šink] v. (thought; thought) düşünmək; zənn etmək

third [šö:rd] num. üçüncü

thirsty [šö:rsti] adj. : **be thirsty** susamaq; su istəmək

this [žis] pron. bu

thorn [šo:rn] s. tikan; adj. tikanlı

thorough [šarae] adj. tam; mükəmməl; əsaslı

those [žouz] pron. onlar (işarə əvəzliyi)

thought [šo:t] s. fikir; düşüncə

thoughtful [šo:tful] adj. fikirli; qayğılı

thousand [šauzaend] num. min

thrash [šrəş] v. döymək (tax ıl); döyəcləmək

thread [šred] s. sap; iplik

threat [šret] s. təhlükə; hədə-qorxu

threaten [šretn] v. qorxutmaq; hədələmək

three [šri:] num. üç

threshold [šreşhould] s. kandar

thrifty [šrifti] adj. qənaətcil; yığıcı

thrill [šril] s. titrəyiş; lərzə; titrəmə; həyəcan; v. titrəmək; həyəcandan titrəmək; lərzəyə salmaq

throat [šrout] s. boğaz

throne [šroun] s. taxt

through [šru:] prep. aras ından; içindən; bir yandan o biri yana; adv. başdan-başa; bütün (gecə)

throw [šrou] v. (threw; thrown) tullamaq; atmaq

thrust [šrast] v. (thrust; thrust) itələmək; sancmaq; batırmaq; soxmaq (iti bir şeyi); s. zərbə; itələmə

thumb [šam] s. baş barmaq (əldə)

thunder [šandae] s. göy gurultusu

thunderstorm [šandaesto:rm] s. tufan

Thursday [šö:rzdey] s. cümə axşamı

thus [žas] adv. beləliklə; belə

ticket [tikit] s. bilet

tickle [tikl] v. qıdıqlamaq

tide [tayd] s. qabarma və çəkilmə (dəniz suyu)

tidy [taydi] adj. səliqəli; v. səliqəyə salmaq; yır-yığış etmək

tie [tay] s. bağ; düyün; qalstuk; v. bağlamaq; düyünləmək

tiger [taygaer] s. pələng

tight [tayt] adj. dar; sıx; tarım çəkilmiş

tile [tayl] s. kirəmit; kafel; saxsı

till [til] prep. qədər; kimi; conj. nə qədər ki

timber [timbae] s. taxtaşalban

time [taym] s. vaxt; zaman; kərə; dəfə

timid [timid] adj. ürkək; utancaq

tin [tin] s. tənəkə; konserv qabı; qalay; v. qalaylamaq

tiny [tayni] adj. xırdaca; kiçik

tip [tip] s. şiş uc; ucluq; (dağın) başı; bəxşiş; "çay pulu"; tövsiyə; v. ucunu keçirmək; başını kəsmək (kolların)

tire [tayae] s. şin (avtomobildə); v. yorulmaq; cana gəlmək

tired [tayaed] adj. yorğun

title [taytl] s. sərlövhə; titul; rütbə

to [tu:] məsdər təşkil edən ədat; yönlük hal şəkilçisi: **to me** mənə; istiqamət bildirən: **to school** məktəbə

toad [toud] s. quru qurbağası

toast [toust] s. qızarmış çörək; sağlıq; tost; v. qızartmaq; sağlığına içmək

today [taedey] adv. bu gün

toe [tou] s. ayaq barmağı

together [taegežae] adv. birlikdə; bərabər

toilet [toylit] s. tualet; ayaqyolu

token [toukn] s. yadigar; xatirə; əlamət; nişan

tolerant [toleraent] adj. dözümlü

tomato [taemeytou] s. pomidor

tomb [tu:m] s. qəbir; türbə

tomorrow [taemo:rou] adv. sabah

ton [tan] s. ton

tone [toun] s. səs; *mus.* ton; rəng; *med.* tonus

tongue [tan] s. *anat.* dil; dil (nitq)

tonight [taenayt] adv. bu gecə; bu axşam

too [tu:] adv. həmçinin; ... da; ... də; çox; həddən artıq

tool [tu:l] s. alət; cihaz

tooth [tu:š] s. diş (*pl.* teeth)

toothbrush [tu:šbraş] s. diş fırçası

toothpaste [tu:špeyst] s. diş pastası

top [top] s. üst; zirvə; təpə; ən yüksək nöqtə; adj. yuxarıdakı; yüksək

torch [to:rç] s. məş'əl; fənər

torment [to:rmaent] s. əziyyət; cəfa; əzab; v. əziyyət vermək; əzab vermək

torture [to:rçae] s. işgəncə; əzab; əziyyət; v. əzab vermək; işgəncə vermək

toss [tos] v. tullamaq; atıb-tutmaq; qurdalanmaq; çabalamaq

total [toutl] adj. tam; bütün; total; başdan-başa; s. ümumi məbləğ; cəm

touch [taç] s. toxunma; təmas; v. toxunmaq; əl vurmaq

tough [taf] adj. sərt; bərk; dözümlü; tərs; inadkar

tour [tuer] s. turne (qastrol səfəri); v. gəzmək; dolaşmaq; qastrola çıxmaq

tourist [tuerist] s. turist

tow [tou] s. yedək; yedək zənciri; v. yedəyə almaq (maşını)

towards [taewo:dz] prep. (bir şeyə) tərəf

towel [tauel] s. dəsmal; məhraba

tower [tauer] s. qala; bürc; v. yüksəlmək; ucalmaq

town [taun] s. şəhər

toy [toy] s. oyuncaq; əyləncə

trace [treys] s. iz; əlamət; v. birini izləmək; kopiya etmək (kalka ilə)

track [trək] s. iz; cığır; yol; dəmir yolu; v. tə'qib etmək; izi ilə getmək;

izinə düşmək
trade [treyd] s. ticarət; peşə; v. ticarət
etmək
tradition [traedişin] s. ən'ənə
traditional [traedişinel] adj.
ən'ənəvi
traffic [trəfik] s. küçə hərəkəti;
küçə nəqliyyatı
tragedy [traecidi] s. faciə; tragediya
tragic [trəcik] adj. faciəvi
trail [treyl] v. sürmək; sürünmək;
izləmək; s. iz; cığır
traitor [treytae] s. xain; satqın
tram [trəm] s. tramvay
tranquil [trənkwil] adj. sakit; asudə;
aram
tranquility [trənkwiliti] s. sakitlik;
asudəlik
transaction [trənzəkşin] s. iş;
sövdələşmə; pl. xəbərlər (elmi məcmuə);
protokollar
transfer [trənsfae] v. başqa yerə
köçürmək; ötürmək; vermək
transform [trənsfo:rm] v. şəklini
dəyişdirmək; çevirmək
translate [trənsleyt] v. tərcümə
etmək; çevirmək
translation [trənsleyşin] s. tərcümə
transparent [trənspearent] adj. şəffaf;
işıq keçirən; aydın başa düşülən
transportation [trənspo:rteyşin] s.
daşıma; nəqliyyat
trap [trəp] s. tələ; v. tələ qurmaq; tələyə
salmaq; yaxalamaq
trash [trəş] s. dəyərsiz şeylər; zibil;
makulatura; dəyərsiz adamlar; yaramaz
adam
travel [trəvl] s. səyahət; v. səyahətə
çıxmaq; səyahət etmək
traveller [trəvlae] s. səyahətçi;
səyyah
tray [trey] s. məcməyi; sini; padnos
treacherous [treçaeres] adj. xain;

satqın
treason [tri:zn] s. xəyanət
treasure [trejae] s. xəzinə; dəfinə; v.
yüksək qiymətləndirmək; qoruyub
saxlamaq
treat [tri:t] s. ləzzət; keyf; qonaq etmə;
v. müalicə etmək; bir şeyə qonaq etmək;
rəftar etmək
treaty [tri:ti] s. saziş; müqavilə
tree [tri:] s. ağac; şəcərə; ayaqqabı
qəlibi
tremble [trembl] s. titrəmə; əsmə; v.
titrəmək; əsmək
tremendous [trimendaes] adj. çox
böyük; möhtəşəm
trend [trend] s. təmayül; cərəyan;
istiqamət
trial [trayael] s. təcrübə; sınaq;
yoxlama; məhkəmə işi; məhkəmə
triangle [trayəngl] s. üçbucaq
tribe [trayb] s. qəbilə; tayfa
trick [trik] s. hiylə; kələk; fokus; hoqqa;
v. aldatmaq; kələk gəlmək
trickle [trikl] v. damla-damla axmaq;
sızmaq
tricky [triki] adj. hiyləgər; kələkbaz
trifle [trayfl] s. boş şey;
əhəmiyyətsiz şey
trim [trim] v. düzəltmək; səliqəyə
salmaq; bəzəmək; adj. səliqəli
trip [trip] s. gəzinti; qısa səyahət
triumph [trayaemf] s. təntənə; zəfər;
qələbə; v. qələbə çalmaq
troop [tru:p] s. dəstə; qrup
trouble [trabl] s. narahatlıq; bəla; v.
narahat etmək; zəhmət vermək
trousers [trauzez] s. pl. şalvar
trout [traut] s. alabalıq
truck [trak] s. əl arabası; üstü açıq
yük vaqonu; yük maşını
true [tru:] adj. doğru; həqiqi; xalis;
sadiq
trumpet [trampit] s. truba; şeypur

trunk [traŋk] s. gövdə (ağac ın);
xortum; sandıq; böyük dolab
trust [trast] s. inam; e'timad; güvənmə;
v. inanmaq; e'tibar etmək
truth [tru:š] s. həqiqət
try [tray] s. cəhd; v. cəhd etmək;
çalışmaq; sınamaq; mühakimə etmək
tub [tab] s. ləyən; təknə
tube [tyu:b] s. boru; tübik
Tuesday [tyu:zdi] s. çərşənbə axşam ı
tumble [tambl] v. mayallaq aşmaq;
yıxılmaq
tune [tyu:n] s. melodiya; mahn ı;
nəğmə; səs; ton; v. kökləmək
tunnel [tanl] s. tunel; v. tunel çəkmək
turkey [tö:rki] s. hind toyuğu
turn [tö:rn] s. dönmə; dövr; növbə; v.
dönmək; çevrilmək; çevirmək;
fırlanmaq; döndərmək
turn off [tö:rnof] v. bağlamaq
(kranı); keçirmək (işığı, radionu)
turn on [tö:rnon] v. açmaq (qaz ı,
kranı); yandırmaq (işığı)
turtle [tö:rtl] s. çanagl ı bağa
twelve [twelv] num. on iki
twenty [twenti] num. iyirmi
twins [twinz] s. pl. əkizlər; qoşa
şeylər; cüt
twist [twist] s. burulma; q ıvrılma;
burulmuş bir şey; lülə; çıxıq; v.
burmaq; burulmaq; sıxmaq (paltarı)
two [tu:] num. iki
type [tayp] s. tip; tipik nümunə; örnək;
mətbəə şrifti; v. yazı makinasında
yazmaq
typewriter [taypraytae] s. yaz ı
makinası
typical [tipikael] adj. tipik; s əciyyəvi
typist [taypist] s. makinaç ı
tyrant [tayraent] s. müstəbid; zal ım;
qəddar

U

ugly [agli] adj. çirkin; kifir; eybəcər
ultimate [altimit] adj. son; ax ırıncı
umbrella [ambrela] s. çətir
unable [aneybl] adj. gücü çatmayan;
bacarmayan; iqtidarsız; aciz
unanimous [yunənimaes] adj. yekdil;
həmfikir; həmrə'y
unarmed [ana:rmd] adj. silahs ız
unbearable [anbeeraebl] adj.
dözülməz
unbelievable [anbili:vaebl] adj.
ağlası ğmaz; mümkün
unbutton [anbatn] v. düymələri açmaq
uncle [aŋkl] s. əmi; dayı; xalanın və ya
bibinin əri
uncommon [ankomaen] adj. qeyri-adi;
nadir; az rast gələn
uncover [ankavae] v. açmaq (örtülü
bir şeyi); aşkara çıxarmaq
under [andae] prep. ...in alt ında; altına;
adv. ...dən aşağı; az
underestimate [anderestimeyt] v.
qiymətləndirməmək; dəyərindən az
qiymətləndirmək
undergraduate [andaegrədyuit] s.
universitetin son kurs tələbəsi
underground [andaegraund] adv. yer
altında; adj. gizli; yeraltı
underline [andaelayn] v. alt ından
cızıq çəkmək; xüsusi qeyd etmək
undermine [andaemayn] v. təməlini
çürütmək; altını qazımaq
underneath [andaeni:š] adv.
aşağıda; aşağı
understand [andaestənd] v.
(understood; understood) başa düşmək;
anlamaq
underwear [andaewea] s. alt paltar ı
undesirable [andizayaerebl] adj. arzu
edilməz

undo [andu:] v. (undid; undone) açmaq (yaxasını, düyməsini); korlamaq; zay etmək

undress [andres] v. soyunmaq; paltarlarını çıxartmaq

unemployed [animployd] adj. işsiz

unemployment [animployment] s. işsizlik

uneven [ani:ven] adj. düz olmayan; əyri-üyrü; kələ-kötür; tək (rəqəm)

unexpected [anikspektid] adj. gözlənilməz; gözlənilməyən

unfair [anfeer] adj. ədalətsiz; insafsız; haqsız; şərəfsiz

unfamiliar [anfaemilyer] adj. tanış olmayan; naməlum

unfit [anfit] adj. uyğun olmayan; yaramayan; yararsız

unfold [anfould] v. açmaq; açılmaq

unfortunate [anfo:rçnit] adj. bədbəxt; bəxti gətirməyən

unfriendly [anfrendli] adj. düşmən; qeyri-səmimi; dost olmayan

unhealthy [anhelši] adj. xəstə; kefsiz; sağlam olmayan

uniform [yu:nifo:rm] s. rəsmi geyim; mundir; adj. yeknəsək; eyni cür

union [yu:nyaen] s. ittifaq; birlik; şirkət

unique [yu:ni:k] adj. tək; yeganə; s. nadir şey

unit [yu:nit] s. vahid; hərbi hissə; bölmə

unite [yu:nayt] v. birləşmək; birləşdirmək

universe [yu:nivörs] s. kainat; dünya

university [yu:nivörsiti] s. universitet

unjust [ancast] adj. haqsız; ədalətsiz; insafsız

unknown [announ] adj. naməlum; tanınmayan; bilinməyən

unless [anles] conj. -məzsə; -mədikcə; əgər

unlike [anlayk] adj. oxşamayan; fərqli; bənzəməyən; prep. fərqli olaraq

unload [anloud] v. boşaltmaq (yükü)

unlock [anlok] v. açmaq (açarla)

unnatural [annəçrael] adj. qeyri-təbii; anormal

unpleasant [anpleznt] adj. xoşa gəlməz; pis

unreal [anriel] adj. qeyri-real; yalançı; saxta

unrest [anrest] s. narahatlıq; təşviş

unstable [ansteybl] adj. dəyişkən; qərarsız; tərəddüd edən

until [antil] prep. qədər; hələ ki; nə qədər ki

unusual [anyu:juael] adj. qeyri-adi; nadir

up [ap] adv. yuxarı; yuxarıda

upbringing [apbringin] s. tərbiyələndirmə; yetişdirmə

upon [aepon] prep. üzərinə; üzərində; üstündə

upper [apaer] s. üst; adj. üstdəki; yuxarıdakı

upright [aprayt] adj. dik; şaquli; namuslu; ədalətli

upset [apset] v. devirmək; alt-üst etmək; kədərləndirmək; mə'yus etmək

upside-down [apsayddaun] adv. alt-üst; tərsinə

upstairs [apsteerz] adv. yuxarıda (pillələnlərlə)

up-to-date [aptaedeyt] adj. müasir; dəbdə olan; qabaqcıl

urge [ö:rc] v. israrla təhrik etmək; məcbur etmək

urgent [ö:rcent] adj. tə'cili; vacib

urine [yuerin] s. sidik

use [yu:s] s. fayda; istifadə; işlətmə; [yu:z] v. istifadə etmək; işlətmək

useful [yu:sful] adj. faydalı; xeyirli

useless [yu:zlis] adj. faydasız; yararsız; xeyirsiz

usher [aşae] s. bilet yoxlayan; qapıçı; teatrda yer göstərən

usual [yu:juel] adj. adi; həmişəki
utmost [atmoust] adj. ən uzaq; son
dərəcə
utter [atae] adj. tam; sona qədər; qəti; v.
deməm; söyləmək; təlləfüz etmək

V

vacancy [veykaensi] s. boşluq; boş
sahə; vakansiya
vacant [veykaent] adj. boş;
tutulmamış; vakant
vacation [vaekeyşin] s. tə'til (tədris
müəssisəsində); *amer.* mə'zuniyyət
vacuum cleaner [vəkyuemkli:nae] s.
tozsoran
vague [veyg] adj. anlaşılmaz;
mübhəm; qeyri-müəyyən; tutqun
vain [veyn] adj. boş; əbəs; lovğa
valiant [vəlyaent] adj. igid; cəsur; *law*
e'tibarlı; həqiqi
valid [vəlid] adj. mötəbər; qüvvədə
olan; əsası olan; tutarlı
valley [vəli] s. vadi
valuable [vəlyuebl] adj. qiymətli;
dəyərli
value [vəlyu:] s. qiymət; dəyər;
kəmiyyət; miqdar; v. qiymətləndirmək
valve [vəlv] s. klapan; qapaq; tay; lay;
radio elektron lampa
van [vən] s. furqon; üstü bağlı yük
vaqonu
vanish [vəniş] v. gözdən itmək; qeyb
olmaq
vanity [vəniti] s. şöhrətpərəstlik
variable [vaeryebl] adj. dəyişkən;
qərarsız
variation [vaerieyşin] s. dəyişmə;
dəyişkənlik; növ müxtəlifliyi; variant
variety [vaerayeti] s. müxtəliflik

various [vaeryes] adj. müxtəlif;
cürbəcür; bir çox
varnish [va:rniş] s. lak; parıltı;
işıltı; v. lak çəkmək; laklamaq
vary [vaeri] v. dəyişmək; dəyişdirmək;
fərqli olmaq; fərqlənmək
vase [veyz] s. vaza
veal [vi:l] s. dana əti
vegetable [vecitaebl] s. tərəvəz
vehicle [vi:ikl] s. daşıma vasitəsi
(araba, maşın və s.)
veil [veyl] s. yaşmaq; örtük; v.
yaşmaqlanmaq; örtmək
vein [veyn] s. damar; vena
velvet [velvit] s. məxmər
vengeance [vencaens] s. intiqam;
intiqam alma
venture [vençae] s. risk; cəsarətli
addım; müəssisə (ticarət); v. təhlükəyə
atılmaq; risk etmək
verb [vö:rb] s. fe'l
verbal [vö:rbl] adj. fe'li; şifahi; hərfi
verdict [vö:rdikt] s. hökm
verge [vö:rc] s. kənar; hüdud; ucqar; v.
verge on həmsərhəd olmaq
verify [verifay] v. təsdiq etmək;
öyrənib bilmək; yoxlamaq
versatile [vö:rsaetayl] adj. hərtərəfli
very [veri] adv. çox; adj. həqiqi; əsl
vest [vest] s. jilet; mayka
veto [vi:tou] s. veto; qadağan
vex [veks] v. zəhlə tökmək
vibrate [vaybreyt] v. titrəmək;
vibrasiya etmək
vice [vays] s. nöqsan; əskiklik; pis
xüsusiyyət
vicious [vişaes] adj. pozğun; yaman;
pis; azğın
victim [viktim] s. tələfat
victory [viktaeri] s. qələbə
view [vyu:] s. mənzərə; görünüş;
baxış; fikir; görüş; v. baxmaq; tədqiq
etmək; düşünmək

vigorous [vigaeres] adj. güclü; qüdrətli

village [vilic] s. kənd

villain [vilaen] s. cani; yaramaz

vine [vayn] s. tənək

vinegar [vinigae] s. sirkə

violate [vayaeleyt] v. pozmaq (qanunu); zor işlətmək

violence [vayaelens] s. zorakılıq; hiddət; qeyz

violent [vayaelent] adj. azğın; qəzəbli; şiddətli; bərk; sərt

violet [vayaelit] s. bənövşə; adj. bənövşəyi

violin [vayaelin] s. skripka

virtue [vae:rçyu:] s. yaxşılıq; comərdlik; ləyaqət; məziyyət

vision [vijin] s. görmə; görüş; xəyal; rö'ya; yuxu

visit [vizit] v. qonaq getmək; görməyə getmək; s. səfər; ziyarət; gəliş

visitor [vizitae] s. qonaq; ziyarətçi

vital [vaytl] adj. həyati; canlı; həyat üçün zəruri

vivid [vivid] adj. canlı; parlaq

vocabulary [voukəbyulaeri] s. sözlük; luğət tərkibi; lüğət

vocal [voukael] adj. səsli; vokal (-ı-i)

voice [voys] s. səs

void [voyd] adj. məhrum; *law* qüvvədə olmayan; e'tibarsız

volcano [volkeynou] s. vulkan

volume [volyu:m] s. həcm; cild

voluntary [volaenteri] adj. könüllü

vote [vout] s. səs (seçkidə); səsvermə; v. səs vermək

vow [vau] s. əhd-peyman; and; v. and içmək; əhd-peyman etmək

voyage [voyic] s. səyahət (dənizlə)

vulgar [valgaer] adj. qaba; kobud; vulqar; bayağı

W

wage [weyc] s. əmək haqqı; v.: **wage war** müharibə etmək

wagon [wəgaen] s. yük maşını; furqon; yük vaqonu

wail [weyl] s. nalə; fəryad; fəğan; v. nalə çəkmək; fəryad etmək; fəğan etmək

waist [weyst] s. bel

wait [weyt] v. gözləmək

waiter [weytae] s. ofisiant

waitress [weytris] s. qadın ofisiant

wake [weyk] v. (woke; woken) oyatmaq; oyanmaq; canlandırmaq (xatirələri)

walk [wo:k] s. yeriş; gəzinti; v. getmək; yeriмək; piyada gəzmək

wall [wo:l] s. divar

wallet [wolit] s. pul kisəsi; musiqi alətləri saxlanılan qutu; futlyar

walnut [wo:lnat] s. qoz

wander [wondae] v. gəzib dolaşmaq; veyllənmək; saylqlamaq

want [wo:nt] s. çatışmazlıq; yoxsulluq; ehtiyac; tələbat; v. istəmək; arzu etmək; ehtiyacı olmaq

war [wo:r] s. müharibə; hərb

wardrobe [wo:droub] s. paltar şkafı; qarderob

warehouse [weahaus] s. ambar

warm [wo:rm] adj. isti; hərarətli

warn [wo:rn] v. xəbərdarlıq etmək; əvvəlcədən xəbər vermək

warning [wo:rning] s. xəbərdarlıq

warrant [woraent] s. səlahiyyət; sənəd; order; v. səlahiyyət vermək; tə'minat vermək

warrior [wo:ryae] s. döyüşçü; hərbçi

wash [wo:ş] v. yumaq; yuyunmaq; s. paltaryuma; yuyunma

wasp [wosp] s. eşşəkarısı; arı

waste [weyst] s. baxımsız torpaq;

səhra; artıq xərc; tullantı; tör-töküntü;
v. (boş) sərf etmək; israf etmək
watch [woç] v. müşahidə etmək; göz
qoymaq; baxmaq; növbə çəkmək; s.
sayıqlıq; növbə; gözətçi; cib saatı
water [wo:tae] s. su; v. sulamaq
watermelon [wo:taemelaen] s. qarp ız
wave [weyv] s. dalğa; yellənmə; vurma;
çırpma; v. yellənmək; dalğalanmaq;
burulmaq; burmaq (saçı)
wax [wəks] s. mum
way [wey] s. yol; cəhət; yön; məsafə;
tərz; üsul; çarə
we [wi:] pron. biz
weak [wi:k] adj. zəif; qüvvətsiz
weaken [wi:kn] v. zəifləmək; zəiflətmək
weakness [wi:knis] s. zəiflik;
qüvvətsizlik
wealth [welš] s. sərvət; bolluq;
zənginlik
wealthy [welši] adj. zəngin; dövlətli
weapon [wepaen] s. silah
wear [weer] v. (wore; worn) geymək
weary [wieri] adj. yorğun; yorucu; v.
yormaq
weather [wežae] s. hava
weave [wi:v] v. (wove; woven) toxumaq;
hörmək
web [web] s. hörümçək
wedding [wedin] s. toy; evlənmə; nikah
Wednesday [wenzdi] s. çərşənbə
günü
weed [wi:d] s. alaq; yaban ı ot; v. alaq
eləmək; alaq vurmaq
week [wi:k] s. həftə
weekend [wi:kend] s. həftə sonu
weep [wi:p] v. (wept; wept) ağlamaq
weigh [wey] v. ölçmək (çəkisini);
çəkmək (tərəzidə); gəlmək
weight [weyt] s. çəki; ağ ırlıq
welcome [welkaem] s. qarş ılama;
xoşgəldin etmə; adj. arzu edilən; v.
xoşgəldin etmək; xoş qarşılamaq; exp.:

xoş gəlmisiniz
well [wel] s. quyu; bulaq; xeyir; adv.
yaxşı; adj. yaxşı; sağlam
well-off [welof] adj. dövlətli; var-
dövlət sahibi olan
west [west] s. qərb; adj. qərbi; adv. qərbə
doğru
wet [wet] adj. yaş; rütubətli; islanm ış;
v. islatmaq
whale [weyl] s. balina
what [wot] pron. nə; hans ı
whatever [wotevae] pron. hər nə; adj.
hər hansı
wheat [wi:t] s. buğda
wheel [wi:l] s. təkər; çarx; sükan; v.
fırlatmaq; dönmək; təkərli miniklə
aparmaq
when [wen] adv. nə zaman; nə vaxt
whenever [wenevae] conj. hər vaxt; nə
vaxt olursa olsun
whether [wežae] conj. ya
which [wiç] pron. hansı
while [wayl] conj. ikən; ... d ığı halda;
halbuki; s. müddət; zaman
whip [wip] s. qamç ı; qırmanc; v.
qamçılamaq; qırmancla döymək;
çalxalamaq; çalmaq (yumurtanı)
whirl [wö:rl] v. f ırlanmaq; gicəllənmək
whiskers [wiskaers] s. pl. bakenbard;
bığ (heyvanlarda)
white [wayt] adj. ağ; bəyaz
who [hu:] pron. kim; o ki; onlar ki
whoever [hu:evae] pron. kim olursa
olsun
whole [houl] adj. bütün; tam; yekun; s.
hamısı
whom [hu:m] pron. kimi; kimə
whose [hu:z] pron. kimin
why [way] adv. nə üçün; niyə
wicked [wikid] adj. pis (adam); əxlaqsız
wide [wayd] adj. geniş; enli; açıq
widow [widou] s. dul qad ın
widower [widouer] s. dul kişi

wife [wayf] s. arvad; zövcə; hərəm

wig [wig] s. parik; qoyma saç

wild [wayld] adj. vəhşi; şiddətli; coşğun

will [wil] s. istək; arzu; vəsiyyət

willing [wiling] adj. raz ı; hazır

willow [wilou] s. söyüd

win [win] v. (won; won) udmaq; qazanmaq; qalib gəlmək

wind [waynd] v. (wound; wound) çevirmək; dolamaq; qurmaq (saatı); dolaşmaq; həll etmək (məsələni); s. külək; yel

window [windou] s. pəncərə

wing [wing] s. qanad; qol; v. qanadlanmaq; uçmaq

winner [winae] s. qalib (yarışda)

winter [wintae] s. qış; v. qışlamaq

wipe [wayp] v. silmək; silib təmizləmək

wire [wayae] s. tel; teleqraf; v. teleqrafla xəbər göndərmək

wisdom [wizdaem] s. müdriklik; ağ ıl; hikmət

wise [wayz] adj. müdrik; ağıllı

wish [wiş] v. arzu etmək; istəmək; s. arzu; istək

wit [wit] s. hazırcavablıq; ağıllılıq; hazırcavab adam; ağıl; idrak

with [wiž] prep. ilə; ...la; ...lə

withdraw [wiždro:] v. geri çəkmək; çəkilmək; geri götürmək; geri çağırmaq

wither [wižae] v. solmaq; qurumaq

within [wižin] prep. daxilində; dairəsində; ərzində

without [wižaut] prep. -s ız; -siz; -suz; -süz; -dən kənarda

witness [witnis] s. şahid; v. şahid olmaq; şahidlik etmək; təsdiq etmək (imzanı, sənədi)

witty [witi] adj. hazırcavab

woe [wou] s. kədər; qəm; dərd

wolf [wulf] s. (pl. wolves) canavar;

qurd

woman [wumaen] s. (pl. women) qad ın

wonder [wandae] s. heyrət; təəccüb; v. heyrətlənmək; təəccüblənmək

wonderful [wandaeful] adj. qəribə; çox gözəl

wood [wud] s. meşə; taxta; odun

wooden [wudn] adj. ağacdan/taxtadan düzəldilmiş

wool [wul] s. yun

woolen [wuln] adj. yundan; yun - ı(-i)

word [wö:rd] s. söz

work [wö:rk] s. iş; əmək; əsər; v. işləmək; zəhmət çəkmək; çalışmaq; işlətmək; çalışdırmaq

world [wo:rld] s. dünya; cahan; aləm

worm [wo:rm] s. yer qurdu; soxulcan

worry [wo:ri] v. narahat olmaq; nigaran olmaq; narahat etmək; darıxdırmaq; s. narahatlıq; təşviş

worse [wo:rs] adj. daha pis; çox pis

worship [wo:rşip] s. ibadət; pərəstiş; v. ibadət etmək; pərəstiş etmək

worst [wo:rst] adj. ən pis; ən yaman

worth [wo:rš] s. dəyər; qiymət; adj. layiq

worthless [wo:ršlis] adj. dəyərsiz; faydasız

worthy [wo:rši] adj. layiq; dəyərli

wound [wu:nd] s. yara; v. yaralamaq

wrap [rəp] v. (wrapt; wrapt) sarımaq; bükmək; s. böyük yun şal; sarğı

wreath [ri:š] s. çələng

wreck [rek] s. qəza; toqquşma; v. qəzaya uğramaq; toqquşmaq; pozmaq; dağıtmaq (planı, işi)

wrestle [resl] s. güləş; v. güləşmək

wring [ring] v. (wrung; wrung) burub sıxmaq; qopartmaq (söz)

wrinkle [rinkl] s. q ırış; v. qırışmaq; qırışdırmaq

wrist [rist] s. bilək

write [rayt] v. (wrote; written) yazmaq

writer [raytae] s. yazıçı
writing [rayting] s. yazı
wrong [ro:ng] adj. səhv; yanlış; tərs;
haqsız; v. bir kəsə qarşı haqsızlıq
etmək; s. haqsızlıq; pislik
wry [ray] adj. əyri; korlanmış; şəkli
pozulmuş

X

Xmas [krismaes] s. (Christmas) Milad
bayramı
x-ray [eksrey] v. rentgen şüaları ilə
müayinə etmək
xylophone [zilaefoun] s. ksilofon

Y

yacht [yot] s. yaxta
yard [ya:rd] s. yard (91.44 santimetr);
həyət
yawn [yo:n] s. əsnəmə; əsnək; v. əsnəmək
year [ye:r] s. il
yearn [ye:rn] v. həsrət çəkmək; çox
arzu etmək
yeast [yi:st] s. maya
yell [yel] s. bağırma; qulaqbatırıcı
səslə qışqırıq; v. bağırmaq;
çığırmaq
yellow [yelou] adj. sarı; *col.* qısqanc;
paxıl; *col.* qorxaq
yes [yes] adv. bəli; hə
yesterday [yestaedi] adv. dünən
yet [yet] adv. hələ; daha; belə; conj.
amma; ona baxmayaraq
yield [yi:ld] v. təslim olmaq;
razılaşmaq; bar vermək; s. məhsul;

məhsul yığımı
yolk [youk] s. yumurta sarısı
you [yu:] pron. sən; siz; səni; sizi; sənə;
sizə
young [yang] adj. gənc; cavan
your [yo:] pron. sənin; sizin
yourself [yo:self] pron. s ən özün
youth [yu:š] s. gənclər; gənclik; gənc;
cavan oğlan
youthful [yu:šful] adj. gənc

Z

zealous [zelaes] adj. qeyrətli;
çalışqan
zebra [zi:brae] s. zebr
zenith [zeniš] s. zenit
zero [zirou] s. sıfır
zest [zest] s. dad; ləzzət; həvəs
zip [zip] s. vıyıltı; cırıltı; v.
vıyıldamaq
zipper [zipae] s. zəncirbənd; ilgəg
zone [zoun] s. zona; rayon; qurşaq
zoo [zu:] s. zoopark; heyvanxana

Azerbaijani-English

A

abad [abad] adj. prosperous; flourishing
abajur [abajoor] s. lamp-shade
abidə [abeeda] s. monument
abı [abi] adj. light blue
abır [abir] s. shame; honour; self-respect
abunə [aboona] s. subscription
ac [aj] adj. hungry
acgöz [ajgoz] adj. covetous; avaricious; insatiable
aciz [ajeez] adj. incapable; weak; poor; humble
acı [aji] adj. bitter; sharp
acınacaqlı [ajinajagli] adj. pitiable; deplorable
acıq [ajig] s. spite; anger
aclıq [ajlig] s. hunger; starvation
açıq [achig] adj. open; uncovered; clear; cloudless
açmaq [achmag] v. open; unfurl; turn on
ad [ad] s. name; reputation
ada [ada] s. island
adam [adam] s. man; human being; person
addım [adim] s. step; pace
adət [adat] s. custom; habit
adi [adee] adj. common; customary; usual
adil [adeel] adj. just
adlandırmaq [adlandirmag] v. name; call
adres [adres] s. address
aeroport [aeroport] s. airport
afiyət [afeeyat] s. health
agentlik [agentleek] s. agency
ağ [ag] adj. white
ağa [aga] s. lord; master; gentleman
ağac [agaj] s. tree; timber
ağarmaq [agarmag] v. become white
ağıl [agil] s. reason; intelligence; sense
ağır [agir] adj. heavy; weighty; slow; serious
ağız [agiz] s. mouth; edge

ağlamaq [aglamag] v. cry; weep; grieve
ağrı [agri] s. pain; ache; sore
ağu [agoo] s. poison
ağuş [agoosh] s. embrace
ahəng [ahang] s. accord; harmony
axın [akhin] s. flowing; current; stream
axırıncı [akhirinji] adj. last
axmaq [akhmag] s. fool; idiot; adj. silly; v. flow; run
axşam [akhsham] s. evening
axtarmaq [akhtarmag] v. look for; seek; search
aid [aeed] adj. referring (to); concerning; belonging
ailə [ayla] s. family
aktiv [akteev] adj. active
aktual [aktual] adj. actual; topical
aktyor [aktyor] s. actor; actress
aldatmaq [aldatmag] v. lie; cheat
aləm [alam] s. world; universe
ali [alee] adj. high; supreme
alim [aleem] s. scientist; scholar
alıcı [aliji] s. buyer; customer; purchaser
Allah [alah] s. God; Allah
alma [alma] s. apple
almaq [almag] v. buy; obtain; receive
alman [alman] s. German
alov [alov] s. flame
altı [alti] num. six
Amerika [amereeka] s. America
amma [ama] conj. but
an [an] s. moment; instant
ana [ana] s. mother
ancaq [anjag] adv. only; conj. but
anlamaq [anlamag] v. understand
aprel [aprel] s. April
aptek [aptek] s. drugstore; pharmacy
aqibət [ageebat] s. consequence; end
ara [ara] s. interval; space of place or time; relationship
arxa [arkha] s. back part; rear
arxayın [arkhayin] adj. assured; sure;

confident
arif [areef] adj. wise; intelligent; skilled
armud [armood] s. pear
artırmaq [artirmag] v. add; increase; raise
arvad [arvad] s. woman; wife
arzu [arzoo] s. wish; desire; zeal
asan [asan] adj. easy
asılmaq [asilmag] v. hang; be hung; be suspended
aslan [aslan] s. lion
asta [asta] adj. slow
aşağıda [ashagda] adv. underneath; below
aşiq [asheeg] s. lover
aşkar [ashkar] adj. clear; evident
at [at] s. horse
ata [ata] s. father
atmaq [atmag] v. throw; throw away; drop
avadanlıq [avadanlig] s. equipment
avam [avam] adj. illiterate
avara [avara] s. vagabond; good-for-nothing; out of work
avariya [avareeya] s. accident; crash; breakdown
Avropa [avropa] s. Europe
avtomat [avtomat] s. automation; slot machine; submachine gun
avtomobil [avtomobeel] s. car
ay [ay] s. moon; month
ayaq [ayag] s. foot
ayaz [ayaz] s. frost
aydın [aydin] adj. bright; clear
ayı [ayi] s. bear
ayıb [ayib] s. shame
ayılmaq [ayilmag] v. wake up
ayıq [ayig] adj. wide awake
ayırmaq [ayirmag] v. separate; set apart
ayna [ayna] s. mirror
az [az] adj. little; few; insignificant
azad [azad] adj. free
azalmaq [azalmag] v. diminish; be reduced
Azərbaycan [azərbayjan] s. Azerbaijan

B

baba [baba] s. grandfather
bacarmaq [bajarmag] v. be able
bacı [baji] s. sister
badam [badam] s. almond
badımcan [badimjan] s. egg-plant
bağ [bag] s. garden
bağışlamaq [bagishlamag] v. present (a gift); forgive; pardon
bağlamaq [baglamag] v. bind; tie; close; shut
baha [baha] adj. expensive
bahar [bahar] s. spring
baxış [bakhish] s. look; glance
baxmaq [bakhmag] v. look (at); look (after); take care
bal [bal] s. honey
bala [bala] s. baby; child
balaca [balaja] adj. little; small; tiny
balet [balet] s. ballet
balıq [balig] s. fish
balış [balish] s. pillow
bank [bank] s. bank
barışmaq [barishmag] v. make up a quarrel; reconcile
barmaq [barmag] s. finger
basmaq [basmag] v. press; stamp; overflow (water)
baş [bash] s. head; top; chief
başlamaq [bashlamag] v. begin; start
başqa [bashga] adj. other; another; different
batmaq [batmag] v. sink; go to the bottom; set (sun)
bayram [bayram] s. holiday
bazar [bazar] s. market; market place; Sunday
bel [bel] s. waist; loins
belə [bela] adj. such; similar to this; adv. so; thus; in this way

beş [besh] num. five
beyin [beeyen] s. brain
beynəlxalq [beynalkhalg] adj. international
bədən [badan] s. body
bədii [badee] adj. literary; relating to arts
bəhanə [bahana] s. pretext
bəxt [bakht] s. luck; fortune; good luck; destiny
bəla [bala] s. trouble; misfortune; calamity; grief
bəli [balee] adv. yes
bəlkə [balka] adv. maybe
bərabər [barabar] adj. equal
bərk [bark] adj. hard; firm
bəs [bas] adj. enough; sufficient; conj. but
bəstəkar [bastakar] s. composer
bəyaz [bayaz] adj. white
bəyənmək [bayanmak] v. like
bəzək [bazak] s. ornament; decoration
bə'zi [bazee] adj. some
bildirmək [beeldeermak] v. inform; let know; communicate
bilet [beelet] s. ticket
bilik [beeleek] s. knowledge
bilmək [beelmak] v. know; learn; guess
bir [beer] num. one
biskvit [beeskveet] s. biscuit; sponge cake
bişirmək [beesheermak] v. cook
bitirmək [beeteermak] v. finish; terminate; complete; bring to an end; graduate
bitki [beetkee] s. plant
bivəfa [beevafa] adj. faithless; inconstant
biz [beez] pron. we
bıçaq [bichag] s. knife
bığ [big] s. moustache
boğaz [bogaz] s. throat
boğmaq [bogmag] v. constrict; choke; strangle; suffocate; drown
bol [bol] adj. abundant; plentiful
borc [borj] s. debt; loan; duty; obligation
bostan [bostan] s. vegetable garden
boş [bosh] adj. empty; unoccupied;

unemployed; loose; vacant
botanika [botaneeka] s. botany
boy [boy] s. height
boyun [boyoon] s. neck
boz [boz] adj. grey
böcək [bojak] s. insect; bug
böhran [bohran] s. crisis
böhtan [bohtan] s. false accusation; calumny
bölmək [bolmak] v. cut up; divide; separate
böyrək [böyrak] s. kidney
böyük [boyuk] adj. big; large
böyürtkən [boyurtkan] s. raspberry
broşüra [broshura] s. brochure; booklet
bu [boo] pron. this
bucaq [boojag] s. corner
budaq [boodag] s. branch
bufet [boofet] s. buffet
buğda [boogda] s. corn
buket [booket] s. bouquet
bulaq [boolag] s. spring
bulud [boolood] s. cloud
bura [boora] adv. here
buraxmaq [boorakhmag] v. let go; release; let off; let grow (beard)
burjua [boorjooa] s. bourgeois
burmaq [boormag] v. twist
burun [booroon] s. nose
buruq [booroog] s. curl
buynuz [booynooz] s. horn
buyurmaq [booyoormag] v. order
buz [booz] s. ice
bükülü [bukulu] adj. wrapped up; enfolded
bülbül [bulbul] s. nightingale
bülleten [buleten] s. bulletin; voting paper
bünövrə [bunovra] s. foundation; base
büro [buro] s. bureau; office; desk
bürünmək [burunmak] v. wrap oneself up
bütün [butun] adj. whole; entire

C

cad [jad] s. millet (bread)

cadu [jadoo] s. witchcraft; sorcery

cağıldamaq [jagildamag] v. flow; run (about water); crack (about nuts)

cağıltı [jagilti] s. noise; sound of falling water

cahan [jahan] s. world

cahil [jaheel] adj. ignorant; inexperienced; uneducated

calal [jalal] s. grandeur; pomp; splendour; magnificence

camaat [jamaat] s. people; public; community; group; crowd

camal [jamal] s. beauty; prettiness

camış [jamish] s. buffalo

can [jan] s. soul; life; force; vigour

canan [janan] s. sweetheart

canavar [janavar] s. wolf

cani [janee] s. criminal

cari [jaree] adj. current; present day

casus [jasoos] s. spy

cavab [javab] s. answer; reply

cavabdeh [javabdeh] adj. responsible; in charge of; defendant; respondent

cavahir [javaheer] s. jewel

cavan [javan] adj. young; youthful

caz [jaz] s. jazz

caziba [jazeeba] s. attraction

ceyran [jeyran] s. gazelle

cəbr [jabr] s. force; violence; compulsion

cədvəl [jadval] s. time-table; schedule

cəfa [jafa] s. ill-treatment; cruelty

cəfəngiyat [jafangeeyat] s. nonsense; rubbish; absurdity

cəftə [jafta] s. bolt; bar

cəhalət [jahalat] s. ignorance

cəhd [jahd] s. striving; endeavour; effort; diligence

cəhənnəm [jahanam] s. hell

cəhət [jahat] s. side; part; respect

cəlb [jalb] s. attraction; drawing (in)

cəld [jald] adj. quick; fast; prompt; swift; adv. quickly; fast; promptly; swiftly

cəllad [jalad] s. executioner; hangman

cəmiyyət [jameeyat] s. society; company

cəmləşdirmək [jamlashdeermak] v. gather together; assemble

cəncəl [janjal] s. confusion; mess; muddle; adj. confused; muddled

cəngavər [jangavar] s. fighting man; warrior

cəngəllik [jangaleek] s. jungle

cənnət [janat] s. paradise

cənub [janoob] s. South

cərəyan [jarayan] s. current; movement; flow; stream

cərgə [jarga] s. row; line; rank

cərimə [jareema] s. fine; penalty

cərrah [jarah] s. surgeon

cəsarət [jasarat] s. courage; bravery; boldness; daring

cəsəd [jasad] s. dead body; corpse

cəza [jaza] s. punishment; penalty

cəzb [jazb] s. attraction; attractiveness

cib [jeeb] s. pocket

ciddi [jeedee] adj. serious; earnest; adv. seriously; earnestly; in earnest

cihaz [jeehaz] s. equipment

cilalamaq [jeelalamag] v. polish; burnish; varnish

cild [jeeld] s. binding; bookcover; volume

cilov [jeelov] s. bridle; curb; reins

cilvə [jeelva] s. grace; charm; coquetry

cin [jeen] s. demon; genie; spirit

cinah [jeenah] s. flunk; wing

cinas [jeenas] s. pun

cinayət [jeenayat] s. crime; offense

cinlənmək [jeenlanmak] v. become furious

cins [jeens] s. sex; gender; race; breed; species; kind; variety

cisim [jeeseem] s. body; substance;

material; thing
civar [jeevar] s. neighbourhood; environs
civə [jeeva] s. mercury; quicksilver
civildəmək [jeeveeldamak] v. twitter; chirp
cığıldamaq [jigildamag] v. squeak; sheep; peep
cığır [jigir] s. path; trend
cılız [jiliz] adj. puny; thin; delicate
cındır [jindir] s. rag; adj. ragged; threadbare; torn
cınqıldamaq [jingildamag] v. tinkle
cınqır [jingir] s. sound; noise
cıqqılı [jigili] adj. tiny; small
cır [jir] adj. wild; shrill
cırcırama [jirjirama] s. dragon fly
cırıldamaq [jirildamag] v. squeak; creak
cırıq [jirig] adj. torn; ragged
cırmaq [jirmag] v. tear
cırmaqlamaq [jirmaglamag] v. scratch
cırnamaq [jirnamag] v. be irritated; be teased; be vexed; be angry
cırtdan [jirtan] s. dwarf; pygmy
cızıldamaq [jizildamag] v. sizzle
cızıq [jizig] s. line
cod [jod] adj. rough; hard
coğrafi [jografee] adj. geographical
comərd [jomard] adj. generous
corab [jorab] s. sock; stocking
coşğun [joshgoon] adj. ebullient; boiling over; overflowing; exuberant
coşmaq [joshmag] v. rage; make uproars; boil up; overflow; become exuberant; get excited
cökə [joka] s. lime; linden
cövhər [jovhar] s. jewel; essence; acid; substance; nature
cummaq [joomag] v. dive; plunge; rush
cücə [juja] s. chicken
cücərmək [jujarmak] v. spring; sprout
cücərtmək [jujartmak] v. grow; raise; cultivate
cücü [juju] s. insect

cüllüt [julut] s. snipe
cümə [juma] s. Friday
cümə axşamı [juma akhshami] s. Thursday
cümlə [jumla] s. sentence; the whole
cür [jur] s. kind; sort; order; way
cür'ət [jurat] s. boldness; daring; courage
cüssə [jusa] s. body; trunk
cüt [jut] s. pair; even number
cüyür [juyur] s. roe; deer
cüz'i [juzee] adj. partial; slight; unimportant; trifling; trivial

Ç

çadır [chadir] s. tent; marquee
çağ [chag] s. time; age; period; cheerful humour; good spirits
çağırış [chagirish] s. appeal; call; invitation; summons
çağırmaq [chagirmag] v. call; call out; invite
çağlamaq [chaglamag] v. burble; murmur
çaxır [chakhir] s. wine
çaxmaq [chakhmag] s. cock; steel; v. pull the trigger; strike fire; flash
çala [chala] s. pit; hole
çalağan [chalagan] s. (black) kite
çalarlıq [chalarlig] s. shade; tint; hue
çalğı [chalgi] s. music
çalxalamaq [chalkhalamag] v. beat up; shake up
çalışmaq [chalishmag] v. try; endeavour; work; strive; study; do one's best
çalışqan [chalishgan] adj. diligent; hard working; industrious
çalmaq [chalmag] v. play (a musical

instrument); bite; be shot; mow; cut

çamadan [chamadan] s. trunk; suitcase

çanaq [chanag] s. earthenware pot

çanta [chanta] s. bag; case

çap [chap] v. print

çapaq [chapag] s. bream

çaparaq [chaparag] s. full gallop; running

çaplq [chapig] s. scar; weal; wale

çapmaq [chapmag] v. gallop; rob; cut

çapqln [chapgin] s. robbery

çaqll [chagil] s. pebble

çaqqal [chagal] s. jackal

çar [char] s. tsar; czar

çardaq [chardag] s. garret

çarə [chara] s. remedy; means; measure; help; way out

çarhovuz [charhovooz] s. pond; swimming pool

çarx [charkh] s. wheel

çarmlx [charmikh] s. crucifix; cross

çarpayl [charpayi] s. bedstead; bed

çarpaz [charpaz] adj. crossed

çarplşmaq [charpishmag] v. struggle; fight

çaşmaq [chashmag] v. lose one's head; be taken aback; be put out; get confused

çatdlrmaq [chatdirmag] v. deliver

çatlşdlrmaq [chatishdirmag] v. make both ends meet

çatlamaq [chatlamag] v. crack; split

çatmaq [chatmag] v. get to; reach; arrive; catch up (with); overtake; come up (with); be enough; be sufficient

çatmaqaş [chatmagash] s. arched eyebrows

çay [chay] s. tea; river; stream

çek [chek] s. cheque; check

çempion [chempeeon] s. champion

çeşid [chesheed] s. sort; variety; kind

çeşmə [cheshma] s. spring; fountain

çeşmək [cheshmak] v. glasses

çevik [cheveek] adj. quick; prompt; swift;

agile; nimble

çevirmək [chevecrmak] v. turn over; tipple

çevrə [chevra] s. circle

çevriliş [chevreeleesh] s. revolution; overturn

çeynəmək [cheynamak] v. chew; masticate

çəki [chakee] s. weight

çəkic [chakeej] s. hammer

çəkilmək [chakeelmak] v. go away; move away; withdraw; draw off; fall back

çəkinmək [chakeenmak] v. feel shy; be ashamed (of smth.); beware; take precautions

çəkişmək [chakeeshmak] v. bet (on); quarrel; argue (with); dispute

çəkmə [chakma] s. shoes

çəkmək [chakmak] v. şəkil çəkmək draw; əziyyət çəkmək suffer; tərəzidə çəkmək weigh; siqaret çəkmək smoke

çələng [chalang] s. wreath; plume

çəllək [chalak] s. barrel; cask

çəmən [chaman] s. meadow

çən [chan] s. mist; fog

çənə [chana] s. jaw; chin

çəngəl [changal] s. hook; fork

çəp [chap] s. slanting; slooping; squint; squinting

çəpər [chapar] s. fence

çərçivə [charcheeva] s. frame

çərək [charak] s. a quarter; a forth; one forth

çərənləmək [charanlamak] v. chatter; twaddle

çərşənbə [charshanba] s. Wednesday

çətin [chateen] adj. difficult; hard

çibin [cheebeen] s. fly

çiçək [cheechak] s. flower; blossom

çilçlraq [cheelchirag] s. lustre; chandelier

çiləmək [cheelamak] v. splash

çimdik [cheemdeek] s. nip; pinch; tweak

çimdirmək [cheemdeermak] v. bathe

çimmək [cheemak] v. bathe; take a bath

çinar [cheenar] s. plane (tree); platan

çirk [cheerk] adj. dirt

çisəmək [cheesamak] v. drizzle

çiy [cheey] adj. raw; uncooked

çiyələk [cheeyalak] s. garden strawberry; wild strawberry

çiyin [cheeyeen] s. shoulder

çığırmaq [chigirmag] v. cry; shout; scream; yell; bawl

çıxarmaq [chikharmag] v. take out; expel; take off

çıxış [chikhish] s. performance; speech; protuberance; jut; prominence

çıxmaq [chikhmag] v. come out; go out; appear; come into existence

çılpaq [chilpag] adj. naked; bare

çıraq [chirag] s. lamp

çırmalamaq [chirmalamag] v. roll up

çırpınmaq [chirpinmag] v. beat; throb; toss

çırpışdırmaq [chirpishdirmag] v. filch

çırpmaq [chirpmag] v. strike; shake out

çox [chokh] adv. much; plenty of; a lot of; many; very; very much; greatly

çoxlu [chokhloo] adj. numerous

çolaq [cholag] s. cripple; lame

çovdar [chovdar] adj. rye

çovğun [chovgoon] s. snow-storm; storm

çöl [chol] s. field; steppe; desert

çönmək [chonmak] v. turn; swing

çörək [chorak] s. bread

çünki [chunkee] conj. because; as

çürük [churuk] adj. rotten; spoilt; decomposed; corrupted; demoralized; worthless

çürükçü [churukchu] s. babbler; windbag

çürümə [churuma] s. decomposition; rotting; putrefaction; corruption

D

da (də) [da (da)] adv. even; also; conj. if; both... and...

daban [daban] s. heel

dad [dad] s. taste

dadanmaq [dadanmag] v. acquire a taste for; visit a place frequently; take (to)

dağ [dag] s. mountain

dağıdacı [dagidaji] adj. destructive; devastating

dağılmaq [dagilmag] v. scatter; spilt; fall to pieces; be spread; wear out

daha [daha] adv. more; any more; no more

dahi [dahee] s. genius

daxili [dakheelee] adj. inner; internal; inward

daxma [dakhma] s. hut

daim [daeem] adv. always; constantly; all the time

dair [daeer] prep. concerning; about

dairə [daeera] s. circle

dal [dal] s. back; hinder part

dalan [dalan] s. blind alley

dalaq [dalag] s. spleen

dalaşmaq [dalashmag] v. fight; scuffle; quarrel

daldalanmaq [daldalanmag] v. seek shelter; take cover

dalğa [dalga] s. wave

dalğın [dalgin] adj. thoughtful; plunged to thoughts; absent-minded

dam [dam] s. roof

dama [dama] s. draughts; checkers

damaq [damag] s. palate; good mood; high spirits

damar [damar] s. vein; nerve

damğa [damga] s. stamp; mark; brand

dammaq [damag] v. drip; prile; drop; fall

dan [dan] s. daybreak; dawn

dana [dana] s. calf

danışıq [danishig] s. conversation
danışmaq [danishmag] v. speak; talk
danlamaq [danlamag] v. reproach (with); scold; reprove
danmaq [danmag] v. deny; disclaim
dar [dar] adj. narrow; tight
daraq [darag] s. comb
daraşmaq [darashmag] v. fall (upon, on); pounce (on)
darı [dari] s. millet
darıxmaq [darikhmag] v. be bored; have tedious time; miss; be anxious; worry
darısqal [darisgal] adj. rather narrow; rather tight
darmadağın etmək [darmadagin etmak] v. smash; ruin; destroy
dartmaq [dartmag] v. pull; draw; tug
darvaza [darvaza] s. gates
dastan [dastan] s. legend; epos
daş [dash] s. stone
daşımaq [dashimag] v. carry; take; cort; drive; transport; remove; carry out; act as
daşqın [dashgin] s. flood; high water
dava [dava] s. battle; war; scuffle
davam [davam] s. steadfastness; firmness; duration
dayanmaq [dayanmag] v. stop
dayaq [dayag] s. prop; support
dayaz [dayaz] adj. not deep; shallow
dayə [daya] s. nurse
dayı [dayi] s. uncle
daz [daz] adj. bold
dekabr [dekabr] s. December
demək [demak] v. say; fell; mean; be called; so; then; well then
deşik [desheek] s. hole; slot
devirmək [deveermak] v. overthrow
deyinmək [deyeenmak] v. grumble
dəb [dab] s. fashion; custom
dəbdəbə [dabdaba] s. splendour; pomp; solemnity
dəcəl [dajal] adj. naughty; mischievous

dəfə [dafa] s. time
dəfinə [dafeena] s. buried treasure; hidden treasure; treasure
dəfn [dafn] adj. burial; funeral
dəftər [daftar] s. writing-book; exercise-book; copy-book
dəhliz [dahleez] s. entrance hall; corridor
dəhşət [dahshat] s. terror; fear; horror
dəxli olmaq [dakhlee olmag] v. concern; have to do (with)
dələ [dala] s. squirrel
dələduz [daladooz] s. swindler
dəli [dalee] adj. mad; insane; crazy
dəlik [daleek] s. hole; opening; slot
dəlil [daleel] s. argument; evidence; proof
dəllək [dalak] s. barber; hairdresser
dəlmək [dalmak] v. hole; perforate
dəm [dam] s. moment; instant
dəmir [dameer] s. iron
dən [dan] s. grain
dənə [dana] s. piece
dəniz [daneez] s. sea
dəqiq [dageeg] adj. punctual; exact; accurate
dəqiqə [dageega] s. minute
dərc etmək [darj etmak] v. publish
dərd [dard] s. grief; pain; suffering; trouble
dərə [dara] s. valley; ravine; canyon
dərəcə [daraja] s. degree; extent; rank; grade
dərhal [darhal] adv. immediately; at once; without delay
dəri [daree] s. skin; hide; leather
dərin [dareen] adj. deep; profound
dərk [dark] s. comprehension; understanding
dərman [darman] s. remedy; medicine
dərmək [darmak] v. pick; pluck
dərs [dars] s. lesson
dərya [darya] s. ocean; sea
dərzi [darzee] s. dressmaker; tailor
dəsmal [dasmal] s. towel

dəstə [dastə] s. bunch; flight; flock; group
dəvə [davə] s. camel
də'vət [davət] s. invitation; summons
dəyər [dayər] s. value; price; worth; cost
dəyişdirmək [dayeeshdeermak] v. change; alter; exchange
dəymək [daymak] v. touch; call (on); visit; offend; hurt smb.; ripen
dib [deeb] s. bottom; ground
digər [deegar] adj. other; another; different
dik [deek] adj. perpendicular; upright; erect
dil [deel] s. tongue; language
dilxor [deelkhor] adj. sad; upset; depressed
din [deen] s. religion
dinc [deenj] adj. quiet; calm; peaceful
dinmək [deenmak] v. speak; begin to speak; say; utter
diqqət [deegat] s. attention; care
diri [deeree] adj. alive; lively
diş [deesh] s. tooth
divan [deevan] s. sofa
divar [deevar] s. wall
diz [deez] s. knee
dırnaq [dirnag] s. nail; toe-nail; hoof
dodaq [dodag] s. lip
doğma [dogma] adj. own; native
doğmaq [dogmag] v. give birth (to); rise
doğramaq [dogramag] v. cut; slice; hew
doğru [dogroo] adj. correct; right; true; truthful; upright
doxsan [dokhsan] num. ninety
doktor [doktor] s. doctor; physician
dolanmaq [dolanmag] v. loiter about; live; exist
doldurmaq [doldoormag] v. fill (up); stuff; load; fulfil
donmaq [donmag] v. freeze; become frozen; stand stockstill
doqquz [dokooz] num. nine
dost [dost] s. friend
dovşan [dovshan] s. hare; rabbit
doymaq [doymag] v. be full; be satiated

döndərmək [dondarmak] v. turn; change
dönmək [donmak] v. turn round; turn back
dörd [dord] num. four
döş [dosh] s. breast; bosom; flank
döşəmə [doshama] s. floor
dövlət [dovlat] s. state; power; empire
dövlətli [dovlatlee] adj. rich; wealthy
döymək [doymak] v. beat; hit; strike; knock
döyüş [doyush] s. battle; fight
dözmək [dozmak] v. bear; endure
dram [dram] s. drama
duman [dooman] s. mist; fog; smoke
durmaq [doormag] v. stop; stand; stand up
duymaq [dooymag] v. feel; perceive; become aware
duz [dooz] s. salt
dükan [dukan] s. shop; store
dünən [dunan] s. yesterday
düşmək [dushmak] v. fall; drop; descend; come down; come; fall
düşmən [dushman] s. enemy; opponent
düşünmək [dushunmak] v. think (of, about); consider
düymə [duyma] s. button
düyü [duyu] s. rice
düz [duz] adj. flat; even; smooth; right; correct; true; adv. straight
düzəltmək [duzaltmak] v. correct; straighten; arrange
düzmək [duzmak] v. place; arrange; string; spread

E

ehtimal [ehteemal] s. probability; supposition; assumption
ehtiram [ehteeram] s. honor; respect

ehtiras [ehteeras] s. passion; violent longing

ehtiyac [ehtiyac] s. need; want; necessity; poverty

ehtiyat [ehteeyat] s. reserves; stock; supply; caution; precaution

ekran [ekran] s. screen

el [el] s. people; folk

e'lan [elan] s. advertisement; announcement; declaration

elə [ela] adv. so; such

eləmək [elamak] v. do; make

elm [elm] s. science; education

en [en] s. width; breadth

eşitmək [esheetmak] v. hear

eşq [eshg] s. love

eşşək [eshak] s. donkey; ass

e'tibar [eteebar] s. faith; confidence; credit

e'tiqad [eteeqad] s. belief; conviction

e'tiraf [eteeraf] s. confession; admission

e'tiraz [eteeraz] s. objection

ev [ev] s. house; home

eybəcər [eybajar] adj. ugly

eyib [eyeeb] s. shame

eynək [eynak] s. glasses

eyni [eynee] adj. same; identical

ə

əbədi [abadee] adj. eternal; endless

əcaib [ajaeeb] adj. strange; wonderful

əcdad [ajdad] s. ancestors; forefather

əcəb [ajab] adj. striking; amazing; wonderful

əclaf [ajlaf] s. villain; scoundrel; rascal

əcnəbi [ajnabee] adj. foreign; s. foreigner

ədalət [adalat] s. justice; fairness

ədəbiyyat [adabeeyat] s. literature

ədliyyə [adleeya] s. justice

əfsanə [afsana] s. myth; legend

əfv [afv] s. pardon; forgiveness

əgər [agar] conj. if; in case

əhatə [ahata] s. encirclement; surroundings

əhəmiyyət [ahameeyat] s. significance; importance

əhəng [ahang] s. lime

əhval [ahval] s. state; state of health

əhvalat [ahvalat] s. event; incident

əxlaq [axlag] s. moral; morals; conduct; behaviour

əjdaha [ajdaha] s. dragon

əkiz [akeez] s. twin

əkmək [akmak] v. sow; plant

əks [aks] s. picture; portrait; reflection; adj. opposite; contrary

əksəriyyət [aksareeyat] s. majority; most people

əl [al] s. hand

ə'la [ala] adj. excellent; perfect

əlamət [alamat] s. sign

əlaqə [alaga] s. connection; tie; bond

əlavə [alava] s. addition; supplement

əlbəttə [albata] adv. certainly; of course; surely

əlcək [aljak] s. glove

əlifba [aleefba] s. alphabet

əlli [alee] num. fifty

əlverişli [alvereeshlee] adj. advantageous; profitable; good; fit; suitable

əlvida [alveeda] int. good-bye!; farewell!

əmək [amak] s. labour; work

əməliyyat [amaleeyat] s. operation

əmi [amee] s. uncle

əmin [ameen] adj. reliable; safe; trustworthy; trusty

əmr [amr] s. order; command

əmtəə [amtaa] s. goods

ən'ənə [anana] s. tradition

əngəl [angal] s. obstacle; difficulty

əqli [aglee] adj. mental; intellectual

ər [ar] s. husband

ərazi [arazee] s. land; estate
ərik [areek] s. apricot
ərimək [areemak] v. melt; thaw
ərzaq [arzag] s. provisions; food
əsas [asas] s. foundation; base; principle;
essence; adj. principle; basic; main
əsəb [asab] s. nerve
əsər [asar] s. work (of art, literature)
əsgər [askar] s. soldier
əsgi [askee] s. rag; duster
əsil [aseel] adj. genuine; real; true; original;
s. origin; birth; parentage
əsmək [asmak] v. blow; shiver; tremble
əsr [asr] s. century; age
əşya [ashya] s. object; thing
ət [at] s. meat
ətir [ateer] s. odor; smell; scent; perfume
ətraf [atraf] s. side; surroundings;
neighbourhood
əvəz [avaz] s. replacement; substitution
əvvəl [aval] adj. first; s. beginning; adv.
before; ago
əyilmək [ayeelmak] v. bend; bow
əylənmək [aylanmak] v. have a nice time;
have a good time; amuse oneself
əyləşmək [aylashmak] v. sit down; have a
sit
əyri [ayree] adj. crooked; bent; awry;
perverse
əzgil [azgeel] s. medlar
əziyyət [azeeyat] s. torment; torture;
suffering
əziz [azeez] adj. dear; darling; precious;
highly prized
əzmək [azmak] v. crumple; crush; press

F

fabrik [fabreek] s. factory

faciə [fajeea] s. tragedy; disaster
fağır [fagir] adj. poor; humble; helpless;
meek
faiz [faeez] s. percentage; rate; percent
familiya [fameeleeya] s. last name
farağat [faragat] s. leisure; rest; peace;
adj. quiet; mild; still
fasilə [faseela] s. interval; break; pause
fateh [fateh] s. conqueror
fayda [fayda] s. use; benefit; profit;
advantage
fe'l [feyl] s. verb
fevral [fevral] s. February
fəal [faal] adj. active; industrious; energetic
fəda [fada] s. sacrifice
fəhlə [fahla] s. worker; workman; labourer
fəxr [faxr] s. pride
fəlakət [falakat] s. disaster; catastrophe;
calamity; misfortune
fələk [falak] s. fortune; destiny
fəlsəfə [falsafa] s. philosophy
fəna [fana] adj. bad; ill; unpleasant
fənər [fanar] s. lantern; lamp; street lamp
fənn [fan] s. subject
fərasət [farasat] s. sagacity; intuition;
perspicasity; reasonableness
fərd [fard] s. person; individual
fərəh [farah] s. delight; joy
fərq [farg] s. difference; distinction
fərsiz [farseez] adj. unfit; worthless; good-
for-nothing
fərş [farsh] s. carpet
fəryad [faryad] s. loud cry; wail; cry for
help
fərz [farz] s. supposition; assumption
fəsad [fasad] s. depravity; corruption;
malice; intrigue
fəth [fath] s. conquest
fətir [fateer] s. flat cake; cookie
fibra [feebra] s. fibre
fidan [feedan] s. plant; sapling; seedling;
shoot

fikir [feekeer] s. thought; idea; mind; opinion; intention
fil [feel] s. elephant; bishop
filankəs [feelankas] s. someone
fildişi [feeldeeshee] s. ivory
film [feelm] s. movie
fincan [feenjan] s. cup
firavan [feeravan] adj. abundant; plentiful; prosperous
firuzə [feeruza] s. turquoise
fişəng [feeshang] s. rocket
fitnə [feetna] s. instigation; intrigue; sedition; mischief making; mischief-maker; instigator; intriguer
fındıq [findig] s. hazel-nut
fınxırmaq [finkhirmag] v. snort; sniff
fırça [fircha] s. brush
fırıldaq [firildag] s. shady transaction; fraud; swindle; undertaking
fırlanmaq [firlanmag] v. revolve; turn; whirl; go round
fırtına [firtina] s. gale; storm
fısıldamaq [fisildamag] v. puff
fıstıq [fistig] s. pistachio-nut; ground-nut; peanut; pinekernel
fışıldamaq [fishildamag] v. hiss; babble; rustle
fontan [fontan] s. fountain
forma [forma] s. form; shape
fortepiano [fortepyano] s. piano
foto [foto] s. photo; picture
fövqəl'adə [fovgalada] adj. extraordinary
fövri [fovree] adj. instantanous; instant
Fransa [fransa] s. France
funt [foont] s. pound
furqon [foorgon] s. luggage-van
futbol [footbol] s. football; soccer
fürsət [fursat] s. chance; opportunity; occasion
füsunkar [fusoonkar] adj. charming; fascinating; lovely
füzul [fuzool] adj. silly

G

gavalı [gavali] s. plum
gec [gej] adj. late
gecə [geja] s. night
gen [gen] adj. wide; loose
geri [geree] adv. back; backward
getmək [getmak] v. go; leave
geyim [geyeem] s. clothing; dress
gələcək [galajak] s. future
gəlin [galeen] s. bride
gəlir [galeer] s. profit; output
gəlmək [galmak] v. come; arrive
gəmi [gamee] s. ship; vessel
gənc [ganj] adj. young
gərəkli [garaklee] adj. necessary; useful
gərgin [gargeen] adj. strained; tense; intense
gətirmək [gateermak] v. bring
gəzmək [gazmak] v. walk; have a walk
gic [geej] adj. fool; silly
gilas [geelas] s. cherry
giriş [geereesh] s. entrance; entry; preface
girmək [geermak] v. enter; come in
gizlətmək [geezlatmak] v. hide; conceal
gizli [geezlee] adj. secret; adv. secretly; covertly; in secret
göbələk [gobalak] s. mushroom
gödək [godak] adj. short
göl [gol] s. lake
göndərmək [gondarmak] v. send
görkəmli [gorkamlee] adj. outstanding; well-known; famous
görmək [gormak] v. see; notice
görünüş [gorunush] s. appearance; view
görüş [gorush] s. meeting; appointment; date
göstərmək [gostarmak] v. show; point
götürmək [goturmak] v. take
göy [goy] s. sky; heaven; adj. blue
göyərçin [goyarcheen] s. pigeon

göz [goz] s. eye
gözəl [gozal] adj. beautiful; pretty; handsome; fine
gözləmək [gozlamak] v. wait (for)
güc [guj] s. strength; force; power
gül [gul] s. flower
gülmək [gulmak] v. laugh
güman [guman] s. supposition; doubt; suspicion
gümüş [gumush] s. silver
gün [gun] s. day; sun
günah [gunah] s. guilt; fault; sin; error
güzgü [guzgu] s. mirror

H

hadisə [hadeesa] s. event; occurence
hakim [hakeem] s. ruler; governor; judge; adj. ruling; dominating
hakimiyyət [hakeemeeyat] s. sovereighnty; domination; power; government
hal [hal] s. state; situation; condition; circumstance; strength; quality
halal [halal] adj. permitted; lawful
halət [halat] s. situation; state
halsız [halsiz] adj. weak; exhausted; weary
hamam [hamam] s. bath; bathroom
hambal [hambal] s. porter; carrier
hami [hamee] s. protector; guarding
hamı [hami] pron. all; everybody
hansı [hansi] pron. which; what
haqq [hag] s. right; truth; justice
haqqında [hakinda] prep. about; of
hara [hara] adv. where
haram [haram] adj. forbidden by religion
hasil [haseel] s. result
hava [hava] s. weather; climate; atmosphere; tune; air
hazır [hazir] adj. present; ready; prepared

heca [heja] s. syllable
hekayə [hekaya] s. narration; story
hesab [hesab] s. calculation; counting; arithmetic
heykəl [heykal] s. statue
heyran [heyran] adj. astonished; perplexed
heyvan [heyvan] s. animal; beast
həbs [habs] s. confinement; prison; jail
hədd [had] s. boundary; limit
hədəf [hadaf] s. target; aim
hədiyyə [hadeeya] s. gift; present
həftə [hafta] s. week
həkim [hakeem] s. doctor; physician
həlak [halak] s. death; exhaustion
həm [ham] adv. also; too
həmişə [hameesha] adv. always
həmlə [hamla] s. attack; onslaught; dash
həqarət [hagarat] s. insult
həqiqət [hageegat] s. truth; reality; sincerity
hər [har] pron. every
hərarət [hararat] s. heat; fever
hərb [harb] s. war
hərəkət [harakat] s. movement; motion; act; behaviour
hərf [harf] s. letter
həsəd [hasad] s. envy; jealousy
həsr etmək [hasr etmak] v. devote; dedicate
həsrət [hasrat] s. longing; yearning
həssas [hasas] adj. very sensitive; delicate in feeling
həştad [hashtad] num. eighty
həvəs [havas] s. desire; inclination
həya [haya] s. shame; modesty; bashfulness
həyat [hayat] s. life
həyəcan [hayajan] s. excitement; enthusiasm; emotion
həzin [hazeen] adj. sad; melancholy
həzm [hazm] s. digestion
həzrət [hazrat] adj. sainted

hicran [heejran] s. separation
hiddət [heedat] s. violence; impetuosity; anger; fury
hindtoyuğu [heendtoyoogoo] s. turkey
hirs [heers] s. anger
his [hees] s. soot
hiss [hees] s. sense; perception; feeling
hiylə [heeyla] s. trick; fraud
hökm [hokm] s. command; decision
hökumət [hokoomat] s. government; state; authority
hörmət [hormat] s. respect
huş [hoosh] s. sense; conciousness
hücrə [hujra] s. cell
hücum [hujoom] s. attack; assault
hüdud [hudood] s. bound; limits
hünər [hunar] s. feat; skill; ability; talent
hüquq [hugoog] s. right; law
hürriyyət [hureeyat] s. freedom; liberty
hüzur [huzoor] s. presence; repose
hüzün [huzun] s. sadness; melancholy

X

xaç [khach] s. cross; crucifix
xahiş [khaeesh] s. request; prayer
xain [khaeen] s. traitor; adj. treacherous; deceitful; ungrateful; mischievous
xala [khala] s. aunt
xalça [khalcha] s. carpet
xalis [khalees] adj. pure; real
xalq [khalg] s. people
xanəndə [khananda] s. singer
xanım [khanim] s. lady
xardal [khardal] s. mustard
xarici [khareejee] adj. foreign
xariqə [khareega] s. miracle; wonder
xariqül'adə [khareegulada] adj. extraordinary; unusual

xarrat [kharat] s. carpenter
xas [khas] adj. special; peculiar
xasiyyət [khaseeyat] s. character; peculiarity
xassə [khasa] s. quality; property; peculiarity
xatirə [khateera] s. memory; remembrance
xatırlamaq [khatirlamag] v. remember
xeyir [kheyeer] s. profit; prosperity
xeyr [kheyr] adv. no
xəbər [khabar] s. information; news; knowledge
xəbis [khabees] adj. wicked; vicious
xəfif [khafeef] s. light
xəfiyyə [khafeeya] s. detective; spy
xəlbir [khalbeer] s. sieve
xələf [khalaf] s. grandson; descendant
xəmir [khameer] s. dough
xəncər [khanjar] s. dagger
xərc [kharj] s. expenditure; expenses
xəritə [khareeta] s. map
xəstə [khasta] adj. ill; sick
xəta [khata] s. mistake; fault; offense
xətt [khat] s. line; scratch; handwriting
xəyal [khayal] s. imagination; fancy
xəyanət [khayanat] s. treachery; perfidy
xəz [khaz] s. fur
xəzinə [khazeena] s. treasure; store-house; reservoir; cistern
xidmət [kheedmat] s. service
xilas [kheelas] s. rescue
xiyaban [kheeyaban] s. alley; avenue
xiyar [kheeyar] s. cucumber
xırda [khirda] adj. small; little
xırdavat [khirdavat] s. small wares; ironmongery
xırman [khirman] s. threshing of grains; threshing-floor
xor [khor] s. choir
xoruz [khorooz] s. cock
xoruldamaq [khorooldamag] v. snore
xoş [khosh] adj. pleasant; agreeable

xörək [kho̱rak] s. meal; food
xristian [khreestyan] adj. Christian
xurma [khoorma] s. date
xüsusən [khusoosa̱n] adv. especially; particularly; above all
xüsusiyyət [khusooseeya̱t] s. peculiarity

İ

ibadət [eebada̱t] s. praying
ibarət [eebara̱t] adj. consisting (of); composed (of)
iblis [eeblees] s. devil; satan
ibrət [eebra̱t] s. example; warning; admonition
ibtida [eebteeda] s. beginning
icazə [eejaza̱] s. permission
icarə [eejara̱] s. rent; lease
icbari [eejbaree] adj. compulsory; compelling
iclas [eejlas] s. meeting; gathering; sitting
icmal [eejmal] s. conspect; review
icra [eejra] s. execution; performance; accomplishment
ictimai [eejteemaee] adj. social
iç [eech] s. interior
içmək [eechma̱k] v. drink
idarə [eedara̱] s. management; direction; superintendence
iddia [eedeea] s. claim; pretention
idman [eedman] s. physical exercise; training; sport
idrak [eedrak] s. perception; intelligence
ifa [eefa] s. performance; fulfilment
ifadə [eefada̱] s. expression; paraphrase
iflas [eeflas] s. bankruptcy; insolvency
ifraz [eefraz] s. separating; secretion
iftixar [eefteekhar] s. pride
igid [eegeed] s. young man; adj. brave

ixrac [eekhraj] s. export
ixtilaf [eexteelaf] s. disagreement; difference
ixtira [eekhteera] s. invention
ixtisar [eekhteesar] s. abbreviation
ixtisas [eekhteesas] s. speciality; profession
ixtiyar [eekhteeyar] s. right; will
iki [eekee] num. two
il [eel] s. year
ilan [eelan] s. snake
ildırım [eeldirim] s. lightning; thunderbolt
ilə [eela̱] prep. with; by means of
ilham [eelham] s. inspiration
ilişmək [eeleeshma̱k] v. be fastened to; catch; be caught
ilk [eelk] adj. first
iltifat [eelteefat] adj. courteous treatment; favour
iltihab [eelteehab] s. inflamation
imkan [eemkan] s. possibility
imla [eemla] s. spelling; dictation
imtahan [eemtahan] s. examination; trial; test
imtina [eemteena] s. avoidance; refusal
imtiyaz [eemteeyaz] s. privilege; concession
imza [eemza] s. signature
inad [eenad] s. obstinacy; persistence
inam [eenam] s. belief; trust
inanmaq [eenanmag] v. believe; trust
incə [eenja̱] s. slender; thin; fine; slight; delicate
inci [eenjee] s. pearl
incimək [eenjeema̱k] v. be hurt; be offended
indi [eendee] adv. now
inək [eena̱k] s. cow
ingilis [eengeelees] adj. English
in'ikas [eeneekas] s. reflection
inildəmək [eeneelda̱ma̱k] v. moan; groan
inkar [eenkar] s. denial; refusal

inkişaf [eenkeeshaf] s. development
insaf [eensaf] s. conscience; justice; reasonableness; moderation; fairness
insan [eensan] s. human being; man
inşa [eensha] s. (literary) composition
inşaat [eenshaat] s. construction; building
intibah [eenteebah] s. renaissance
intiqam [eenteegam] s. vengeance; revenge
intizam [eenteezam] s. regularity; order; discipline
intizar [eenteezar] s. expectation
ip [eep] s. rope; string
ipək [eepak] s. silk; adj. silken
iqlim [eegleem] s. climate
iqtisad [eegteesad] s. economics
irəli [eeralee] adv. forward
iri [eeree] adj. big; huge
irişmək [eereeshmak] v. grin unpleasantly; smile impudently
irq [eerg] s. race
irs [eers] s. inheritance; heritage
irtica [eerteeja] s. agression
isim [eeseem] s. noun; name
isinmək [eeseenmak] v. warm oneself; get warm
islam [eeslam] s. Islam
islanmaq [eeslanmag] v. get wet; get soaked; get drenched
ismət [eesmat] s. chastity; honour; innocence
isnad [eesnad] s. imputation
iste'dad [eestedad] s. talent; capability
iste'fa [eestefa] s. resignation; retirement
istehkam [eestehkam] s. fortification
istehlak [eestehlak] s. consumption; using up
istehsal [eestehsal] s. production; manufacture
istehza [eestehza] s. irony; mockery
istək [eestak] s. longing; wish; desire
isti [eestee] adj. hot; warm
istibdad [eesteebdad] s. despotism

istifadə [eesteefada] s. use
istila [eesteela] s. invasion; conquest
istintaq [eesteentag] s. interrogation
istiot [eesteeot] s. pepper; pimento
istiqamət [eesteegamat] s. direction
istiqlaliyyət [eesteeglaleeyat] s. independence
istirahət [eesteerahat] s. rest; repose
istismar [eesteesmar] s. exploitation
istisna [eesteesna] s. exception; adj. exceptional
iş [eesh] s. affair; matter; work; deed; action; job; business; occupation; profession
işarə [eeshara] s. sign; signal; mark
işgəncə [eeshganja] s. torture
işgüzar [eeshguzar] adj. hard working; efficient
işğal [eeshgal] s. occupation
işıq [eeshig] s. light
işləmək [eeshlamak] v. work; be open
iştaha [eeshtaha] s. appetite
iştirak [eeshteerak] s. participation
it [eet] s. dog
itaət [eetaat] s. obedience
İtaliya [eetaleeya] s. Italy
itələmək [eetalamak] v. push
ithaf [eethaf] s. dedication
iti [eetee] adj. sharp; keen; acute
itirmək [eeteermak] v. lose
itki [eetkee] s. lost
ittifaq [eeteefag] s. union; alliance
ittiham [eeteeham] s. accusation; incrimination; denunciation
iy [eey] s. smell; odor
iyirmi [eeyeermee] num. twenty
iynə [eeyna] s. needle; injection
iyrənc [eeyranj] adj. loathing; disgusting; repulsive
iyrənmək [eeyranmak] v. be disgusted
iyul [eeyool] s. July
iyun [eeyoon] s. June
iz [eez] s. footprint; track; trace

izah [eezah] s. explanation
izdiham [eezdeeham] s. crowd

J

jaket [jaket] s. jacket
jalə [jala] s. dew
janr [janr] s. genre
jarqon [jargon] s. slang
jest [jest] s. gesture
jurnal [joornal] s. magazine; journal; register
jüri [juree] s. jury

K

kabab [kabab] s. roast meat
kabel [kabel] s. cable
kabinet [kabeenet] s. office
kabus [kaboos] s. ghost
kafe [kafe] s. cafe
kafi [kafee] adj. sufficient; enough; satisfactory
kağtz [kagiz] s. paper; letter
kainat [kaeenat] s. space
kakao [kakao] s. cocoa
kam [kam] s. desire; wish
kaman [kaman] s. bow
kamil [kameel] adj. perfect; complete
Kanada [kanada] s. Canada
kanal [kanal] s. canal; channel
kapitan [kapeetan] s. captain
kar [kar] adj. deaf
karandaş [karandash] s. pencil
kartof [kartof] s. potato
kastb [kasib] adj. poor

kassir [kaseer] s. cashier
katib [kateeb] s. secretary
keçə [kecha] s. felt
keçi [kechee] s. goat
keçeed [kecheed] s. passage; pass
keçirmək [kecheermak] v. spend; pass; transfer; put; run through
keçmək [kechmak] v. pass; go
keçmiş [kechmeesh] s. past
kef [kef] s. amusement; merriment
keşiş [kesheesh] s. priest; monk
keyfiyyət [keyfeeyat] s. quality
kədər [kadar] s. melancholy; sadness; grief; sorrow
kəfən [kafan] s. shroud
kəhkəşan [kahkashan] s. The Milky Way
kəkələmək [kakalamak] v. stammer; stutter
kələm [kalam] s. cabbage
kəllə [kala] s. head
kəmər [kamar] s. belt; girdle
kəmiyyət [kameeyat] s. quantity; number
kənar [kanar] s. edge; bank; shore; suburb
kənd [kand] s. village; country
kəsilmək [kaseelmak] v. cut; cease
kəskin [kaskeen] adj. sharp; keen; severe
kəsmək [kasmak] v. cut; interrupt
kəşf [kashf] s. discovery
ki [kee] conj. that; as; in order that; since
kibrit [keebreet] s. match
kiçik [keecheek] adj. small; little
kifayət [keefayat] s. sufficiency
kifir [keefeer] adj. ugly
kilsə [keelsa] s. church
kim [keem] pron. who; whoever
kin [keen] s. malice
kino [keeno] s. cinema; movies
Kipr [keepr] s. Cyprus
kiprik [keepreek] s. eyelash
kirpi [keerpee] s. hedgehog
kişi [keeshee] s. man
kitab [keetab] s. book
klassik [klaseek] s. classic; adj. classical

klub [kloob] s. club
kobud [kobood] adj. rough; harsh; violent
kolbasa [kolbasa] s. sausage
koma [koma] s. hut
komandir [komandeer] s. commander
komediya [komedeeya] s. comedy
komitə [komeeta] s. committee
konfet [kanfet] s. candy
konfrans [konfrans] s. conference
konsert [konsert] s. concert; concerto
konyak [konyak] s. brandy
kor [kor] adj. blind
kosmos [kosmos] s. space
köçmək [kochmak] v. move
köhnə [kohna] adj. old; antiquated; worn
kök [kok] s. root; carrot
kölə [kola] s. slave
kölgə [kolga] s. shadow; shade
kömək [komak] s. help; assistance
kömür [komur] s. coal
könüllü [konulu] adj. voluntary; s. volunteer
köpək [kopak] s. dog
körfəz [korfaz] s. gulf
körpə [korpa] s. baby
körpü [korpu] s. bridge
köynək [koynak] s. shirt
köz [koz] s. embers
kral [kral] s. king
kreslo [kreslo] s. armchair
kupe [koope] s. compartment
kurs [koors] s. course
küçə [kucha] s. street
küknar [kuknar] s. fir
kükürd [kukurd] s. sulphur
kül [kul] s. ash
külli [kulee] adj. total; universal
künc [kunj] s. corner
kürk [kurk] s. fur coat
küsmək [kusmak] v. have a quarrel (with); sulk; be offended
küt [kut] adj. blunt; dull

L

labüd [labud] adj. necessary; inevitable; unavoidable; inescapable
lağ [lag] s. mockery
lağım [lagim] s. underground tunnel
lax [lakh] adj. shaky; staggering; tottering
laxta [lakhta] s. clot
lakin [lakeen] conj. but; nevertheless
lal [lal] adj. mute; dumb
lalə [lala] s. poppy; tulip
lampa [lampa] s. lamp
lap [lap] adv. very; extremely
laqeyd [lageyd] adj. indifferent; nonchalant
latın [latin] adj. Latin
Latviya [latveeya] s. Latvia; adj. Latvian
layihə [layeeha] s. project
layiq [layeeg] adj. suitable; worthy
lazım [lazim] adj. necessary
lent [lent] s. fillet
leylək [leylak] s. stork
ləc [laj] adj. obstinate; stubborn; quarrelsome; arguing
ləçək [lachak] s. kerchief; petal
ləğəb [lagab] s. nickname; alias
ləğv [lagv] s. abolishment; abolition
ləhcə [lahja] s. dialect
ləhləmək [lahlamak] v. pant; gasp
ləhzə [lahza] s. second; moment
lək [lak] s. bed
ləkə [laka] s. spot; blot; stain
lələk [lalak] s. feather
lə'nət [lanat] s. curse; imprecation
ləngimə [langeema] s. delay
ləpə [lapa] s. wave
ləpir [lapeer] s. foot print; footstep
lərzə [larza] s. shudder; trembling; trepidation
lətafət [latafat] s. beauty; charm; fascination; refinement; elegance; grace; courtesy; kindness

lətif [lateef] adj. tender; pleasant; charming; delightful; lovely; refined; elegant; graceful

lətifə [lateefa] s. humour; anecdote

ləvazimat [lavazeemat] s. necessities; materials; munitions; supplies; provisions

ləyaqət [layagat] s. dignity; merit; desert; suitability; fitness

ləyən [layan] s. wash-tub; wash-basin; basin

ləzzət [lazat] s. taste; pleasure; enjoyment

libas [leebas] s. clothes; clothing

liberal [leeberal] adj. liberal

lider [lider] s. leader

lil [leel] s. lees; silt; adj. blue; blueing

liman [leeman] s. estuary; firth; port; bay; gulf; harbour

limon [leemon] s. lemon

litr [leetr] s. litre

London [london] s. London

lord [lord] s. lord

lovğa [lovga] s. boaster; braggart; adj. boastful; vainglorious

lövbər [lovbar] s. anchor

lövhə [lovha] s. board; door-plate; plate; picture; painting

lüğət [lugat] s. dictionary; vocabulary

lüt [lut] adj. bare; naked

lütfkar [lutfkar] adj. kind; gracious; amiable

lüzum [luzoom] s. necessity

M

maarif [mareef] s. enlightenment; education

maaş [maash] s. salary; wages

macəra [majara] s. adventure

maddə [mada] s. article; item

maddi [madee] adj. financial; material

mağaza [magaza] s. shop; store

mağara [magara] s. cave

mahiyyət [maheeyat] s. essence; main point

mahnı [mahni] s. song

maili [maeelee] adj. inclined; sloping

makina [makeena] s. typewriter

mal [mal] s. wares; goods

mala [mala] s. plaster

malik olmaq [maleek olmag] v. possess; own

maliyyə [maleeya] s. finances; adj. financial

maneə [manea] s. obstacle; hindrance

maqnitofon [magneetafon] s. tape-recorder

maral [maral] s. deer; reindeer

maraq [marag] s. interest

marka [marka] s. stamp

mart [mart] s. March

maşın [mashin] s. engine; car

matəm [matam] s. mourning; adj. funeral; mournful

mavi [mavee] adj. blue; sky-blue

maye [maye] s. liquid

mebel [mebel] s. furniture

mehmanxana [mehmankhana] s. hotel; inn

mehriban [mehreeban] adj. affectionate; tender; kind

melodiya [melodeeya] s. melody

me'mar [memar] s. architect

meşə [mesha] s. forest; wood

metal [metal] s. metal; adj. metallic

meydan [meydan] s. square

meyit [meyeet] s. corpse

meyl [meyl] s. tendency

meymun [meymoon] s. monkey

meynə [meyna] s. vine; grapevine

meyvə [meyva] s. fruit

mə'bəd [mabad] s. temple

məbləğ [mablag] s. sum; amount

məcazi [majazee] adj. figurative

məcbur [majboor] adj. obliged; bound
məcəllə [majala] s. code
məchul [majhool] adj. unknown
məclis [majlees] s. assembly
məcmuə [majmooa] s. journal; magazine
mə'də [mada] s. stomach
mədəni [madanee] adj. cultural; cultured
məfhum [mafhoom] s. notion
məftil [mafteel] s. wire
məftun [maftoon] adj. charmed; fascinated
məğlub [magloob] adj. defeated; overwhelmed
məharət [maharat] s. skill; mastery
məhbus [mahboos] s. prisoner
məhdud [mahdood] adj. limited
məhəbbət [mahabat] s. love; affection
məhkəmə [mahkama] s. court; court of justice
məhkum [mahkoom] adj. sentenced; condemned
məhrum [mahroom] adj. deprived
məhsul [mahsool] s. crop; harvest; product
məhv etmək [mahv etmak] v. destroy; put an end; kill
məxmər [makhmar] s. velvet
məxrəc [makhraj] s. denominator
məxsus [makhsoos] adj. belonging (to); characteristic
məişət [maeeshat] s. mode of life
məktəb [maktab] s. school
məktub [maktoob] s. letter
mələk [malak] s. angel
mə'lum [maloom] adj. known; evident; clear
mə'lumat [maloomat] s. knowledge; information; news
məmnun [mamnoon] adj. satisfied; pleased
mən [man] pron. I
mə'na [mana] s. sense; meaning; significance
mənbə [manba] s. source
mə'nəvi [manavee] adj. moral; spiritual

mənfəət [manfaat] s. profit; gain
mənfi [manfee] adj. negative
mənimsəmə [maneemsama] s. mastering; learning; appropriation; misappropriation
məntiq [manteeg] s. logic
mənzil [manzeel] s. apartment; flat
məqalə [magala] s. article
məqsəd [magsad] s. purpose; aim; intention
mərasim [maraseem] s. ceremony; rite
mərc [marj] s. bet
mərd [mard] s. brave; courageous
mərhəmət [marhamat] s. mercy; pity
mərkəz [markaz] s. centre
mərmər [marmar] s. marble
mərtəbə [martaba] s. floor; story
mə'ruzə [marooza] s. lecture
məsafə [masafa] s. distance
məsələ [masala] s. problem; question
məsləhət [maslahat] s. advice; counsel; consultation
məst [mast] adj. drunk
məs'ul [masool] adj. responsible
məşğələ [mashgala] s. occupation; studies
məşğul [mashgool] adj. busy; engaged
məşhur [mashhoor] adj. famous; well-known
mətbəx [matbakh] s. kitchen
mətbuat [matbooat] s. press
milçək [meelchak] s. fly
millət [meelat] s. nation
min [meen] num. thousand
minarə [meenara] s. minaret
minnətdar [meenatdar] adj. grateful; thankful
miqdar [meegdar] s. quantity; amount
mirvari [meervaree] s. pearl
misal [meesal] s. example
misilsiz [meeseelseez] adj. incomparable
Misir [meeseer] s. Egypt
mismar [meesmar] s. nail

mıx [mikh] s. nail
mırıldamaq [mirildamag] v. grumble; mutter
moda [moda] s. fashion
model [model] s. model; pattern
mö'cüzə [mojuza] s. miracle; wonder
möhkəm [mohkam] adj. firm; sound; strong
möhtəşəm [mohtasham] adj. magnificent; majestic
möhür [mohur] s. seal; stamp
mö'min [momeen] adj. religious
mövcud [movjood] adj. existing; present
mövhumat [movhoomat] s. superstition
mövqe [movge] s. position
mövsüm [movsum] s. season
mövzu [movzoo] s. theme; subject
muxtar [mookhtar] adj. autonomous
murdar [moordar] adj. dirty; unclean; disgusting
musiqi [mooseegee] s. music
muzey [moozey] s. museum
müalicə [mualeeja] s. treatment; cure
müasir [muaseer] adj. contemporary; modern; up-to-date
mübahisə [mubaheesa] s. argument
mübaliğə [mubaleega] s. exaggeration
mübariz [mubareez] s. fighter
mücərrəd [mujarad] adj. abstract
müdafiə [mudafea] s. defense; protection
müddət [mudat] s. period; date; term
müdhiş [mudheesh] adj. terrible; horrible
müdir [mudeer] s. manager; director; chief
müdrik [mudreek] s. wise
müəllif [mualeef] s. author
müəllim [mualeem] s. teacher
müəssisə [muaseesa] s. establishment; institution
müəyyən [muayan] adj. definite; certain
müfəssəl [mufasal] adj. detailed
müfəttiş [mufateesh] s. inspector
müflis [muflees] s. bankrupt; penniless

müğənni [muganee] s. singer
mühacir [muhajeer] s. emigrant; emigre
mühafizə [muhafeeza] s. protection; conservation; preservation
mühakimə etmək [muhakeema etmak] v. judge (smb.)
müharibə [muhareeba] s. war
mühasib [muhaseeb] s. book-keeper; accountant
mühasirə [muhaseera] s. siege; encirclement
mühazirə [muhazeera] s. lecture
mühəndis [muhandees] s. engineer
mühərrik [muhareek] s. motor; engine
mühit [muheet] s. surroundings; environment
mühüm [muhum] adj. important
müxbir [mukhbeer] s. correspondent; reporter
müxtəlif [mukhtaleef] adj. various; different
müxtəsər [mukhtasar] adj. shortened; reduced; abridged; concise; brief
mükafat [mukafat] s. reward; prize
mükəmməl [mukamal] adj. complete; perfect; excellent
mülayim [mulayeem] adj. mild; gentle; moderate; soft
mülki [mulkee] adj. civil
mülkiyyət [mulkeeyat] s. property
mümkün [mumkun] adj. possible; probable
münasibət [munaseebat] s. attitude; relations; occasion; cause
münbit [munbeet] adj. fertile; productive
məndəricat [mundareecat] s. contents
müntəzəm [muntazam] adv. regularly; continuously
müqavilə [mugaveela] s. agreement; contract; treaty; pact
müqavimət [mugaveemat] s. resistance
müqayisə [mugayeesa] s. comparison

müqəddərat [mugadarat] s. fate; destiny

müqəddəs [mugadas] adj. holy; sacred

müqəssir [mugaseer] adj. guilty

müraciət [murajeeat] s. address; appeal

mürəbbə [muraba] s. jam

mürəkkəb [murakab] adj. composed; complex; complicated

müsabiqə [musabeega] s. competition

müsahibə [musaheeba] s. interview

müsəlman [musalman] s. Moslem

müsibət [museebat] s. calamity; evil; misfortune

müstəqil [mustageel] adj. independent

müstəsna [mustasna] adj. exceptional

müşahidə [mushaheeda] s. observation

müşavirə [mushaveera] s. conference; meeting

müştərək [mushtarak] adj. joint; combined

mütaliə [mutaleea] s. reading

mütəfəkkir [mutafakeer] s. thinker

mütəxəssis [mutakhasees] s. specialist

mütləq [mutlag] adv. certainly

müvafiq [muvafeeg] adj. corresponding; suitable

müvazinət [muvazeenat] s. balance; equilibrium

müvəffəqiyyət [muvafageeyat] adj. success

müvəqqəti [muvagatee] adj. temporary

müzakirə [muzakeera] s. discussion

N

nadan [nadan] adj. ignorant; uneducated; unmannerly; tactless

nadinc [nadeenj] adj. playful; frolicsome

nadir [nadeer] adj. rare; unusual; uncommon

nagah [nagah] adj. unexpected

nağara [nagara] s. drum

nağıl [nagil] s. tale; story; fairy-tale

nahaq [nahag] adj. unjust; unfair; vain

nahar [nahar] s. dinner

naxış [nakhish] s. design; decorative pattern; ornament; drawing

naxoş [nakhosh] adj. ill; sick

nail olmaq [naeel olmag] v. achieve; attain

nalan [nalan] s. mourning; lamenting

nalayiq [nalayeeg] adj. indecent; improper; disgraceful; unworthy; unsuitable

nalə [nala] s. groan; moan

namaz [namaz] s. ritual worship; prayer

naməlum [namaloom] adj. unknown

namərd [namard] adj. cruel; vile

namus [namoos] s. honour

nanə [nana] s. mint; peppermint

nanəcib [nanajeeb] adj. ignoble; base; dishonourable

nankor [nankor] adj. ungrateful; thankless

naqis [nagees] adj. mean; despicable

nar [nar] s. pomegranate

narahat [narahat] adj. uncomfortable; disturbing

narazı [narazi] adj. dissatisfied; displeased; not agreeing; discordant

narın [narin] adj. small

narıncı [narinji] adj. orange (colour)

narıngi [naringee] s. orange

nasaz [nasaz] adj. unwell; ill

naşir [nasheer] s. publisher

naşükür [nashukur] adj. ungrateful; thankless

natamam [natamam] adj. incomplete; unfinished

natəmiz [natameez] adj. unclean; dirty

natiq [nateeg] s. orator; (public) speaker

naz [naz] s. coquetry; whim

nazik [nazeek] adj. thin; delicate; fine; slender; slim

nazir [nazeer] s. minister

necə [nejа] adv. how
neft [neft] s. oil; petroleum
ne'mət [nemat] s. benefaction; favour
nə [na] pron. what; whatever
nəbz [nabz] s. pulse
nəcabət [najabat] s. nobility; nobleness
nəcib [najeeb] adj. noble; well-born
nəfər [nafar] s. person
nəfəs [nafas] s. breath; breathing
nəğmə [nagma] s. song
nəhəng [nahang] adj. gigantic
nəlbəki [nalbakee] s. saucer
nəm [nam] adj. humid; moist; damp
nənə [nana] s. grandmother; grandmamma
nəql etmək [nagl etmak] v. narrate
nəqliyyat [nagleeyat] s. transport
nərdivan [nardeevan] s. ladder
nə'rə [nara] s. roar; growl
nərgiz [nargeez] s. narcissus
nəsil [naseel] s. generation; descendents
nəsr [nasr] s. prose; adj. prosaic
nəşr [nashr] s. publication; edition
nəticə [nateeja] s. conclusion; result; outcome
nəvaziş [navazeesh] s. caress; endearment
nəvə [nava] s. grandchild; grandson; granddaughter
nəzakət [nazakat] s. politeness; courtesy
nəzarət [nazarat] s. control; supervision
nəzər [nazar] s. glance; look; gaze
nəzəri [nazaree] adj. theoretical
nifaq [neefag] s. discord; enmity; strife
nifrət [neefrat] s. hatred; detestation
nigah [neegah] s. marriage; betrothal
nikbin [neekbeen] adj. optimistic
nimçə [neemcha] s. plate
nisbət [neesbat] s. proportion; comparison
nisbətən [neesbatan] adv. comparatively
nisbi [neesbee] adj. relative
nişan [neeshan] s. sign; symbol; mark; sight; engagement; betrothal
nişasta [neeshasta] s. starch

nitq [neetg] s. speech
niyə [neeya] adv. why
niyyət [neeyat] s. purpose; intention
nizam [neezam] s. order; discipline
noxud [nokhood] s. pea
not [not] s. note
novbahar [novbahar] s. spring
novruz [novrooz] s. Azerbaijani New Year's Day (22 of March)
noyabr [noyabr] s. November
nömrə [nomra] s. number
növ [nov] s. kind; sort; quality; aspect; first rate
növbə [novba] s. shift; session; turn; line
növbəti [novbatee] adj. next
nur [noor] s. light; brilliance
nüfuz [nufooz] s. authority; influence
nümayəndə [numayanda] s. delegate; representative; spokesman
nümayiş [numayeesh] s. demonstration
nümunə [numoona] s. standard; model; pattern; specimen; example
nüsxə [nuskha] s. copy
nüvə [nuva] s. nucleus; adj. nuclear

O

o [o] pron. he; she; it
obyekt [obyekt] s. object
ocaq [ojag] s. hearth; fire-place; fire; furnace
oçerk [ocherk] s. sketch; essay; feature-story
od [od] s. fire
odun [odoon] s. firewood; log
oğlan [oglan] s. boy
oğru [ogroo] s. thief
oğul [ogool] s. son
oğurlamaq [ogoorlamag] v. steal

ox [okh] s. arrow; axle

oxşamaq [okhshamag] v. look like; take after; resemble

oxu [okhoo] s. reading

okean [okean] s. ocean

oktyabr [oktyabr] s. October

olmaq [olmag] v. be; become; happen; live; fit

on [on] num. ten

onlar [onlar] pron. they

opera [opera] s. opera

ora [ora] adv. there; that way

oraq [orag] s. sickle

orden [orden] s. order; decoration

ordu [ordoo] s. army; forces

orijinal [oreejeenal] adj. original

orkestr [orkestr] s. orchestra; band

orqan [organ] s. organ

orta [orta] s. middle; centre; adj. middle; middling; average

ot [ot] s. grass; hay

otaq [otag] s. room

oturmaq [otoormag] v. sit down

otuz [otooz] num. thirty

ov [ov] s. hunting; chase; fowling

ovalıq [ovalig] s. lowland; plain; flat country

ovsun [ovsoon] s. magic; sorcery

ovuc [ovooj] s. palm

oyanmaq [oyanmag] v. wake up; awaken

oymaq [oymag] v. thimble

oynamaq [oynamag] v. play; act; dance

oyun [oyoon] s. play; game; acting

Ö

öd [od] s. bile; gall

ödəmək [odamak] v. satisfy; content; pay off; clear off

öhdəçilik [ohdacheeleek] s. obligation; engagement

öküz [okuz] s. bull

ölçmək [olchmak] v. measure

öldürmək [oldurmak] v. kill; murder

ölkə [olka] s. country; province; land

ömür [omur] s. life

ön [on] s. front; forepart

öpmək [opmak] v. kiss; give a kiss

ördək [ordak] s. duck

örtmək [ortmak] v. cover; close

öskürmək [oskurmak] v. cough

ötmək [otmak] v. outrun; outstrip; leave behind; sweep

ötrü [otru] prep. for the sake of; for

ötürmək [oturmak] v. see off

övlad [ovlad] s. child

öyrənmək [oyranmak] v. learn; study; find out

öyüd [oyud] s. admonition; lecture

öyünmək [oyunmak] v. boast; brag

özbaşına [ozbashina] adj. unwarranted; self-willed; wilful

özgə [ozga] adj. strange; foreign; alien; other; another

özül [ozul] s. base; foundation; groundwork

P

padşah [padshah] s. ruler; shah; sovereign

paxıl [pakhil] adj. envious; s. envious person; envier

paxla [pakhla] s. bean

pak [pak] adj. clean; pure

paket [paket] s. packet; parcel

pakt [pakt] s. pact

palata [palata] s. House; Chamber

palaz [palaz] s. rag

palçıq [palchig] s. mud; wet-clay
palma [palma] s. palm tree
paltar [paltar] s. clothes; dress
palto [palto] s. coat
pambıq [pambig] s. cotton
panoram [panoram] s. panorama
Papa [papa] s. Pope
papaq [papag] s. hat
paraşüt [parashut] s. parachute
parazit [parazeet] s. parasite
parça [parcha] s. piece; bit; segment
parıldamaq [parildamag] v. gleam; glitter
park [park] s. park
parlament [parlament] s. parliament
parlaq [parlag] adj. bright; brilliant; shining
partiya [parteeya] s. party
partlayış [partlayish] s. explosion
pas [pas] s. rust
pasport [pasport] s. passport
pay [pay] s. share; lot; portion
payız [payiz] s. autumn; fall
paytaxt [paytakht] s. capital
pedaqoji [pedagojee] adj. pedagogical
pencək [penjak] s. jacket
pendir [pendeer] s. cheese
peşə [pesha] s. trade; handicraft
peşkəş [peshkash] s. gift; present
peşman [peshman] adj. repentant
pəhləvan [pahlavan] s. wrestler; hero
pəhriz [pahreez] s. diet
pələnq [palang] s. leopard; tiger
pəncə [panja] s. paw; the whole hand
pəncərə [panjara] s. window
pərakəndə [parakanda] adj. dispersed; scattered
pərdə [parda] s. curtain; membrance; act; musical note
pərəstiş [parasteesh] s. worshipping; adoration
pərvanə [parvana] s. butterfly
piano [pyano] s. piano

pinti [peentee] adj. shabby; untidy
pis [pees] adj. bad
pişik [peesheek] s. cat
piy [peey] s. fat
piyada [peeyada] s. pedestrian
pıçıldamaq [pichildamag] v. murmur; whisper
plan [plan] s. plan
poçt [pocht] s. post
poema [poema] s. poem
polad [polad] s. steel
polk [polk] s. regiment
portağal [portagal] s. orange
pozğun [pozgoon] adj. upset; disturbed; immoral; wicked
pozmaq [pozmag] v. rub; erase
pörtülmək [portulmak] v. be slightly cooked; be half cooked
prezident [prezeedent] s. president
protest [protest] s. protest; remonstrance
protokol [protokol] s. protocol
professor [profesor] s. professor
psixoloq [pseekholog] s. psychologist
pul [pool] s. money

Q

qab [gab] s. dish; case
qaba [gaba] adj. rough; rude
qabaq [gabag] s. front; fore; adv. before; ago
qabil [gabeel] adj. capable
qabıq [gabig] s. bark; peel; shell
qablaşdırmaq [gablashdirmag] v. pack
qaçmaq [gachmag] v. run; run away; escape
qaçqın [gachgin] adj. fugitive
qadağan [gadagan] s. prohibition; ban
qadın [gadin] s. woman

Qafqaz [gafkaz] s. Caucasus

qala [gala] s. fortress; castle

qaldırmaq [galdirmag] v. raise; erect; lift

qalxmaq [galkhmag] v. rise; get up; stand up

qalib [galeeb] s. winner; conqueror; adj. victorious; superior; dominant

qalın [galin] adj. thick; dense

qalıq [galig] s. remainder; remnant; survival

qalmaq [galmag] v. remain; be left; stay

qalstuk [galstook] s. tie

qamaşmaq [gamashmag] v. be dazzled

qamçı [gamchi] s. whip

qamət [gamat] s. stature

qan [gan] s. blood

qanacaq [ganajag] s. politeness; comprehension

qanad [ganad] s. wing

qanamaq [ganamag] v. bleed

qanun [ganoon] s. rule; law

qapalı [gapali] adj. shut; covered

qapamaq [gapamag] v. shut; close; fill up

qapaq [gapag] s. cover; lid

qapı [gapi] s. door; gate

qapmaq [gapmag] v. bite

qar [gar] s. snow

qara [gara] adj. black

qaraçı [garachi] s. gypsy

qaranlıq [garanlig] s. darkness

qaranquş [garangoosh] s. swallow

qardaş [gardash] s. brother

qarğa [garga] s. crow

qarğıdalı [gargidali] s. maize; corn

qarət [garat] s. robbery; burglary

qarın [garin] s. stomach

qarışmaq [garishmag] v. mix; stir up; mingle; shuffle

qarışqa [garishga] s. ant

qarpız [garpiz] s. water-melon

qartal [gartal] s. eagle

qaş [gash] s. eye-brow

qaşımaq [gashimag] v. scratch

qaşıq [gashig] s. spoon

qat [gat] s. fold; layer

qatar [gatar] s. train

qatil [gateel] s. murderer

qatıq [gatig] s. yogurt

qatışıq [gatishig] adj. mixed; s. mixture

qatlamaq [gatlamag] v. fold

qatmaq [gatmag] v. add; mix

qavramaq [gavramag] v. understand

qaya [gaya] s. cliff; rock

qayçı [gaychi] s. scissors

qayda [gayda] s. rule; principle; custom

qayğı [gaygi] s. care

qayın [gayin] s. brother-in-law

qayıq [gayig] s. boat

qayış [gayish] s. belt; strop; strap

qayıtmaq [gayitmag] v. return; come back

qaymaq [gaymag] s. cream

qaynamaq [gaynamag] v. boil

qaysı [gaysi] s. apricot

qaytarmaq [gaytarmag] v. return; give back

qaz [gas] s. gas

qazan [gazan] s. kettle; pot

qazanmaq [gazanmag] v. earn; win; gain

qazımaq [gazimag] v. dig

qeyb olmaq [geyb olmag] v. disappear

qeyd etmək [geyd etmak] v. notice; note down

qeyri [geyree] adj. different

qəbilə [gabeela] s. tribe

qəbir [gabeer] s. grave

qəbul [gabool] s. reception

qəbz [gabz] s. receipt

qəddar [gadar] adj. cruel; brutal; severe; savage

qədəh [gadah] s. glass; cup

qədəm [gadam] s. foot; pace; good luck

qədər [gadar] s. quantity; amount; degree; adv. until

qədim [gadeem] adj. old; ancient

qədir [gadeer] s. value; dignity

qəfəs [gafas] s. cage; lattice

qəhqəhə [gahgaha] s. loud laughter

qəhrəman [gahraman] s. hero

qəhvə [gahva] s. coffee

qəlb [galb] s. heart

qələbə [galaba] s. victory

qələm [galam] s. pen

qəlib [galeeb] s. form; model

qəlp [galp] adj. false

qənd [gand] s. sugar

qəm [gam] s. grief; sorrow

qərar [garar] s. decision; resolution; agreement

qərargah [garargah] s. headquarter

qərb [garb] s. west

qərənfil [garanfeel] s. pink; carnation

qərib [gareeb] s. stranger; foreigner

qəribə [gareeba] adj. wonderful; strange

qəsd [gasd] s. suicide

qəşəng [gashang] adj. pretty; nice; fine

qəti [gatee] adj. decisive; definite; absolute

qəza [gaza] s. accident; mischance

qəzet [gazet] s. newspaper

qəzəb [gazab] s. anger; fury; rage

qida [geeda] s. food; nourishment

qiraət [geeraat] s. reading

qisim [geeseem] s. part; portion; piece; kind

qismət [geesmat] s. destiny; lot; fate; luck

qit'ə [geeta] s. continent

qiyam [geeyam] s. revolt; insurrection; mutiny

qiymət [geeymat] s. value; price; esteem

qıfıl [gifil] s. lock

qılınc [gilinj] s. sword

qıraq [girag] s. edge

qırx [girkh] num. forty

qırxmaq [girkhmag] v. shave; cut; shear

qırılmaq [girilmag] v. break; be broken

qırmanc [girmanj] s. whip; scourge

qırmızı [girmizi] adj. red

qırpmaq [girpmag] v. wink

qısa [gisa] adj. short

qısalmaq [gisalmag] v. shrink; become short

qısqanmaq [gisganmag] v. be jealous of

qış [gish] s. winter

qıtlıq [gitlig] s. scarcity; dearth

qıvrım [givrim] adj. curled; curly; twisted

qız [giz] s. girl; daughter

qızarmaq [gizarmag] v. turn red; blush; be roasted

qızartmaq [gizartmag] v. roast

qızdırma [gizdirma] s. temperature; fever; heating

qızğın [gizgin] adj. hot; angry; excited

qızıl [gizil] s. gold; adj. golden

qızışmaq [gizishmag] v. become heated; get angry; get excited

qızmaq [gizmag] v. get hot

qoca [goja] adj. old

qoçaq [gochag] adj. brave

qohum [gohoom] s. relative

qol [gol] s. arm

qoltuq [goltoog] s. armpit

qonaq [gonag] s. guest

qonşu [gonshoo] s. neighbour

qoparmaq [goparmag] v. pluck; break off

qorxaq [gorkhag] adj. coward; timid; fearful

qorxmaq [gorkhmag] v. be afraid; be scared

qorxu [gorkhoo] s. fear; danger

qorumaq [goroomag] v. watch over; defend

qoruq [goroog] s. reserve; reservation

qovun [govoon] s. melon

qovurma [govoorma] s. fried meat

qovurmaq [govoormag] v. fry; roast

qovuşmaq [govooshmag] v. come together

qoymaq [goymag] v. put; leave; permit

qoyun [goyoon] s. sheep
qoz [goz] s. walnut
qrip [greep] s. flu
qrup [groop] s. group
qu [goo] s. swan
qucaq [goojag] s. embrace; hug
qul [gool] s. slave
qulaq [goolaq] s. ear
quldur [gooldoor] s. bandit; thug; gangster
qulluq [gooloog] s. service
qum [goom] s. sand
qurbağa [goorbaga] s. frog
qurban [goorban] s. sacrifice
qurd [goord] s. wolf
qurmaq [goormag] v. set up; establish; organize; pitch; wind
qurtarmaq [goortarmag] v. finish; be over; be through with
qurtulmaq [goortoolmag] v. escape; be saved
qurultay [goorooltay] s. congress; assembly
quruluş [goorooloosh] s. foundation; structure
qusmaq [goosmag] v. vomit
quş [goosh] s. bird
qutu [gootoo] s. box
quyruq [gooyroog] s. tail
quyu [gooyoo] s. well
quzu [goozoo] s. lamb
qüdrət [gudrat] s. strength; force; power
qürur [guroor] s. pride; arrogance
qüssə [gusa] s. sorrow; grief
qüsur [gusoor] s. defect; fault; deficiency
qütb [gutb] s. pole; adj. polar
qüvvə [guva] s. power; force
qüvvət [guvat] s. strength; force; power

R

rabitə [rabeeta] s. tie; bond; connection; communication
radio [radyo] s. radio
rahat [rahat] adj. comfortable; easy
rahib [raheeb] s. monk
raket [raket] s. rocket
rastlaşmaq [rastlashmag] v. meet; come across; meet by chance
razı [razi] adj. satisfied; content (with); pleased
rayon [rayon] s. region; district
real [real] adj. real; tangible; substantial; realistic
redaksiya [redakseeya] s. editorial office; editorship
redaktə [redakta] s. editing; reduction
redaktor [redaktor] s. editor
rejissor [rejeesor] s. stage manager; producer
reklam [reklam] s. advertisment
rekord [rekord] s. record
renessans [renesans] s. Renaissance
revmatizm [revmatizm] s. rheumatism
rədd [rad] s. refusal; denial
rəf [raf] s. shell
rəftar [raftar] s. action; step; deed; behaviour; treatment
rəğbət [ragbat] s. desire; inclination
rəhbər [rahbar] s. leader; head
rəhm [rahm] s. mercy
rəis [raees] s. chief; head; president
rəng [rang] s. colour
rəqabət [ragabat] s. rivalry; competition
rəqəm [ragam] s. figure
rəqib [rageeb] s. rival; competitor; contestant
rəqqas [ragas] s. dancer
rəqs [rags] s. dance
rəsədxana [rasadkhana] s. observatory

rǝsm [rasm] s. drawing; picture; design
rǝsmi [rasmee] adj. official
rǝssam [rasam] s. artist; painter
rǝvayǝt [ravayat] s. tale
rǝ'y [ray] s. review; opinion
rǝzalǝt [razalat] s. vileness; baseness
riayǝt [reeayat] s. observance;
consideration
rica [reeja] s. request; prayer
rifah [reefah] s. comfort; luxury
rişxǝnd [reeshkhand] s. mockery; sneer;
scoff
riyakar [reeyakar] s. hypocrite; dissembler;
hypocritical
rol [rol] s. role; part
roman [roman] s. novel
ruh [rooh] s. soul; spirit
rus [roos] adj. Russian
ruzgar [roozgar] s. life
rüb [rub] s. quarter; term
rüsxǝt [ruskhat] s. permission
rüsvay etmǝk [rusvay etmak] v. shame;
disgrace
rüşvǝt [rushvat] s. bribe
rütbǝ [rutba] s. degree; grade; rank

S

saat [saat] s. hour; time; clock; watch
sabah [sabah] s. tomorrow; morning; future
sabiq [sabeeg] adj. former; previous;
prior
sabig [sabeeg] adj. former; previous;
prior
sabit [sabeet] adj. stable; stationary; firm
sabun [saboon] s. soap
saç [sach] s. hair
sadǝ [sada] adj. simple; elementary; plain
sadiq [sadeeg] adj. true; faithful; loyal

saf [saf] adj. pure
sağ [sag] adj. alive; safe; right
sağlam [saglam] adj. sound; healthy
sahǝ [saha] s. branch; field; lot
sahib [saheeb] s. owner; proprietor
sahil [saheel] s. shore; coast; bank
saxlamaq [sakhlamag] v. keep; hold;
preserve from danger; protect; guard
saxta [sakhta] adj. false; forged
sakit [sakeet] adj. quiet; motionless; calm
salam [salam] hello; how do you do
salat [salat] s. salad
salfet [salfet] s. napkin
sallanmaq [salanmag] v. hang; be
suspended
salmaq [salmag] v. drop; spread
sancaq [sanjag] s. pin
sancı [sanji] s. ache; pain
sancmaq [sanjmag] v. pin up; fasten with
a pin; bite; ache
sandıq [sandig] s. chest; coffer; box; trunk
saniyǝ [saneeya] s. second; moment
sanmaq [sanmag] v. consider; think
sap [sap] s. thread
saqqal [sakal] s. beard
saqqız [sakiz] s. chewing gum
saralmaq [saralmag] v. turn pale; turn
yellow; get yellow
saray [saray] s. palace
sarğı [sargi] s. bandage
sarı [sari] adj. yellow; pale
sarılmaq [sarilmag] v. wound; wrap up;
embrace; throw oneself upon
sarımsaq [sarimsag] s. garlic
sarışın [sarishin] s. blond
sarsaq [sarsag] s. fool; idiot; adj. foolish;
stupid
sarsılmaq [sarsilmag] v. be shocked; be
distressed
sataşmaq [satashmag] v. tease
satira [sateera] s. satire
satmaq [satmag] v. sell; betray

satqın [satgin] s. traitor
savad [savad] s. education
savaşmaq [savashmag] v. fight; quarrel
say [say] s. number
sayıq [sayig] adj. vigilant; watchful
saymaq [saymag] v. count; regard; esteem; respect
saziş [sazeesh] s. agreement; contract; treaty; pact
seçmə [sechma] s. selection
seçmək [sechmak] v. choose; select; pick out; elect
sehr [sehr] s. magic; sorcery; witchcraft
sel [sel] s. stream; torrent
seleksiya [selekseeya] s. selection; breeding
serviz [serveez] s. set
sevgi [sevgee] s. love; affection
sevinc [seveenj] s. joy; delight
sevinmək [seveenmak] v. be glad; be pleased
sevmək [sevmak] v. love; be in love (with); fall in love
seyr [seyr] s. observation
seyrək [seyrak] adj. rare; thin
seysmik [seysmeek] adj. seismic
səadət [saadat] s. happiness
səbəb [sabab] s. cause; reason
səbət [sabat] s. basket
səbir [sabeer] s. patience; sneeze
səciyyə [sajeeya] s. character; nature
səda [sada] s. sound; voice
sədaqət [sadagat] s. faitfulness; fidelity; devotion
sədd [sad] s. bar; obstacle; wall
sədr [sadr] s. chairman; president
səfeh [safeh] adj. stupid; silly
səfər [safar] s. trip; journey; voyage
səfir [safeer] s. ambassador
səhər [sahar] s. morning
səhifə [saheefa] s. page
səhiyyə [saheeya] s. public health

səhnə [sahna] s. stage; scene
səhra [sahra] s. desert
səhv [sahv] s. mistake; error; fault
səxavət [sakhavat] s. generosity
səki [sakee] s. pavement; sideway
səkkiz [sakeez] num. eight
səksən [saksan] num. eighty
səlahiyyət [salaheeyat] s. competence; authority
səliqə [saleega] s. tidiness; order
səma [sama] s. sky; heaven
səmərə [samara] s. profit; fruit
səmimi [sameemee] adj. sincere; frank; straightforward; adv. sincererly; frankly
səmt [samt] s. direction
sən [san] pron. you
sənaye [sanaye] s. industry; adj. industrial
sənəd [sanad] s. certification; document
sənət [sanat] s. trade; profession; art; skill; ability
səpmək [sapmak] v. sow; pour
sərbəst [sarbast] adj. free; independent; detached
sərçə [sarcha] s. sparrow
sərəncam [saranjam] s. order; instruction
sərf etmək [sarf etmak] v. spend; expend
sərgi [sargee] s. exhibition; show
sərgüzəşt [sarguzasht] s. adventure
sərhəd [sarhad] s. border; boundery; frontier
sərxoş [sarkhosh] adj. drunk
sərin [sareen] adj. cool; fresh
sərlövhə [sarlovha] s. title; headline
sərmək [sarmak] v. spread out
sərnişin [sarneesheen] s. passenger
sərt [sart] adj. strict; severe; inclement
sərv [sarv] s. cypress
sərvət [sarvat] s. riches; wealth
səs [sas] s. voice; sound; vote
səth [sath] s. surface
sətir [sateer] s. line; paragraph
səviyyə [saveeya] s. level; standard

sə'y [say] s. effort; endeavour
səyahət [sayahat] s. journey; travelling; trip; voyage
siçan [seechan] s. mouse
siçovul [seechovool] s. rat
sidik [seedeek] s. urine
sifariş [seefareesh] s. order
sifət [seefat] s. face
silah [seelah] s. weapon; arms
silkələmək [seelkalamak] v. shake
silmək [seelmak] v. wipe; dry
silsilə [seelseela] s. series; chain
sim [seem] s. string
simfoniya [seemfoniya] s. symphony
simic [seemeej] s. miser; adj. mean; stingy
sinə [seena] s. breast; chest; bosom
sinif [seeneef] s. class; grade
sinir [seeneer] s. nerve
siqar [seegar] s. cigar
siqnal [seegnal] s. signal; horn
sirk [seerk] s. circus
sirkə [seerka] s. vinegar; adj. vinegary
sirr [seer] s. secret; mystery
sistem [seestem] s. system
sitayiş [seetayeesh] s. worship
siyahı [seeyahi] s. list
siyasət [seeyasat] s. policy; politics
siz [seez] pron. you
sıçrayış [sichrayish] s. jump; leap
sıfır [sifir] s. zero
sığınmaq [siginmag] v. shelter; hide
sığırçın [sigirchin] s. starling
sığorta [sigorta] s. insurance
sınaq [sinag] s. trial; test; examination
sındırmaq [sindirmag] v. break
sıra [sira] s. row; line; rank; series (of); number (of)
sırğa [sirga] s. ear-ring
sızıldamaq [sizildamag] v. complain; ache
soba [soba] s. stove
soda [soda] s. soda

soğan [sogan] s. onion
soxmaq [sokhmag] v. thrust
sol [sol] adj. left
soldat [soldat] s. soldier
solğun [solgoon] adj. pale; withered; faded
solmaq [solmag] v. become pale; fade; wither
son [son] s. end; last; adj. final
sonra [sonra] adv. afterwards; later on
sorğu [sorgoo] s. interrogation; questioning
sormaq [sormag] v. ask
soruşmaq [sorooshmag] v. ask; inquire
sosial [soseeal] s. social
sosiska [soseeska] s. sausage; frankfurter
soyğunçu [soygoonchoo] s. robber
soymaq [soymag] v. skin; strip; peel; rob
soyuducu [soyoodoojoo] s. refrigerator
soyumaq [soyoomaq] v. become cold; lose interest (in); become cool; cool down
soyunmaq [soyoonmag] v. undress; take off one's clothes
soyuq [soyoog] adj. cold; frigid; unfriendly
söhbət [sohbat] s. conversation; talk
sökmək [sokmak] v. pull down; undo
sönmək [sonmak] v. go out; die out
söykəmək [soykamak] v. lean (against)
söymək [soymak] v. scold; abuse; curse
söyüd [soyud] s. willow
söyüş [soyush] s. cursing; bad language
söz [soz] s. word; speech
spirt [speert] s. alcohol
srağagün [sragagun] s. the day before yesterday
ssenari [senaree] s. scenario; screen play; shooting script
stadion [stadeeon] s. stadium
stol [stol] s. table; desk
stul [stool] s. chair
su [soo] s. water
sual [sooal] s. question; inquiry

subay [soobay] adj. unmarried; single; s. bachelor

subyekt [soobyekt] s. individual

sui-istifadə [sooee eesteefada] s. abuse

sui-qəsd [sooee gasd] s. attempt (at); plot; conspiracy

suiti [sooeetee] s. seal

surət [soorat] s. image; copy

susamaq [soosamag] v. be thirsty

susmaq [soosmag] v. keep silent

suveren [sooveren] adj. sovereign

subh [subh] s. dawn; daybreak

sübut [suboot] s. evidence; proof

süd [sut] s. milk

süfrə [sufra] s. table-cloth; table-cover

sükan [sukan] s. rudder; handle-bar; wheel

sükut [sukoot] s. stillness; silence

sülalə [sulala] s. dynasty

sülh [sulh] s. peace; reconciliation

sümük [sumuk] s. bone

sünbül [sunbul] s. ear

sün'i [sunee] adj. artificial; false

süpürgə [supurga] s. broom; brush

sür'ət [surat] s. speed

sürmək [surmak] v. drive; ride; last; go on

sürtmək [surtmak] v. rub; rub up; rub down

sürü [suru] s. herd; flock; pack

sürücü [suruju] s. driver

süründürmək [surundurmak] v. procrastinate

sürünmək [surunmak] v. creep; crawl; drag oneself along the road; live in misery

sütun [sutoon] s. column

süzmək [suzmak] v. strain

Ş

şad [shad] adj. joyful; happy

şaftalı [shaftali] s. peach

şagird [shageerd] s. pupil; apprentice

şah [shah] s. shah; king

şahid [shaheed] s. witness

şahin [shaheen] s. falcon

şahmat [shahmat] s. chess

şaxta [shakhta] s. frost; freezing weather

şair [shaeer] s. poet

şal [shal] s. shawl

şalvar [shalvar] s. trousers; pants

şam [sham] s. pine-tree; candle; supper

şan [shan] s. glory; valour; reputation

şantaj [shantaj] s. blackmail

şapka [shapka] s. cap

şar [shar] s. ball; balloon

şayan [shayan] adj. deserving; suitable for

şayiə [shayeea] s. rumour; hearsay

şeh [sheh] s. dew

şe'r [sheyr] s. poetry; poem; verse

şey [shey] s. thing

şeytan [sheytan] s. satan; devil

şəbəkə [shabaka] s. net; network

şəfa [shafa] s. recovery

şəfəq [shafag] s. dawn; daybreak

şəfqət [shafgat] s. mercy; charity; clemency

şəhadət [shahadat] s. witnessing; testimony

şəhər [shahar] s. town; city

şəhid [shaheed] s. martyr

şəhvət [shahvat] s. lust; sensuality; passion

şəxs [shakhs] s. person; individual

şəkər [shakar] s. sugar; sweet

şəkil [shakeel] s. picture; figure; shape; form

şəlalə [shalala] s. waterfall; cataract

şən [shan] adj. joyous; cheerful

şənbə [shanba] s. Saturday

şənləndirmək [shanlandeermak] v. make happy; make glad; rejoice; gladden

şər [shar] s. evil

şərab [sharab] s. wine
şərait [sharaeet] s. conditions
şərbət [sharbat] s. syrup; sherbet
şərəf [sharaf] s. honour; glory; exaltation
şərf [sharf] s. kerchief; scarf
şərh [sharh] s. explanation
şərq [sharg] s. East; adj. Eastern
şərt [shart] s. condition; article of an agreement
şiddət [sheedat] s. violence
şifahi [sheefahee] adj. oral; adv. orally
şikayət [sheekayat] s. complaint
şillə [sheela] s. slap
şillinq [sheeleeng] s. shilling
şimal [sheemal] s. North
şimşək [sheemshak] s. lightning
şir [sheer] s. lion
şirə [sheera] s. juice
şirin [sheereen] adj. sweet; affable; charming
şirkət [sheerkat] s. company; joint ownership
şirnikdirici [sheerneekdeereejee] adj. tempting; alluring; suggestive
şirniyat [sheerneeyat] s. sweets
şiş [sheesh] s. spit; skewer; swelling; tumour
şişmək [sheeshmak] v. swell; become inflated; grow fat; become swollen
şivə [sheeva] s. accent
şırıldamaq [shirildamag] v. flow with a splashing noise
şkaf [shkaf] s. case; cupboard
şlyapa [shlyapa] s. hat
şofer [shofer] s. driver
şokolad [shokolad] s. chocolate
şor [shor] adj. salty; salted
şorba [shorba] s. soup
şose [shose] s. highway
şö'bə [shoba] s. department; section
şöhrət [shohrat] s. fame; reputation
şura [shoora] s. council

şüa [shua] s. ray of light; beam
şüar [shuar] s. slogan
şübhə [shubha] s. doubt; uncertainty
şücaət [shujaat] s. bravery; courage
şüşə [shusha] s. glass; bottle
şüur [shuoor] s. comprehension

T

tabe [tabe] adj. subordinate; dependent on
tabut [taboot] s. coffin
tac [taj] s. crown; coronet
tacir [tajeer] s. merchant
tağ [tag] s. arch
taxıl [takhil] s. grain
taxt [takht] s. ottoman; throne
taxta [takhta] s. board; plank; wood; adj. wooden
taksi [taksee] s. taxi
tala [tala] s. glade; clearing
talamaq [talamag] v. sack; rob
tale [tale] s. fate; fortune; destiny
tamah [tamah] s. avidity; greed; greediness
tamam [tamam] adj. complete; entire; absolute
tamaşa [tamasha] s. show; performance
tamhüquqlu [tamhugoogloo] adj. enjoying full rights
tanımaq [tanimag] v. know; be acquainted; recognize
tanrı [tanri] s. God
tapança [tapanja] s. pistol
tapdalamaq [tapdalamag] v. trample; trample under foot
tapmaq [tapmag] v. find; discover
tapşırmaq [tapshirmag] v. charge (with); comission; entrust (with)
tarix [tareekh] s. history; date
tarla [tarla] s. field

tas [tas] s. basin; wash-basin; pan
tava [tava] s. frying-pan
tavan [tavan] s. ceiling
tay [tay] s. match
taya [taya] s. stack; rick
taybatay [taybatay] adj. wide
tayfa [tayfa] s. tribe
tayfun [tayfoon] s. typhoon
tazı [tazi] s. grayhound
teatr [teatr] s. theatre
tel [tel] s. fibre; hair; string of a musical instrument; ties; relations
telefon [telefon] s. telephone; phone
teleqram [telegram] s. telegram; wire
televiziya [televeezeeya] s. television; TV
tennis [tenees] s. tennis
termin [termeen] s. term
termometr [termometr] s. thermometer
termos [termos] s. thermos; flask
terror [teror] s. terrorism
tez [tez] adj. quick; rapid; prompt; adv. quickly; rapidly; fast
tezis [tezees] s. thesis
təbabət [tababat] s. medicine
təbaşir [tabasheer] s. chalk
təbəə [tabaa] s. subject
təbəssüm [tabasum] s. smile
təbib [tabeeb] s. physician; doctor
təbiət [tabeeat] s. nature; landscape; country-side; character; disposition; nature
təbii [tabee] adj. natural; adv. naturally
təbrik [tabreek] s. congratulation; greeting
təcavüz [tajavuz] s. encroachment; violence; attempt; transgression; agression
təcəssüm [tajasum] s. embodiment; incarnation; personification
təchizat [tajheezat] s. supply; provision; outfit; equipment
tə'cili [tajeelee] adj. urgent; pressing; adv. quickly; urgently
təcrid etmək [tajreed etmak] v. isolate; separate

təcrübə [tajruba] s. experience; experiment; test; practice
tədbir [tadbeer] s. measure; arrangement; precaution
tədqiqat [tadgeegat] s. investigation; research
tədricən [tadreejan] adv. gradually; little by little
tədris [tadrees] s. teaching; study
təəccüb [tajub] s. astonishment; surprise; wonder; amazement
təəssüf [tasuf] s. regret
təəssürat [tasurat] s. impression
təfəkkür [tafakur] s. thinking
təfsilat [tafseelat] s. details
təftiş [tafteesh] s. inspection; revision
təhlil [tahleel] s. investigation; analysis
təhlükə [tahluka] s. danger; peril
təhqir [tahgeer] s. offense; insult
təhrif [tahreef] s. distortion
təhsil [tahseel] s. education
təhvil vermək [tahveel vermak] v. hand (in, over); deliver
tə'xir [takheer] s. delay; postponement
təxminən [takhmeenan] adv. approximately; roughly; about
təxribat [takhreebat] s. sabotage
tək [tak] adj. single; lonely; alone; odd; singular
təkamül [takamul] s. perfection; evolution
təkan [takan] s. push; shock; jerk; stimulus
təkər [takar] s. wheel
təkgöz [takgoz] adj. one-eyed
tə'kid [takeed] s. insistence
təklif [takleef] s. offer; suggestion; motion; proposal
təkmilləşdirmə [takmeelashdeerma] s. improvement
təkrar [takrar] s. repetition; adj. repeated
təkzib [takzeeb] s. denial; contradiction
təlaş [talash] s. anxiety; agitation; excitement

tələ [tala] s. trap; snare

tələb [talab] s. demand; request

tələbə [talaba] s. student; undergraduate

tələf olmaq [talaf olmag] v. be lost; perish; be killed

tələffüz [talafuz] s. pronunciation; articulation

tələsmək [talasmak] v. hurry; be in a hurry

tələxək [talkhak] s. jester

tə'lim [taleem] s. teaching; training

təmas [tamas] s. contact

təmayül [tamayul] s. inclination; tendency

təmbur [tamboor] s. tambura; oriental guitar

təməl [tamal] s. foundation; base

tə'minat [tameenat] s. guarantee; provision; maintenance

tə'mir [tameer] s. repairs; repairing

təmiz [tameez] adj. clean; pure; neat; honest

təmsil [tamseel] s. fable

təmsil etmək [tamseel etmak] v. represent

təmtəraq [tamtarag] s. splendour; magnificence

tən [tan] adj. equal

tənbeh [tanbeh] s. punishment

tənbəki [tanbakee] s. tobacco

tənbəl [tanbal] adj. lazy; s. lazy person; s. lazy person

tənəffüs [tanafus] s. breathing; interval; break; recess

tənəzzül [tanazul] s. decline; decay; depression

təngə gətirmək [tanga gateermak] v. bother; bore

tənha [tanha] adj. solitary; lonely

tənqid [tangeed] s. criticism

təntənə [tantana] s. festival; celebrations; triumph

tənzif [tanzeef] s. gauze

tənzim etmə [tanzeem etma] s. regulation

təpə [tapa] s. hill; knoll; crown

təpik [tapeek] s. kick

təqaüd [tagaud] s. pension; scholarship; grant

təqdim etmək [tagdeem etmak] v. hand in; present; introduce

təqdir [tagdeer] s. approval

tə'qib [tageeb] s. pursuit; persecution

təqlid [tagleed] s. imitation; mimicry

təqribən [tagreeban] adv. approximately

təqsir [tagseer] s. fault; guilt

təqvim [tagveem] s. calendar

tər [tar] s. sweat; perspiration; adj. fresh; new

tərana [tarana] s. tune; melody

tərbiyə [tarbeeya] s. education

tərcümə [tarjuma] s. translation

tərəddüd [taradud] s. hesitation

tərəf [taraf] s. side; direction; part

tərəqqi [taragee] s. progress

tərəvəz [taravaz] s. vegetables

tərəzi [tarazee] s. scales

tə'rif [tareef] s. definition; praise

tərk etmək [tark etmak] v. leave; abandon; desert; forsake

tərkib [tarkeeb] s. composition; mixture; structure

tərləmək [tarlamak] v. sweat; perspire

tərpənmək [tarpanmak] v. move; stir; shake

tərs [tars] adj. obstinate; stubborn; s. wrong side; seamy side

tərtib etmək [tarteeb etmak] v. compose; compile

təsadüf [tasaduf] s. coincidence; chance; accident

təsbit etmək [tasbeet etmak] v. establish; confirm

təsdiq [tasdeeg] s. confirmation; corroboration; affirmation

təsəlli [tasalee] s. comfort; consolation

təsərrüfat [tasarufat] s. economy; farm

təsəvvür [tasavur] s. idea; imagination

tə'sir [taseer] s. effect; influence

tə'sis [tasees] s. founding
təskinlik [taskeenleek] s. comfort; consolation
təslim [tasleem] s. surrender; capitulation
təsnif [tasneef] s. classification
təşəbbüs [tashabus] s. initiative
təşəkkül [tashakul] s. formation; organization
təşəkkür [tashakur] s. gratitude; thankfulness
təşkil [tashkeel] s. formation
təşviqat [tashveegat] s. propaganda; agitation
təşviş [tashveesh] s. anxiety; commotion; perturbation
tətbiq [tatbeeg] s. application; use
tə'til [tateel] s. strike; vacation; holidays
təvazökar [tavazokar] adj. modest
tə'yin [tayeen] s. determination
tə'yinat [tayeenat] s. order; permit
təyyarə [tayara] s. aircraft; airplane; plane
təzə [taza] adj. new; modern; fresh
tə'zim [tazeem] s. bow
təzyiq [tazyeeg] s. pressure; oppression
tox [tokh] adj. satisfied; satiated; full
toxum [tokhoom] s. seed; grain
toxumaq [tokhoomag] v. weave; knit
toxunmaq [tokhoonmag] v. touch
ton [ton] s. ton; tone
top [top] s. ball; gun; cannon; ream; roll
topal [topal] s. lame; cripple
toplamaq [toplamag] v. collect; add; put together; gather; assemble
topuq [topoog] s. ankle
toqquşma [togooshma] s. collision; crash; clash; conflict
torba [torba] s. bag; sack
torpaq [torpag] s. earth; land; soil; sand
tovlamaq [tovlamag] v. trick
tovuz [tovooz] s. peacock
toy [toy] s. wedding
toyuq [toyoog] s. hen; chicken

toz [toz] s. dust
töhmət [tohmat] s. reprimand
tökmək [tokmak] v. pour
törəmək [toramak] v. come (from); originate; spring (from)
tövbə [tovba] s. confession; repentance
tövlə [tovla] s. stable
tövşümək [tovshumak] v. be short of breath; be out of breath; puff and blow
tramvay [tramvay] s. tram; street car
tribuna [treeboona] s. tribune; platform
tufan [toofan] s. storm; gale
tullamaq [toolamag] v. throw; hurl; fling
tum [toom] s. seed
tuman [tooman] s. skirt; shorts; panties
tumarlamaq [toomarlamag] v. stroke
tumurcuq [toomoorjoog] s. bud
tunc [toonj] s. bronze
tunel [toonel] s. tunnel
turizm [tooreezm] s. tourism
turp [toorp] s. raddish
turş [toorsh] adj. sour
tuşlamaq [tooshlamag] v. aim; point; take aim (at)
tut [toot] s. mulberry
tutma [tootma] s. fit; attack; adj. infectious; contagious
tutmaq [tootmag] v. hold; keep; catch; seize; arrest
tutqun [tootgoon] adj. dark; cloudy; dull; muddy; not quite clear; gloomy; dismal
tutuquşu [tootoogooshoo] s. parrot
tutuşdurma [tootooshdoorma] s. collation; comparison; correlation
tüfeyli [tufeylee] adj. sponger; parasite
tüfəng [tufang] s. gun
tük [tuk] s. hair; feather; down; fluff
tükənmək [tukanmak] v. be exhausted
tülkü [tulku] s. fox
tünd [tund] adj. dark; deep; strong (tea)
tüpürmək [tupurmak] v. spit
tüstü [tustu] s. smoke

U

uc [ooj] s. tip; point; end; top
uca [ooja] adj. high; tall; lofty
ucalmaq [ujalmag] v. mount; rise; be promoted
ucqar [oojgar] adj. remote
ucuz [oojooz] adj. cheap
uçan [oochan] adj. flying
uçmaq [oochmag] v. crumble; break down; fly; evaporate; fall
uçurtmaq [oochoortmag] v. undo; unmake; pull down
uçurum [oochooroom] s. precipice; abyss
uçuş [oochoosh] s. flight
udmaq [oodmag] v. win; swallow
uduş [oodoosh] s. prize
uduzmaq [oodoozmaq] v. lose
ufuldamaq [oofooldamag] v. sigh; moan
uğrunda [oogroonda] prep. for
ulamaq [oolamag] v. howl
ulaq [oolag] s. ass; donkey
ulduz [ooldooz] s. star
ulu [ooloo] adj. great
un [oon] s. flour
universitet [ooneeverseetet] s. University
unudulan [oonoodoolan] adj. forgotten
unutmaq [oonootmag] v. forget
usandırmaq [oosandirmag] v. tire up; annoy; bore; pester
usta [oosta] s. master
uşaq [ooshag] s. child
utancaq [ootanjag] adj. shameful; shy; shamefaced
utandırmaq [ootandirmag] v. make ashamed; put to shame; cause to blush
utanmaq [ootanmag] v. be ashamed
utanmaz [ootanmaz] adj. shameless; impudent
uydurma [ooydoorma] s. device; invention
uyğun [ooygoon] adj. fitting; agreeable

uzanmaq [oozanmag] v. be prolonged; be extended; expand; lie; grow
uzaq [oozag] adj. distant; remote; far off
uzaqgörən [oozaggoran] adj. far-sighted; far-seeing; long-sighted
uzaqlaşdırmaq [oozaglashdirmag] v. move away (from); separate; part
uzaqlaşmaq [oozaglashmag] v. retire to a distance; be far away
uzaqlıq [oozaglig] s. distance
uzatmaq [oozatmag] v. extend to; stretch out; postpone; prolong; make longer
uzlaşma [oozlashma] s. agreement
uzun [oozoon] adj. long; lengthy

Ü

üç [uch] num. three
üçün [uchun] prep. for; in order to; for the purpose of
üfunət [ufoonat] s. putrefaction; putrid smell
üfüq [ufug] s. horizon
üfürmək [ufurmak] v. blow; puff; blow upon; blow up
ülfət [ulfat] s. familiarity; friendship
ülgüc [ulguj] s. razor
ümid [umeed] s. hope; expectation
ümman [uman] s. ocean
ümum [umoom] adj. general; common; all
ünsiyyət [unseeyat] s. sociability; intercourse; attachment
ünvan [unvan] s. address
ürək [urak] s. heart
üslub [usloob] s. manner; form; style of writing
üstün [ustun] adj. superior; victorious
üsul [usool] s. system; method; manner
üsyan [usyan] s. rising; rebellion;

insurrection; revolt
üşümək [ushumak] v. be cold; feel cold
ütü [utu] s. iron
üz [uz] s. face; surface
üzən [uzan] adj. swimming; floating
üzərində [uzareenda] prep. on; upon; over
üzgəc [uzgaj] s. fin; flipper
üzgüçü [uzguchu] s. swimmer
üzləşmək [uzlashmak] v. meet face to face; be confronted
üzmək [uzmak] v. swim; sail; float; skin; flay
üzrə [uzra] adv. according
üzücü [uzuju] adj. wasting; exhausting
üzük [uzuk] s. ring
üzülmək [uzulmak] v. be worn out; be weakened by illness
üzüm [uzum] s. grape
üzüntü [uzuntu] s. anxiety; dejection
üzürlü [uzurlu] adj. pardonable; excusable
üzv [uzv] s. member; organ

V

vacib [vajeeb] adj. important; urgent
vadi [vadee] s. valley
vağzal [vagzal] s. station
vahə [vaha] s. oasis
vahid [vaheed] adj. one; sole; unique; single; indivisible
vaxt [vakht] s. time
vakuum [vakoom] s. vacuum
valeh [valeh] adj. charmed
vali [valee] s. governer of a province
valideynlər [valeedeynlar] s. parents
vaqe olmaq [vage olmag] v. happen; take place
vaqon [vagon] s. carriage

var [var] s. wealth; riches; income
variant [vareeant] s. variant; version
varid olmaq [vareed olmag] v. arrive
vasitə [vaseeta] s. means; channel; intermediary; media; cause; pretext
vaza [vaza] s. vase
velosiped [veloseeped] s. bicycle
vergi [vergee] s. gift; tax
vergül [vergul] s. comma
veriliş [vereeleesh] s. transmission; telecast
vermək [vermak] v. give; deliver; pay
versiya [verseeya] s. version
veto [veto] s. veto
və [va] conj. and
və'd [vad] s. promise
vəfa [vafa] s. faithfulness; fidelity; loyalty
vəfat [vafat] s. death
vəhdət [vahdat] s. unity; uniqueness
vəhşi [vahshee] adj. wild; savage; brutal
vəkil [vakeel] s. agent; lawyer
vərdiş [vardeesh] s. habit
vərəm [varam] s. tuberculosis; adj. tuberculous; consumptive
vərəq [varag] s. sheet of paper
vərəsə [varasa] s. heir; heiress
vəsiqə [vaseega] s. certificate
vəsiyyət [vaseeyat] s. will; testament; last request of a dying person
vətən [vatan] s. motherland; native country
vəzəri [vazaree] s. garden cress
vəzifə [vazeefa] s. duty; employment; office; business; post; function; task; obligation
vəzir [vazeer] s. minister
vəziyyət [vazeeyat] s. position; situation
vəzn [vazn] s. weighing; weight
vicdan [veejdan] s. conscience
violonçel [veeolonchel] s. violoncello
viran [veeran] adj. ruined
virus [veeroos] s. virus
vitrin [veetreen] s. shop-window

vızıldamaq [vizildamag] v. buzz; hum
voleybol [voleybol] s. volley-ball
vurğu [voorgoo] s. accent; stress
vurma [voorma] s. multiplication
vurmaq [voormag] v. strike; beat
vurulmaq [vooroolmag] v. fall in love
vuruş [vooroosh] s. struggle; fight
vücud [vujood] s. existence; being; human body
vüqar [vugar] s. dignity; pride
vüs'ət [vusat] s. spaciousness; abundance; capacity

Y

ya [ya] conj. or
yabançı [yabanchi] s. stranger; foreigner
yabanı [yabani] adj. wild
yad [yad] s. stranger; adj. strange
yaddaş [yadash] s. memory; remembrance
yadigar [yadeegar] s. keepsake; souvenir
yağ [yag] s. oil; fat; butter
yağış [yagish] s. rain
yaxa [yakha] s. collar
yaxın [yakhin] adj. near; adv. closely
yaxşı [yakhshi] adj. good; agreeable; pretty; adv. well; good
yaxud [yakhood] conj. or
yalamaq [yalamag] v. lick
yalan [yalan] s. lie; falsehood; false
yalın [yalin] adj. bare; naked
yalqız [yalgiz] adj. alone; only
yaltaq [yaltag] adj. fawning; cringing; s. toady
yalvarmaq [yalvarmag] v. beg; implore; entreat; beseech
yamac [yamaj] s. slope; side of a hill
yamamaq [yamamag] v. patch; stick on
yaman [yaman] adj. bad; disagreeable;

violent; cruel
yamaq [yamag] s. patch
yan [yan] s. side; flank
yanaq [yanag] s. cheek
yanar [yanar] adj. inflammable
yanaşmaq [yanashmag] v. approach
yandırmaq [yandirmag] v. burn; set on fire; light; turn on
yanğın [yangin] s. fire; burning
yanılmaq [yanilmag] v. make a mistake; go wrong
yanlış [yanlish] adj. wrong; incorrect
yanma [yanma] s. burning; combustion
yanvar [yanvar] s. January
yapışdırmaq [yapishdirmag] v. stick on; attach
yapışmaq [yapishmag] v. stick; adhere; stick to one
yapon [yapon] s. Japanese; adj. Japanese
yaqut [yagoot] s. ruby
yar [yar] s. lover; friend
yara [yara] s. wound; sore; cut
yaradıcı [yaradiji] adj. creative; creating
yaramaq [yaramag] v. be useful; be of use; be suitable
yarasa [yarasa] s. bat
yaraşıq [yarashig] s. pleasing appearance; suitability
yaraşmaq [yarashmag] v. be suitable; be becoming; be pleasing in appearance; harmonize; go well with
yaratmaq [yaratmag] v. create
yardım [yardim] s. help
yarı [yari] s. half
yarım [yarim] s. half
yarıq [yarig] s. split; crack; fissure
yarış [yarish] s. race; competition; contest
yarpaq [yarpag] s. leaf
yas [yas] s. mourning
yasəmən [yasaman] s. jasmine
yastı [yasti] adj. flat

yastıq [yastig] s. pillow; cushion

yaş [yash] adj. wet; damp; s. age

yaşamaq [yashamag] v. live `

yaşarmaq [yasharmag] v. get wet; become wet

yaşıl [yashil] adj. green; verdant

yataq [yatag] s. bed

yatmaq [yatmag] v. lie down; be in bed; sleep; go to bed

yavan [yavan] adj. plain; dry (food)

yavaş [yavash] adj. slow; soft

yay [yay] s. summer

yayılmaq [yayilmag] v. be spread out; be disseminated

yayınmaq [yayinmag] v. avoid; evade; escape; elude

yaymaq [yaymag] v. spread; scatter; disseminate; publish

yaz [yaz] s. spring

yazı [yazi] s. writing; calligraphy; manuscript; inscription

yazılı [yazili] adj. written; inscribed; registered

yazıq [yazig] adj. poor

yazmaq [yazmag] v. write; inscribe; register

yeddi [yetee] num. seven

yedizdirmək [yedeezdeermak] v. feed

yeganə [yegana] adj. the only

yekun [yekoon] s. sum; total; result

yel [yel] s. wind

yelkən [yelkan] s. sail

yelləmək [yelamak] v. fan

yem [yem] s. food; fodder

yemək [yemak] s. food; meal; dish; v. eat

yenə [yena] adv. again

yeni [yenee] adj. new; recent; adv. recently

yer [yer] s. earth; ground; place; space; room

yerimək [yereemak] v. walk; move

yerli [yerlee] adj. local; native

yersiz [yerseez] adj. out of place

yetim [yeteem] s. orphan

yetişmiş [yeteeshmeesh] adj. grown; ripe

yetmiş [yetmeesh] num. seventy

yezna [yezna] s. brother-in-law

yəhudi [yahoodee] s. Jew; Jewish

yəqin [yageen] adv. certainly; for certain

yığılı [yigili] adj. heaped; piled up

yığım [yigim] s. heap; pile

yığışmaq [yigishmag] v. gather; get together

yığmaq [yigmag] v. collect; save up (money); pile up; accumulate; mass

yıxılmaq [yikhilmag] v. fall

yıxmaq [yikhmag] v. pull down; ruin; overthrow

yırtılmaq [yirtilmag] v. be torn; be rent

yırtıq [yirtig] adj. ragged

yox [yokh] adv. no; adj. non-existent; absent

yoxlamaq [yokhlamag] v. examine; inspect

yoxluq [yokhloog] s. absence; lack; non-existence

yoxsa [yokhsa] adv. otherwise; if not; or

yoxsul [yokhsool] adj. poor; needy

yoxuş [yokhoosh] s. rise; slope; rising ground

yol [yol] s. road; way; means; manner; method

yoldaş [yoldash] s. comrade; friend

yollamaq [yolamag] v. send; dispatch

yolmaq [yolmag] v. pluck; tear out (hair)

yorğan [yorgan] s. blanket; quilt

yorğun [yorgoon] adj. weary; tired

yormaq [yormag] v. tire; fatigue

yuxarıda [yookharida] adv. above; overhead

yuxu [yookhoo] s. dream; sleep

yulaf [yoolaf] s. oats

yumaq [yoomag] v. wash

yummaq [yoomag] v. shut; close

yumru [yoomroo] adj. round

yumruq [yoomroog] s. fist

yumşaq [yoomshag] adj. soft; mild
yumurta [yoomoorta] s. egg
yun [yoon] s. wool; adj. woolen
yunan [yoonan] s. Greek
Yunesko [yoonesko] s. UNESCO (United Nations Educational, Scientific and Cultural Organization)
yurd [yoord] s. native country
yuva [yoova] s. nest; home
yuyunmaq [yuyunmaq] v. wash oneself; have a bath
yük [yuk] s. load; burden; heavy task; responsibility
yüksək [yuksak] adj. high; loud
yüksəlmək [yuksalmak] v. mount; rise; get high; become high
yüngül [yungul] adj. light; easy
yüyürmək [yuyurmak] v. run
yüz [yuz] num. hundred; one hundred

Z

zabit [zabeet] s. officer
zabitə [zabeeta] s. strictness; discipline
zahir [zaheer] adj. outward; external; outside; exterior; s. outsider
zal [zal] s. hall
zalım [zalim] adj. unjust; tyranical; cruel; s. tyrant
zaman [zaman] s. time; period
zanbağ [zanbag] s. lily; tulip
zarafat [zarafat] s. joke
zavallı [zavali] adj. unlucky; miserable
zavod [zavod] s. plant; works
zehin [zeheen] s. memory; mind
zeytun [zeytoon] s. olive
zəbt [zabt] s. invasion
zədələmək [zadalamak] v. damage
zəfər [zafar] s. success; victory

zəhər [zahar] s. poison
zəhlə tökmək [zahla tokmak] v. bother; pester
zəhmət [zahmat] s. trouble; difficulty; distress; fatigue
zəif [zaeef] adj. weak; thin
zəka [zaka] s. intelligence; perspicacity
zəlzələ [zalzala] s. earthquake
zəmanə [zamana] s. age; present time
zəmanət [zamanat] s. guarantee; bail
zəmbil [zambeel] s. basket
zəncir [zanjeer] s. chain
zənən [zanan] s. female
zəng [zang] s. bell; ring
zəngin [zangeen] adj. rich; s. wealthy man
zənn [zan] s. opinion; surmise; suspicion
zər [zar] s. gilding; gilt; dice
zərbə [zarba] s. strike
zərər [zarar] s. damage; injury; loss; harm
zərf [zarf] s. envelope
zərgər [zargar] s. jeweler
zərif [zareef] adj. elegant; graceful; delicate
zəruri [zarooree] adj. necessary; indispensable; unavoidable
zibil [zeebeel] s. sweepings; garbage; trash
zidd [zeed] s. contrary; opposite; opposition
zindan [zeendan] s. dungeon; dark place
zinət [zeenat] s. ornament; decoration
zirək [zeerak] adj. quick; swift; agile; adroit; nimble
zirvə [zeerva] s. summit; peak
ziyafət [zeeyafat] s. feast; banquet; dinner
ziyan [zeeyan] s. loss; damage
ziyarət [zeeyarat] s. visit; pilgrimage
zoğal [zogal] s. Cornelian cherry
zoopark [zopark] s. zoo
zor [zor] s. strength; violence; difficulty
zöhrə [zohra] s. the planet Venus
zökəm [zokam] s. cold (in the head)
zövq [zovg] s. the sense of taste; flavour;

appreciation (of a thing); enjoyment;
pleasure
zülm [zulm] s. wrong; oppression; cruelty
zülmət [zulm<u>a</u>t] s. darkness
zümrüd [zumrud] s. emerald
zürafə [zuraf<u>a</u>] s. giraffe

HIPPOCRENE HANDY DICTIONARIES

For the traveler of independent spirit and curious mind, this practical series will help you to communicate, not just to get by. Common phrases are conveniently listed through key words. Pronunciation follows each entry and a reference section reviews all major grammar points. *Handy Extras* are extra helpful—offering even more words and phrases for students and travelers.

ARABIC
$8.95 • 0-87052-960-9

KOREAN
$8.95 • 0-7818-0082-X

CHINESE
$8.95 • 0-87052-050-4

PORTUGUESE
$8.95 • 0-87052-053-9

CZECH EXTRA
$8.95 • 0-7818-0138-9

RUSSIAN
$8.95 • 0-7818-0013-7

DUTCH
$8.95 • 0-87052-049-0

SERBO-CROATIAN
$8.95 • 0-87052-051-2

FRENCH
$8.95 • 0-7818-0010-2

SLOVAK EXTRA
$8.95 • 0-7818-0101-X

GERMAN
$8.95 • 0-7818-0014-5

SPANISH
$8.95 • 0-7818-0012-9

GREEK
$8.95 • 0-87052-961-7

SWEDISH
$8.95 • 0-87052-054-7

HUNGARIAN EXTRA
$8.95 • 0-7818-0164-8

THAI
$8.95 • 0-87052-963-3

ITALIAN
$8.95 • 0-7818-0011-0

TURKISH
$8.95 • 0-87052-982-X

JAPANESE
$8.95 • 0-87052-962-5

HIPPOCRENE FOREIGN LANGUAGE DICTIONARIES

Modern ● Up-to-Date ● Easy-to-Use ● Practical

Polish-English/English-Polish Concise Dictionary
0268 ISBN 0-7818-0133-8 $8.95 pb

Polish-English/English-Polish Practical Dictionary
0450 ISBN 0-7818-0085-4 $11.95 pb

Romanian-English/English-Romanian Dictionary
0488 ISBN 0-87052-986-2 $19.95 pb

Russian-English/English-Russian Standard Dictionary with Business Terms
0322 ISBN 0-7818-0280-6 $16.95 pb

English-Russian Standard Dictionary
0239 ISBN 0-87052-100-4 $11.95 pb

Russian-English/English-Russian Concise Dictionary
0262 ISBN 0-7818-0132-X $11.95 pb

Slovak-English/English-Slovak Concise Dictionary
0359 ISBN 0-87052-115-2 $9.95 pb

Ukrainian-English/English Ukrainian Practical Dictionary, Revised
0343 ISBN 0-7818-0306-3 $11.95 pb

Ukrainian-English Standard Dictionary
0006   ISBN 0-7818-0189-3 $14.95 pb

English-Yiddish/Yiddish-English Conversational Dictionary
(Romanized), *newly revised*
0341   ISBN 0-7818-0279-2 $8.95 pb

(Prices subject to change)

To purchase these dictionaries or any other Hippocrene titles, send a check or money order for the total price of the book/s plus $4.00 shipping/handling for the first title and $.50 for any additional title to: HIPPOCRENE BOOKS, Order Dept., 171 Madison Avenue, New York, NY 10016.